CHANLUN JIEPAN

缠论解盘
详解之 I

扫地僧 著

案例分析重点 + 实战经验
由"股票小白"成长为"投资高手"

★全面的解读 ★大量的图片 ★独特的观点 ★10年的缠论研究和实战经历

经济管理出版社
ECONOMY & MANAGEMENT PUBLISHING HOUSE

图书在版编目（CIP）数据

缠论解盘详解之一（2006.11—2007.10）/扫地僧著. —北京：经济管理出版社，2019.4
（2020.8重印）

ISBN 978-7-5096-6486-5

Ⅰ. ①缠⋯　Ⅱ. ①扫⋯　Ⅲ. ①股票交易—基本知识　Ⅳ. ①F830.91

中国版本图书馆 CIP 数据核字（2019）第 058233 号

组稿编辑：杨国强

责任编辑：杨国强　张瑞军

责任印制：黄章平

责任校对：董杉珊

出版发行：经济管理出版社

　　　　　（北京市海淀区北蜂窝 8 号中雅大厦 A 座 11 层　100038）

网　　址：www. E-mp. com. cn

电　　话：（010）51915602

印　　刷：三河市延风印装有限公司

经　　销：新华书店

开　　本：720mm×1000mm/16

印　　张：24.25

字　　数：438 千字

版　　次：2019 年 7 月第 1 版　2020 年 8 月第 2 次印刷

书　　号：ISBN 978-7-5096-6486-5

定　　价：88.00 元

序

2019 年的"女神节",好友僧兄发来一份邀请,让我为其所写新书写篇序言。在财经互联网行业待了十多年,有幸认识了许多高手,僧兄是最特别的一位,由于在网络上面一直用"扫地僧"这个笔名,而且对缠论的研究已经到了很高的程度,所以熟悉他的朋友,都亲切地称之为"僧师",借此机会我跟大家聊聊僧师,希望能给读者一些参考,也作为本书的序言吧。

我与僧师相识于网络,两年前偶然关注了僧师的微信公众号:"扫地僧读缠札记",一读之下,深为其内容所折服,里面文章对缠论研究之精深,对当下市场研判之透彻,让我叹为观止,心生仰慕,便主动攀结,并最终有幸得识。没有人能够随随便便成功,在我看来,僧师缠论研究的精深主要得益于长期坚持不懈的努力,即每天结合市场地不断研判与提炼。僧师每日看盘,盘中仔细推敲研究,每晚九点公众号准时更新,从不间断,周末两天也有《缠论解盘与回复札记》的更新,僧师对缠师的每一句话,每一条回复,都有仔细地推敲与研究,在这一方面整个市场上就没有几个人能做到。尤其看过僧师写的《续写缠论动力学》,更是从数学的角度论证了缠论的科学性,由于缠师在动力学部分没深入讲解,所以僧师写的动力学可以说是非常好的补充。如果说缠师是缠论的奠基者,那么僧师就是现在缠论的"完善者"与现在市场中的践行者,填补了缠师之前研究的空白。

之后僧师《缠论 108 课详解》出版,我更是仔细研读多遍,每拜读一次都会对缠论有新的理解,而接近 2 万本的销售数据,在这个比较小众的缠论领域,绝对是非常高的数据,用户的认可也从侧面反映了僧师缠论研究的高深。该书简单明了,通俗易懂,里面僧师也用了很多容易记忆理解的口诀,让读者能够简单直观地理解缠论。作为一个互联网行业的从业者,我对优质文化内容的传播这一块很有理解,僧师善知识的传播,对整个缠论界素质的提升都有很重要的意义,从对读者文化素质的提升的角度来讲,对社会也是很重要的贡献。互联网也是一种文化传播的方式,如果大家像僧师这样,将自己多年研究的善知识,通过恰当的

方式在社会上传播，乃国人之幸，民族之幸。如果市场中多几个像僧师这样的人，我相信我们的市场会越来越理性，越来越健康。

《缠论108课详解》出版之后我跟僧师的关系已经非常好了，我是亲身体会到了读者对僧师的追捧，也看到出版社多次重印该书，并且力邀僧师编写下一书籍《缠论解盘详解》。僧师第一本书写完之后是不想写第二本的，至少不愿意在这么短的时间内写第二本的，因为一本高质量的书的编写是需要耗费大量的心血的，僧师本身是非常负责的，要么不写，要么必然用心雕琢出精品。但是看到读者的殷切希望，出版社也是多次催促，而《缠论解盘详解》又是《缠论108课详解》的加强，考虑到《缠论解盘详解》能够对现有读者水平的巩固与加深，僧师重又调整状态，整理了缠师所有对市场的解读，并配上当时市场的走势图，再次仔细推敲，用心编写，遂成此书。

我见证了僧师从下定决心到真正编写完本书的整个过程，也有幸成为本书的第一位读者，读完之后更是为僧师的水平所震撼。以僧师的水平，完全可以很轻松地完成本书的编写，但是僧师还是耗费了大量的精力重新地推演，仔细地雕琢，僧师专注的样子时常浮现在我的眼前。相信只要大家用心读这本书，会对缠论有更深层次的体会。

最后，祝大家学有所成，投资愉快！

上海神胄网络科技有限公司 （有鱼18网） 创始人

黄 斌

目 录

2006 年 11 月

2006 年 11 月 22 日

缠中说禅 2006-11-22 14：27

友情提醒：大盘短线最大的风险是 1972~1977 点的缺口，短线在所有板块都轮动一次后，震荡在所难免，应有一定的心理准备。

扫地僧：认真分析了当时的 1F 图，发现此时短线上涨的 1 分钟级别趋势有背驰的迹象，6~9 是第一个 1F 中枢，10~13 是第二个，1F 中枢直到 22 日 15：00，这是对第二个中枢的三买，23 日出现标准的趋势背驰一卖。见图 1。

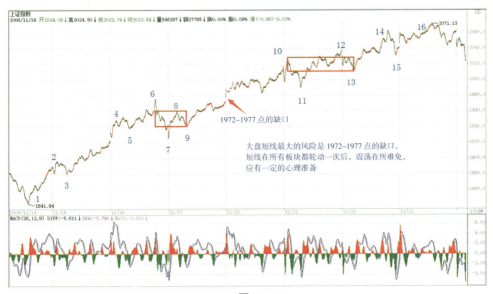

图 1

关注微信公众号"扫地僧读缠札记"，回复"历史数据"可以获得大盘 1 分钟和 5 分钟的历史 K 线数据。

2006 年 11 月 23 日

缠中说禅　2006-11-23　12：09：31

昨天本 ID 在盘中友情提醒对震荡要有心理准备，大盘经过昨天下午的跳水与今早的震荡，越来越接近真正的调整。

注意，本 ID 说的调整只是短线的，好的个股甚至会借调整启动。

大盘在进入调整前有极大可能先制造一个多头陷阱，大盘在 1923~1925 点留下突破缺口，1972~1977 点留下的中继缺口，如果是多头陷阱，一旦出现衰竭性缺口，就是警报拉响。

扫地僧：当天最高点也是 1F 趋势的第一类卖点，出现在 13：16，见图 2。

图 2

缠中说禅　2006-11-23　13：42：46

再次友情提醒，目前深证成指与上证指数已出现背离，这是一个很不好的信号，如果 14：00 以后还不改变，盘中震荡不可避免。而且指数进入调整的可能性将进一步加大。

扫地僧：实战经验：当沪深指数盘中出现背离，一个新高而另一个不能新高时，往往是调整的先兆，见图 3。

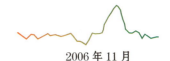

图 3

缠中说禅　2006-11-23　15：11：58

大盘如上。友情提示盘中出现大幅震荡，震荡中新板块借机启动，这就是典型的轮动，短线技术好的在其中可以玩得不亦乐乎。

但大盘今天终显疲态，两地指数出现背离，成交量也有所萎缩，预示真正的调整迫在眉睫。注意，盘中震荡和调整不是一回事，即使最短线的调整也至少要去考验 5 日甚至 10 日线的。

还是像中午所说的，对调整无须恐惧，技术好的人最喜欢调整了，调整正是寻找下一次上涨好股票的时候，至少可以利用调整换股或打差价，前期没动的股票也会借调整启动的。

扫地僧：调整是由小级别的背驰引发的，盘中震荡是由中枢震荡引发的。那么一般来说，调整至少要考验 5 日、10 日均线。调整时，是原来的强势股进入调整，新的板块开始走强，这波上涨没动的股票也会借调整启动。

[匿名] 酸辣粉

另外请教一下博主，如何看待这几天沪市的量能，如果量价结合来看觉得是很正常健康的，可是从每天盘口来看倒觉得放量滞涨的感觉，不知博主怎么看，另外大盘调整是肯定的了，但不可出现 6.7/7.13 那样的大阴线，否则这个地方就是顶了，博主怎么看。

缠中说禅　2006-11-23　21：51：08

首先，不用考虑顶的问题，除非你觉得短线的顶也是顶。其次，中线的顶不是一天炼成的，只有筑顶一定时间后才会出现那种类型的大阴线。而上升途中的大阴线，只会引发多头更凶猛的反扑。

扫地僧：实战经验，中线的顶不是一天炼成的，只有筑顶一定时间后才会出现那种类型的大阴线。而上升途中的大阴线，只会引发多头更凶猛的反扑，见图4。

2006 年 11 月 24 日

缠中说禅　2006-11-24　10：07：17

大盘如期调整，请自己密切关注逆市不跌的股票，下轮的黑马由此产生的可能性很大。

缠中说禅　2006-11-24　11：13：19

目前正在 5 日线的多空争夺中，多头胜则会出现最强走势，当天调整完成，否则调整时间将大幅度延长。但个股表现不会差，密切关注未启动的、逆势走强的股票。

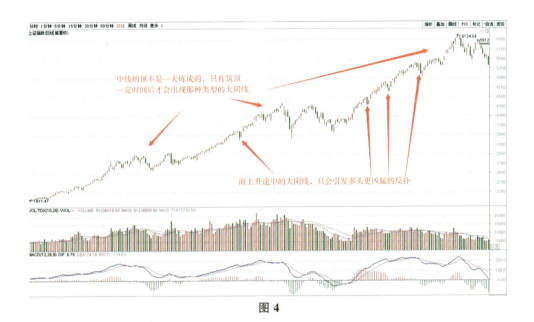

图 4

缠中说禅　2006-11-24　12：17

本 ID 有空会在最新帖子里即时回复有关大盘走势的提示。是否准确，各位可以自行判断。

昨天的提示转录如下：

"**2006-11-23　13：42：46**　再次友情提醒，目前深证成指与上证指数已出现背离，这是一个很不好的信号，如果 14：00 以后还不改变，盘中震荡不可避免。而且指数进入调整的可能进一步加大。

2006-11-23　15：11：58　大盘如上。友情提示盘中出现大幅震荡，震荡中新板块借机启动，这就是典型的轮动，短线技术好的在其中可以玩得不亦乐乎。

但大盘今天终显疲态，两地指数出现背离，成交量也有所萎缩，预示真正的调整迫在眉睫。注意，盘中震荡和调整可不是一回事，即使最短线的调整也至少要去考验 5 日甚至 10 日线的。

还是像中午所说的，对调整无须恐惧，技术好的人最喜欢调整了，调整正是寻找下一次上涨好股票的时候，至少可以利用调整换股或打差价，前期没动的股票也会借调整启动的。"

缠中说禅　2006-11-24　13：34　五日线压力不少，站稳前应多观察，密切注意不随大盘而动的股票。

缠中说禅　2006-11-24　13：50　重新突破 5 日线，14：00 的回试确定站

稳，大盘将展开反攻。

　　缠中说禅　2006-11-24　14：14　反攻力度有点弱。个股表现不错，房地产股票如上面所说的，一线然后二线接着三线，现在连天鸿这种三线亏损房地产股票也启动了，但这时候，房地产板块短线压力就开始增加了，中线暂时问题不大。

　　缠中说禅　2006-11-24　15：00　如期反攻，力度有问题，下周反复难免。短线 5 日线是关键，不能跌破，跌破则重新考验 2000 点下缺口支持。

　　缠中说禅　2006-11-24　21：46　上面是今天在盘中的一些即时提示，好好研究一下，以后指数期货用得着。

　　扫地僧：实战经验：板块内一二三线都开始轮动了，那么板块短线往往要开始调整了，见图 5。

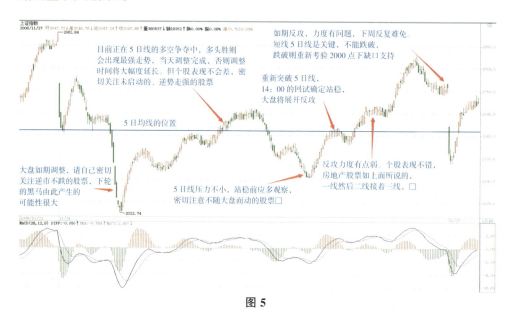

图 5

2006 年 11 月 27 日

　　缠中说禅　2006-11-27　12：18：55
今天的反复折腾在上周已经明确指出。

　　2006-11-24　15：00：18
如期反攻，力度有问题，下周反复难免。短线 5 日线是关键，不能跌破，跌破则重新考验 2000 点下缺口支持。

　　本结论继续有效。

缠中说禅　2006-11-27　12：19：44

还是那句话，短线继续板块轮动，没动的都要动。调整是短线高手的天堂，当然，中线的也可以打点短差，技术一般的就看着吧！

这"上上下下"的，也可以继续享受享受。

缠中说禅　2006-11-27　15：10：23

今天大盘的走势十分规范，最终就刚好收在本 ID 所强调的 5 日线上，其实，目前大盘并不太重要，关键是把握好个股轮动，本 ID 每次都反复强调这一点，强调不用怕调整，调整就是机会。

大盘结束调整后的这次上攻一旦完成，下一轮的调整将比较大，是全面性的，大多数个股都会跟着调，而不像这次，就大盘股调，这点是必须注意的，本 ID 事先告诉各位了。

扫地僧：缠师一直强调的 5 日均线，其实也是这个上涨 1F 趋势结束后，中枢震荡的中心附近，代表了中枢震荡的强弱，见图 6。

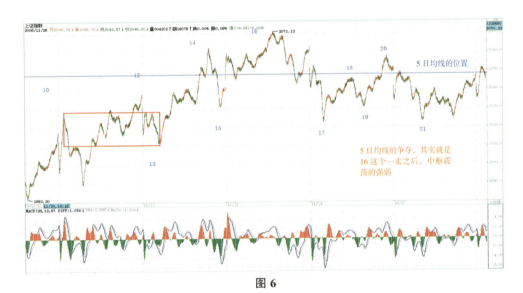

图 6

2006 年 11 月 28 日

缠中说禅　2006-11-28　12：15：13

今天走势很正常，关键还是这两天一直强调的 5 日线，目前最稳妥的走法就是让 5 日线和 10 日线来个接吻的前戏，然后再次高潮。但必须再次指出，这次高潮过后，相应的不应期要比这次长。

缠论解盘详解之一 （2006.11—2007.10）

扫地僧：

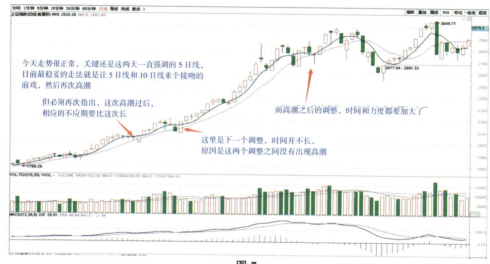

今天走势很正常，关键还是这两天一直强调的 5 日线，目前最稳妥的走法就是让 5 日线和 10 日线来个接吻的前戏，然后再次高潮

但必须再次指出，这次高潮过后，相应的不应期要比这次长

而高潮之后的调整，时间和力度都要加大了

这里是下一个调整，时间并不长，原因是这两个调整之间没有出现高潮

图 7

可以看到，下一个调整是 12 月初，并未出现缠师说的不应期要长，也就是调整期长，调整的幅度大，这是因为中间并未出现高潮，没有大涨，12 月初调整后出现了一波大涨，在这波大涨之后，在 2007 年 1 月开始了一波级别更大的调整，调整了两个月左右。

[匿名] 番茄　2006-11-28　12：20：56

按楼主的说法，深沪两市继续背离呀，这前戏难度大点。

缠中说禅　2006-11-28　12：23：05

难度不大就不叫前戏了。前戏是难度最大的，有前戏，高潮可待，连前戏都没有，只能喝西北风了。

扫地僧：折腾得越充分，后面出现一致时高潮才会越兴奋，所有人都赚钱的行情一定不会持续太久。

[匿名] 破缠悟禅　2006-11-28　12：22：06

禅师，现在大盘的走势和你说的基本一致，请教个问题，你预测下一波中哪个板块应该可以先达到高潮？谢谢指点！

缠中说禅　2006-11-28　12：25：31

所有板块都会动一次的，如果从力度上看，还是中低价股的补涨上，特别是强势板块的补涨股。毕竟目前人们都很谨慎。新板块的大面积高潮，要等待下一次大的不应期结束之后。

008

扫地僧：一般来说，第一波行情往往是成份股，然后是中低价个股的补涨。

缠中说禅　2006-11-28　14：56：17

这大盘够有表演欲的，中午本 ID 说最稳妥的走法就是让 5 日线和 10 日线来个接吻的前戏，结果下午就来了一次表演，把那些装纯情的吓了一跳。

上面还说了，吻有三种：

如果是飞吻，就这一下就没了，明天直接攻上 5 日线，扬长而去。

如果是唇吻，那今天下午的表演还会有的。5 日线是压力。

如果是湿吻，10 日线一定要破的，那种火辣辣的镜头会不断出现，把所有纯情分子羞跑了，高潮才会出现。

是什么吻，判断很简单，看住 5 日线就行了。下午马上有应酬，晚上不一定能上来，尽量争取吧。

各位，看多点 AV，不纯情了，股票自然能做好。纯情的人，连吻都怕看的，是股票不好的。

扫地僧：从结果看是飞吻，第二天直接攻上 5 日线扬长而去了。这三个吻的判别方法用 5 日均线，不破 5 日或者刚破一下就起来的，一般是飞吻；被 5 日压两天的是唇吻；破 10 日线的是湿吻。

2006 年 11 月 29 日

缠中说禅　2006-11-29　09：36：47

大盘受外围影响选择湿吻方式，短线急跌，选择好不跌的股票，有机会。技术不好的，就等最近反复强调的 5 日线站稳以后再说了。

缠中说禅　2006-11-29　12：03：27

下面的判断继续有效。

缠中说禅　2006-11-29　12：05：27

关于这个接吻，昨天中午的提示继续有效。

扫地僧：见图 8。

开盘后由于直接跌破 10 日，因此缠师认为会出湿吻，下午又直接向上突破 5 日均线，使得这湿吻不存在了，由此可见，缠师的判断也不含有预测性，也是根据当下的走势动态调整。

缠中说禅　2006-11-29　15：14：38

今早刚开盘时就让技术好的选择不跌的股票，有机会；技术不好的就看 5 日线。一般来说，技术不好的，这类震荡就上上下下享受一下就完了。技术好的，

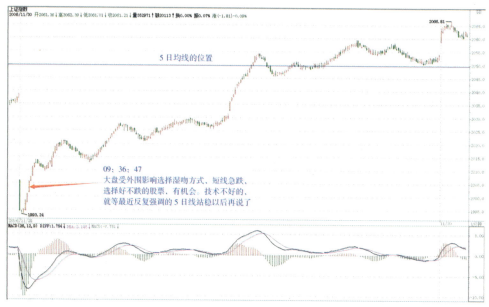

图 8

这是打短差降低成本或者换股的好机会。

目前走势很简单，就是 5 日线能否站稳的问题，站稳就继续冲击一波，因此明天的震荡依然难免，强的就在 5 日线站稳固，一般就围绕 5 日线折腾，弱的还要跳跳水、吓吓人。

但对于个股来说，大盘怎么走都不是问题，下一波是个股普遍有表现的一波，很多前期没大动的，都要好好表现一把，其实这次调整，很多股票都创新高，个股比大盘重要得多。

如果一定要看指数，就看深证成指，这比上海的敏感有效。

至于上证指数，5 日、10 日线唇吻还是湿吻，其实都不大重要，但这次调整后再上一波后的那次调整，规模就会大多了，这已经反复说过。

从大盘健康的角度来说，本 ID 给大盘的建议是：先深证成指突破 6103 点的历史高位，然后上证指数跟上，突破以后再调整，这样更健康。不知道大盘有没有兴趣听本 ID 的意见了。

扫地僧：为什么要看深证成指？因为当时深证成指距离历史顶部非常近了，而上证要落后一些，很多刚启动的股票大多数是深圳市场的，所以深证成指要比上证敏感有效。

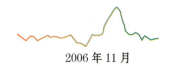
2006 年 11 月 30 日

缠中说禅　2006-11-30　13：03：57

开盘了，先下。突破的有效性在今天下午和明后两天需要确认。其后走势是否能如本 ID 建议的那样，就继续看了。

缠中说禅　2006-11-30　15：13：57

今天大盘走势十分规范，下午 2 点如期一波跳水确认突破的有效性后，继续上扬，唯一不足的是启用了银行股冲关，这与深沪两市的资金争夺有关，这在每次的行情中都有体现。谁先突破历史新高，对两个市场的管理者是有很大好处的。

明天出现震荡很正常，只要 5 日线不破，本 ID 给市场的建议能够成为现实的可能性将继续增加。个股还是看好二线股，而三线股的蓄势补涨依然可期。

扫地僧：见图 9。

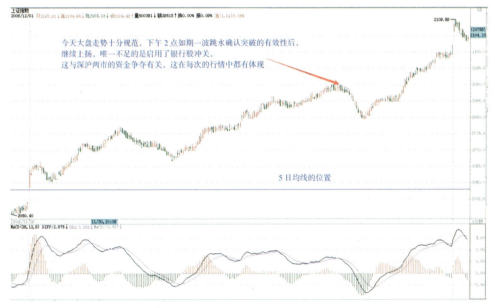

图 9

银行股大多数是上海市场的，用银行股冲关，势必会从深圳市场里分流资金，这和剧本不相符。哪个市场先突破历史高位，对市场的管理者来说就是政绩！

2006 年 12 月

2006 年 12 月 1 日

缠中说禅 **2006-12-01** **09：13：03**

大盘今天出现震荡是正常的，关键是 5 日线。只要 5 日线站稳，板块会继续轮动表现的。

缠中说禅 **2006-12-01** **11：37：58**

今早走势和开盘时所说一致，下午，震荡依旧，但个股基本不要太考虑大盘。

缠中说禅 **2006-12-01** **12：09：33**

这个对下午判断继续有效。

扫地僧：见图 10。

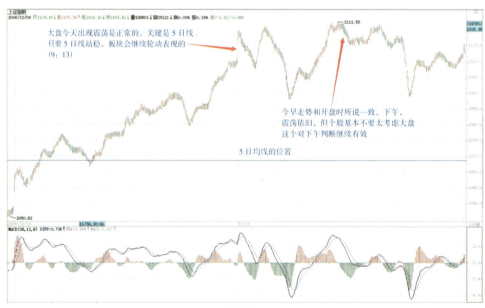

大盘今天出现震荡是正常的，关键是 5 日线。
只要 5 日线站稳，板块会继续轮动表现的
(9：13)

今早走势和开盘时所说一致，下午，
震荡依旧，但个股基本不要太考虑大盘
这个对下午判断继续有效

5 日均线的位置

图 10

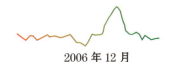

缠中说禅　2006-12-01　12：16：49

现在大盘最大的风险是上海证券指数比较小气，因为深圳证券指数先突破历史新高几乎是不可改变的了。上海证券指数有可能故意捣乱，让大家都突破不了。这种事情听起来像天方夜谭，但历史上出现过不止一次了。但历史却一次次地证明，只要是大牛市，深圳证券指数就是比上海证券指数牛，这也是判断行情的一个很重要的经验。当深圳证券指数比上海证券指数弱时，是大行情的机会很小的。现在看到深圳证券指数比上海证券指数强，即使是上海证券指数，也应该为此高兴。

扫地僧：见图 11、图 12。

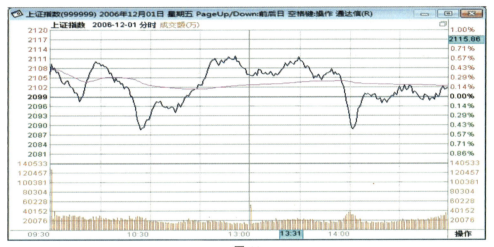

图 11

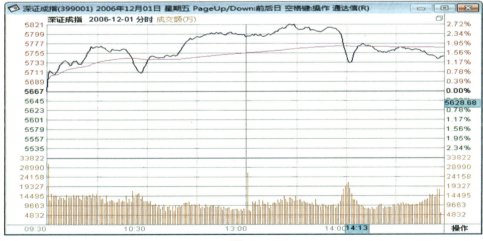

图 12

图 11 是上证指数，图 12 是深证指数，可以明显看出当天深证指数明显强。

小经验：大牛市中，深证比上证牛。

缠中说禅　2006-12-01　15：02：23

大盘今天如期出现震荡，目前大盘最大的危险就是前面所说的沪深之间的竞争，特别上证历史上有故意拆台的前科，这一点必须有所警惕。

技术上，今天深证成指留下的缺口十分重要，如果很快回补，则技术上发出不好的信号。

下周一依然有震荡的需要，但个股行情依然继续。由于 11 月是巨阳，12 月上冲后出现大幅震荡不可避免，这必须要清醒。

扫地僧：涨多了，波动大了，大幅震荡也是必然，见图 13。

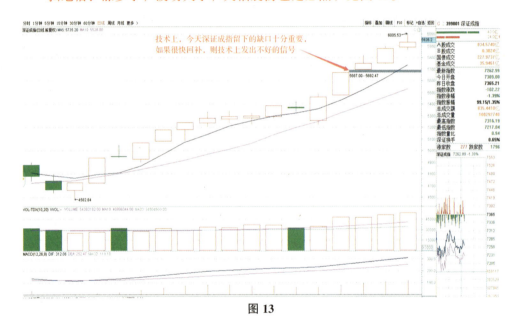

图 13

2006 年 12 月 4 日

缠中说禅　2006-12-04　12：17：22

很高兴上海证券指数今天能接受本 ID 下面的警告，终于不捣乱了，希望继续发扬。

缠中说禅　2006-12-04　12：15：49

本 ID 对大盘的建议继续有效，引用如下：

该结论继续有效。

（2006-11-29　15：14：38）从大盘健康的角度来说，本 ID 给大盘的建议是：先深证成指突破 6103 点的历史高位，然后上证指数跟上，突破以后再调整，这样更健康。不知道大盘有没有兴趣听本 ID 的意见了。

缠中说禅　2006-12-04　12：37：10

本月大盘走势，以下的话依然有效：

（2006-12-01　15：02：23）由于 11 月是巨阳，12 月上冲后出现大幅震荡不可避免，这必须要清醒。

扫地僧：深证成指是在 12 月 15 日突破历史高点 6103 点的，上证指数在 12 月 14 日突破历史高点 2245 点，顺序和缠师预想的不一样。但 12 月 4 日当天，上证指数上涨 2.84%，深证成指上涨 2.22%，上证比深证强。

[匿名] 外科医生　2006-12-04　12：51：09

现在有人在说 3000 点了，你觉得离大盘突然死亡还有多远。

缠中说禅　2006-12-04　12：56：06

本 ID 一年半前私下就说过，这行情 N 年以后最终可以走到 5000 点甚至 10000 点，3000 点很离谱吗？

关键不是点位，而是如何利用大的调整去增加资金利用率。别关心点位，特别对于散户来说，任何一个级别大点的调整都应该避开，没必要参与。行情走到 10000 点，对于散户来说，完全可以分解成很多段来操作，所以对最终点位的预测其实意义不大。

扫地僧：从这个回复可以看出，一个大牛市要分段操作，大的调整要避开，从而增加资金利用率。预测点位没意义，点位是走出来的，不是预测出来的。

缠中说禅　2006-12-04　13：24：23

短线判断大盘调整的一个最简单方法就是深沪指数的背离，一旦出现，调整或至少是震荡将很快发生。方法说了，具体就自己马上实践一下，不能什么都说好了，这样永远无法提高。

扫地僧：沪深指数的背离最典型的表现就是两个指数，其中有一个新高，但另一个却没有新高。例如 2007 年 1 月 24 日。见图 14。

缠中说禅　2006-12-04　15：35：32

今天下午的走势，前面的判断依然有效，只要两市不互相拆台，本 ID 如下建议将如期很快实现，所以现在只要看好两市是否背离就可以，一旦背离就要特别小心了，见图 14、图 15。

图 14

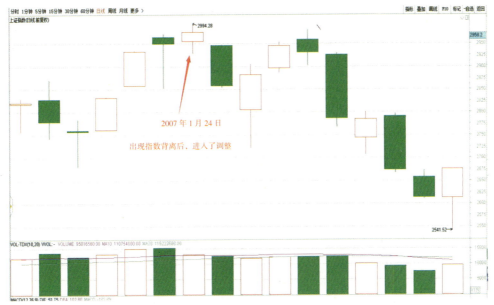

图 15

扫地僧：再次提到两市指数背离是短线调整的信号。

2006 年 12 月 5 日

缠中说禅　2006-12-05　12：54：49

有事要先走，下午来不了了，晚上再上来，以下提示继续有效：

（2006-12-01　15：02：23）技术上，今天深证成指留下的缺口十分重要，如果很快回补，则技术上发出不好的信号。

下周一依然有震荡的需要，但个股行情依然继续。由于 11 月是巨阳，12 月上冲后出现大幅震荡不可避免，这必须要清醒。

扫地僧：深证成指在 1 分钟图上的分析见图 16。

可以看到，在 12 月 5 日当天，出现了标准的盘整背驰。

缠中说禅　2006-12-05　22：23：28

各位，好好去研究一下，真明白了，终身受益。一定要看图研究清楚。不明白的，本 ID 都尽量解释明白。

大盘如期进入震荡，5 日线是短线关键，但个股问题不大，特别没动的二三线股。

扫地僧：多看图，多思考，得到的就是自己的，谁都拿不走。

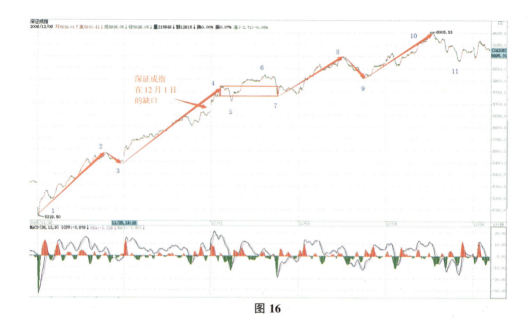

图 16

2006 年 12 月 6 日

缠中说禅　2006-12-06　11：55：52

昨天中午已经将上周的提示重复了，所以对今天的震荡应该有准备了。

扫地僧：昨天提示了深证的 1F 级别上有个盘整背驰，上证指数也类似，见图 17。

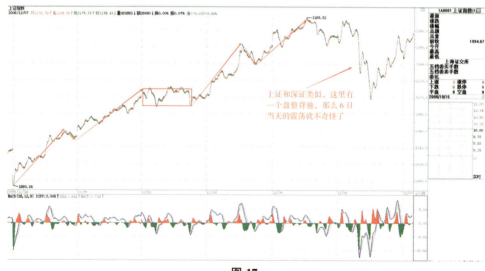

图 17

还是因为在 1F 级别上，上涨的力度在逐渐减弱。

[匿名] 外科医生　2006-12-06　12：01：00

现手中盈利股票如何操作？多谢！大盘破位了？

缠中说禅　2006-12-06　12：09：47

这波震荡很正常，下午关键看深证补完缺口后的表现，如果就此止住，就很快恢复上攻，否则还要折腾几天。盈利的股票关键看你是短线还是中线了，如果是短线，前两天开始就应该有所动作，中线正好利用这震荡弄短差。

扫地僧：当天下午深证成指和上证都止跌并且向上攻，但没有延续多久，在12 月 7 日又出现了 1F 级别的盘整背驰，导致又调整了两天。缠师的判断是基于经验性的预判，但走势是动态走出来的，这就更加说明预测思维要抛弃，根据动态的走势实时调整策略和判断。图 18 是深证成指的 1F 图。

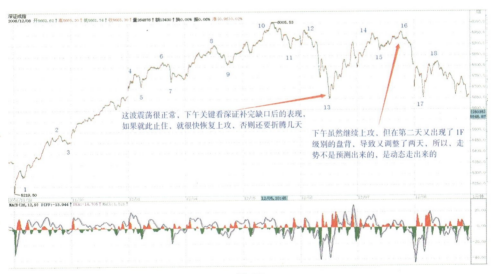

图 18

[匿名] 外科医生　2006-12-06　12：31：10

大盘跌破 5 日均线，主力无护盘，放量杀跌，看起来很像顶啊。

实在是晕啊，等小妹指点。

缠中说禅　2006-12-06　12：34：01

事情要有预见性，这震荡上周五收盘时已经说过了，昨天中午又强调了一次，如果没动，那就上上下下享受一下。5 日线是否有效突破要看下午走势，不要太快下结论。心态要好点。

扫地僧：见图 19。

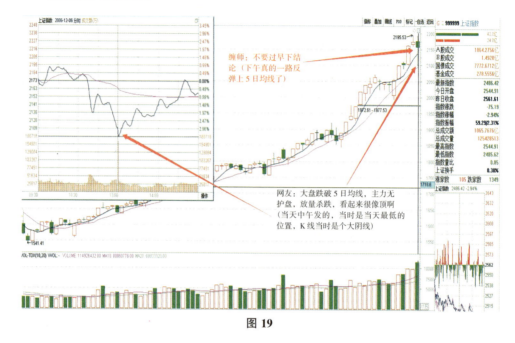

图 19

很多人是看到大阴线了，才想起来是顶，而走势其实已经提前有调整迹象了。另外，缠师这里敢于说不要太快下结论，也是因为一般在上涨趋势里，大阴线暴跌往往会遭遇多头更猛烈的反扑，这一点在一夜情行情那课时讲到过。

[匿名] 海子　2006-12-06　12：46：49

淑女好！若 5 日线跌破，后续大势将调整，估计幅度较大，可能不只是上上下下的，需要规避风险吗？可以谈谈看法吗？

缠中说禅　2006-12-06　12：51：38

风险要提前规避，不是跌了才谈论。前几天不一直在谈论这个问题吗？请看：

（2006-12-01 15：02：23）技术上，今天深证成指留下的缺口十分重要，如果很快回补，则技术上发出不好的信号。

下周一依然有震荡的需要，但个股行情依然继续。由于 11 月是巨阳，12 月上冲后出现大幅震荡不可避免，这必须要清醒。"

现在，如果没及早准备，反而要稳住自己，如果大满仓，那下午或明天的反抽时可以适当减低仓位。由于大盘中线问题不大，如果短线技术不好的，也不一定玩短线。

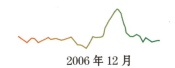
缠中说禅　2006-12-06　15：01：20

今天大盘没什么新意，都是预料中的事情，中午说了，没走的就上上下下享受一下，短线行的就忙忙弄点短差，5 日线是调整的关键。

扫地僧：当天收了一个长下影线，并收在了 5 日均线上，当天日内是个 V 形反转。

2006 年 12 月 7 日

［匿名］GG　2006-12-07　11：02：18

请问今天大盘会怎样啊？反弹出吗？

缠中说禅　2006-12-07　11：07：24

昨天说了，继续震荡。5 日线看好，不破问题不大，否则有麻烦。

扫地僧：当天没有破 5 日均线，但有一个小级别盘背，引发了尾盘的下跌，看 5 分钟图更清晰。见图 20。

明显的盘整背驰
MACD 面积明显
比上一波小

图 20

缠中说禅　2006-12-07　15：06：53

以后本 ID 这里不准备对具体个股与大盘走势发表任何具体意见，免得各位狐疑。所有走势与本 ID 无关，别瞎闹了。

对大盘，最后把前面说的强调一次：

长线：目前是牛市的第一轮，主要涨的是大盘成份股。大调整后的第二轮，涨的是成长股，最后是重组股。这个节奏的完成大概需要几年时间。

中短线：大盘11月是长阳，本月出现大幅度的震荡是理所当然的（这在12月1日就说了，现在继续有效)。

好了，以后这些具体的问题都不准备继续说了。

扫地僧：不再直接给鱼了，直接给鱼反而会助长了贪欲。另外，也是因为讲了水井坊，而对盘面产生了影响。

实战经验：

（1）牛市里第一轮是大盘成份股，第二轮是成长股，第三轮是题材、重组、垃圾股。

（2）当出现一波较大的涨幅后，调整的幅度一般都会变大。

2006 年 12 月 8 日

缠中说禅 2006-12-08 15：04：56

干什么都要有预见性，这个调整1日前已经提前提醒了，不响应操作是心态问题，被市场迷惑了。繁荣只不过是虚幻，不繁荣也只不过是虚幻，不明白这点，总是一边去想，是不可能成为好的操作者的。

好的操作者就是以幻制幻，幻中取利。

大盘跌，意味着机会又来了，应该高兴才对。当然，满仓的就没办法了。

扫地僧：以幻制幻，幻中取利，可以理解为利用陷阱来盈利。从12月4日开始的震荡，只是构成了一个扩张型的5F中枢。见图21。

2006 年 12 月 11 日

缠中说禅 2006-12-11 15：25：14

大盘已经说得够清楚的，中长线走势早说了，1日说了中短线，12月要出现大幅震荡。这种大幅震荡正是短线的好机会。

而大盘的旗帜也很明确，就是银行股、地产股为代表的成份股，只要它们"不倒"，牛市的第一轮就不会结束。

所以没必要每天都说一次大盘，自己也要慢慢学会看。

扫地僧：实战经验：第一轮的龙头不倒，牛市第一轮就不会结束。

今早略微低开后就一路上涨，主要还是由于有盘整背驰的出现。见图22。

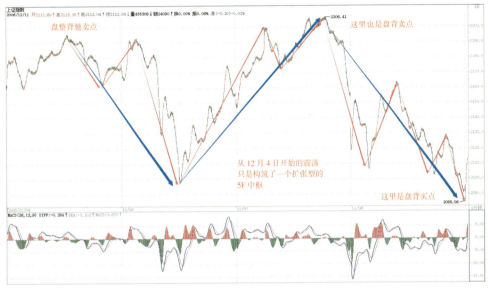

图 21

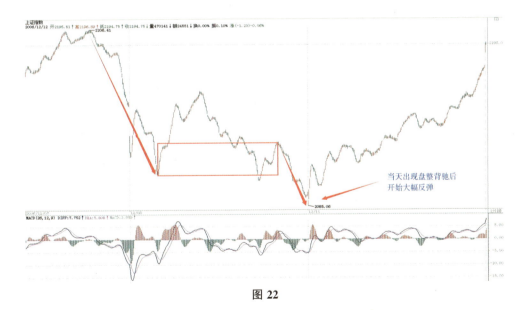

图 22

2006 年 12 月 12 日

[匿名] 雨中荷　2006-12-12　15：20：55

你好楼主！今日沪深两市均已创出近日新高，但是 MACD 都没有创出新高，

请问是不是已经形成背驰？谢谢！

缠中说禅　2006-12-12　15：34：24

不是这样看的，今天的红柱子比昨天长，这就可以了，因为这一片正在形成中。哪天红柱子缩短，而前面最后位置超不过，才是危险信号。

扫地僧：当天的上证指数的 MACD 红柱子比前一天高。"这一片正在形成中"指的是当前的 MACD 柱子所构成的一片。"而前面最后位置超不过"指的是超不过前面的一片 MACD 高度。见图 23。

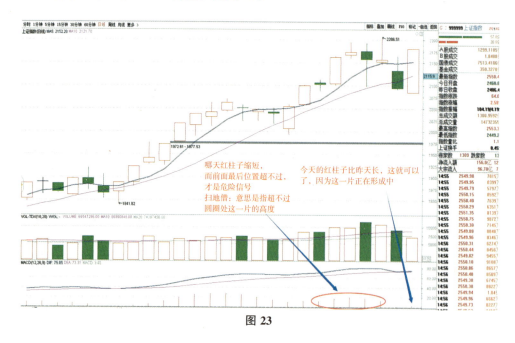

图 23

2006 年 12 月 13 日

（缠师当日无解盘）

扫地僧：当天缠师没有对大盘讲解，但大盘当时正处于刚刚摆脱 5F 中枢的 1F 走势中，这 1F 走势也刚刚形成中枢。见图 24。

2006 年 12 月 14 日

缠中说禅　2006-12-14　12：38：11

其实上海证券指数、深圳证券指数谁先突破都不重要，大盘现在只是牛市的第一阶段，关键心态要好。别大盘晃两下自己就怕。

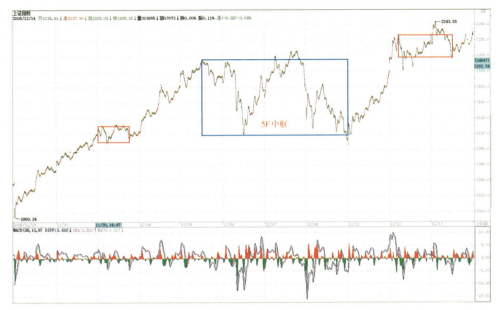

图 24

本 ID 再把一句说过的话再说一次：牛市里，跌就是爹。

还要郑重、反复地说：第一阶段主力是成份股，看看 1000 点上来是不是这样！

扫地僧：那是建议，不是推断，即使没按这个剧本走也不说明什么。

[匿名] 摄影之友　2006-12-14　15：33：14

博主：现在的大盘已经取得了阶段性的进展。请再次为我们明示下一步的操作吧。这几天没有你的明示，实在郁闷至极，成绩欠佳。就当"扶上马，送一程"吧！

今天轻仓。但愿我的思路是对的。

缠中说禅　2006-12-14　15：50：32

又是一个错误思维。请问现在是牛市还是熊市？如果是牛市，机会满大街都是，为什么要轻仓？从 1000 点上来说，你的仓位整天变来变去，能否比一路持有成份股不动来得高？如果没有，那你的操作是有很大问题的。

如果你是市场中的人，资金回来后马上选择即将买入的股票，例如在 30 分钟或日线图上找符合要求的股票，或者找轮炒的股票，这样资金利用率才会高。或者干脆就长抓一些股票，根据市场的波动不断弄短差，把成本降低，这样资金利用率也高。牛市里不挣钱与熊市心态有关。

扫地僧：牛市中，想要提高资金利用率，要么不停地找符合买点的股票，要么找轮动炒作的股票。如果做不到，那就老老实实地抱着一只股票，根据市场的波动做短差，把成本降低，这才是牛市里的操作思维。熊市里，就把操作级别放小，然后不停找背驰股票，有利润时及时注意兑现，不能天长地久。见图25。

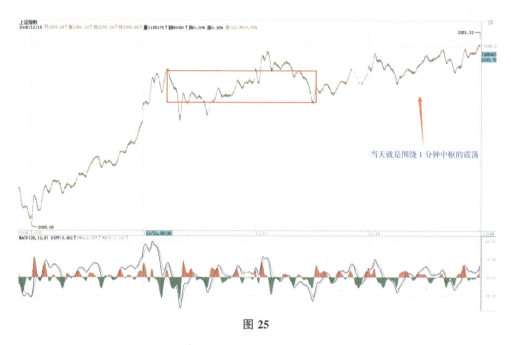

当天就是围绕 1 分钟中枢的震荡

图 25

2006 年 12 月 15 日

缠中说禅　2006-12-15　13：02：42

公布一个八卦消息，本 ID 在这里不希望说具体个股，虽然本 ID 这里的消息是全国第一准确、第一多的，但说消息会影响大家学习，那不是根本的事情。

本 ID 在这里也绝少暗示什么股票，除了北辰在 4 元多，以及武钢认购在 3 毛多，刚好写到类似东西，故意暗示了一下。

最近又喝酒又吃药。

酒的庄家的另一只股票，2005 年 6 月是 3 元多，现在 3 元多是尾数，前面究竟是 1、2、3，自己想去。

药就不说了，要避嫌疑。其他就更不存在暗示问题，各位别胡思乱想了。

扫地僧：猜测酒的另一只是泸州老窖，2005 年 6 月最低点是 3.1 元，而 2006 年 12 月 15 日当天，盘中最高价是 23.45 元，3 元多是尾数，前面的十位数是 2，药就是 000999。见图 26。

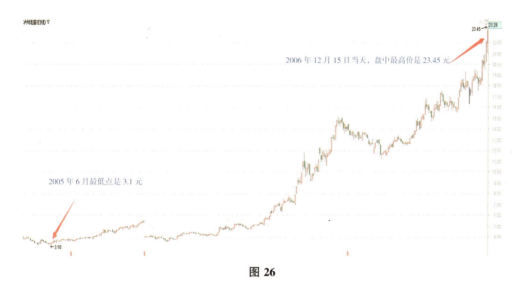

泸州老窖(日线) ▽

2006 年 12 月 15 日当天，盘中最高价是 23.45 元

23.45 →

2005 年 6 月最低点是 3.1 元

← 3.10

图 26

缠中说禅　2006-12-15　13：06：02

补充一句，本 ID 的酒呀药呀都是陈年的，别和本 ID 一般玩法，本 ID 不建议任何人追高的。所以那 3 元多现在是尾数的，本 ID 也从来不说。

扫地僧：这些股票缠师已经做了很久了，成本很低了，现在介入的和缠师压根就不在一个起跑线上，一旦有意外情况，缠师扛得起，现在介入的就被动了。

缠中说禅　2006-12-15　15：26：46

注意，对那水酒，经过前两天被人大量狙击，怎么都要歇一下。既然八卦了，就八卦到底。首先当本 ID 不存在，别什么都往本 ID 身上扯，本 ID 只是说昨天晚上发的一个梦，各位别当真。

昨天晚上，本 ID 梦见有一个叫庄家的人，他在 3~4 元钱对某个叫股票的人上下其手。又有一个叫另一个庄家的人，也一起在上下其手。其中某人，比较花心，还对股票的另一个兄弟在几个月前基本相同的价位上下其手，一年半后，该兄弟被搞大了七、八倍，自以为有酒就可以乱性，很威猛的样子。

不说那兄弟了，股票被搞得越来越大，大到 4 倍时，庄家忍不住，开始早泄，结果上下翻腾。突然有些叫基金的玩意过来，接着庄家的体液，说吃得真高兴。

有一个叫世界最大的物体,光顾股票家,说要分他的家产,然后把他卖到全世界。这个故事,基金们听了很高兴,所以就继续吃庄家的体液,叫另一个庄家的人也跟着上下折腾,进进出出的,但就是不泄。

这个 N 判断游戏,真好玩,结果怎样,没看到,因为梦醒了。

扫地僧:第一只股票就是水井坊,它的兄弟是泸州老窖,泸州老窖是 2005 年 6 月到达底部 3 元多,水井坊是 2006 年 1 月到达底部,也是 3 元多。一年半后,也就是 2006 年 12 月了,泸州老窖到了 23 元,水井坊到了 13 元附近,大约是底部的 4 倍。此时,水井坊的收购方案出台,收购方是全球最大的酒业公司,庄家出现早泄,打压股价,但很多基金认可此项收购,就大量吃进庄家打压的筹码,而缠师跟着上下折腾,但筹码并未丢失。见图 27。

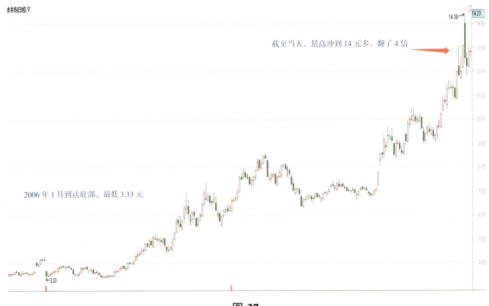

图 27

2006 年 12 月 18 日

(缠师当日无解盘)

扫地僧:这几天缠师一直在讲背驰,盘面上也比较平淡,只是震荡上移,直到 18 日开始出现加速。见图 28。

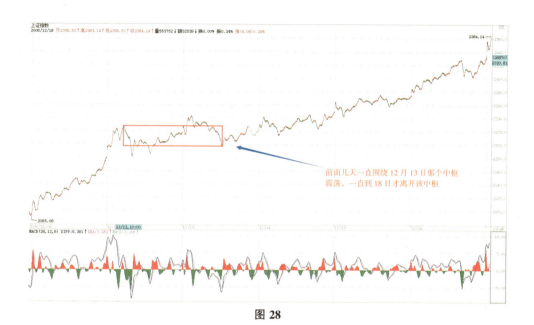

图 28

2006 年 12 月 19 日

缠中说禅　2006-12-19　12：12：29

那几个作业请各位认真思考，一定要多从中枢的概念出发，因为有了中枢的概念，盘整、趋势都没包含其中的，那是比盘整、趋势更基本的概念。

大盘走势没什么特别的，还是沿用以前的老招数，一旦两市走势背离就会出现震荡，而且深圳证券指数走势更明确，这些都在以前反复说过，自己以后都可以继续灵活应用。

还有就是缺口的问题，一旦在下方留下缺口，对短线就有考验，能不补当然是强势的，但考验是必须的。像上海证券指数昨天、今天连续出现缺口的走势，出现震荡是理所当然的。

大盘本月目前的走势，基本按前段时间本 ID 所给建议走，唯一有点不太给面子的是，上海证券指数比深圳证券指数先创新高。目前是突破后的惯性上攻，这个惯性一旦耗尽，必然有一个回试以前历史高位的确认过程，这构成短线最大的压力。

中长线就不用说了，牛市的第一阶段还没结束，中长线没什么可谈的。至于有人问什么是成份股，本 ID 真不知道如何回答，本 ID 不喜欢小孩，不大适合教幼儿园，所以如果有类似的问题，各位请帮个忙。

扫地僧：当天上午出现了上证继续新高，但深证不再新高的背离现象，分时图见图29、图30。

图 29

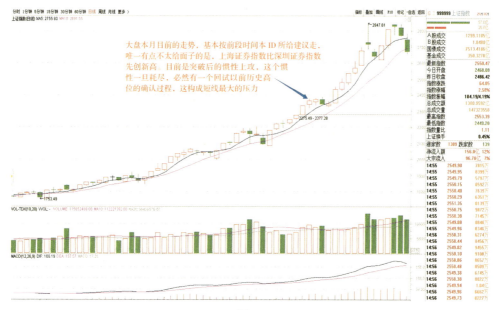

图 30

还有一个技巧：当出现缺口后，短线考验缺口是必须的，不回补就代表强。

［匿名］快　2006-12-19　12：36：33

LZ，大盘还会出现类似今年 7~8 月的那种走势吗？

缠中说禅　2006-12-19　12：45：36

当然会出现，只是时间长短的问题。上次大的平台形，这次很可能就是锯齿形，走出三角形的可能性不是没有，但小一点了。不过，真正调整的出现必须把这次突破历史高位所产生的惯性耗尽。由于年尾基金做业绩的因素影响，而且，现在基金的业绩和新募集的关系太大，成为一种营销手段，所以大盘因此的影响不可小觑。

扫地僧：见图 31。

到年底时，基金公司为了业绩，一般会做一下净值，大盘因此可能还会延续强势。

2006 年 12 月 20~22 日

扫地僧：缠师连续三天没有谈大盘，这三天大盘就是围绕上涨趋势的最后一个中枢做震荡，并最终扩展出了 5F 级别的中枢。见图 32。

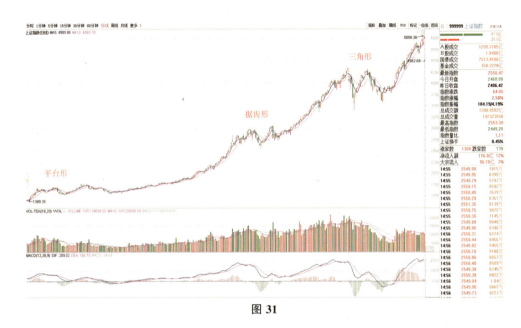

图 31

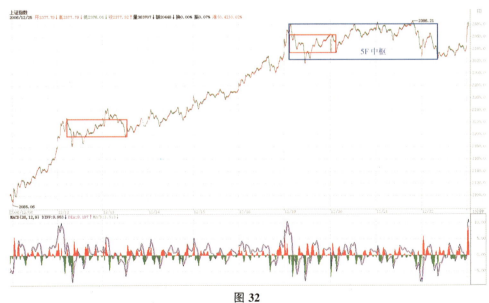

图 32

2006 年 12 月 25 日

缠中说禅　2006-12-25　15：37：17

大盘的走势没什么说的，牛市第一阶段，涨成份股，这强调过无数次了，别用自己的思维来想象牛市的顶部。再强调一次，现在只不过是牛市的第一阶段。

扫地僧：当天中国工商银行涨停，中国银行涨 7.5%，大盘在成份股的带领下，强势突破了这刚形成的 5F 中枢。见图 33。

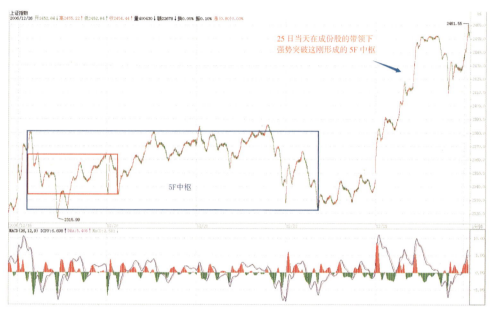

25 日当天在成份股的带领下
强势突破这刚形成的 5F 中枢

5F中枢

图 33

2006 年 12 月 26 日

缠中说禅　2006-12-26　15：12：05

大盘现在的走势十分正常，1996 年那次，发展涨了 N 倍，很多股票都没涨，工行现在连 1 倍都没到，算得了什么？成份股就是牛市第一轮最重要的股票，多次说了，就不要埋怨了。

扫地僧：第一阶段就是成份股涨，而且空间会很大，看看 2014 年底的中国中车，也是一个道理。见图 34、图 35。

2006 年 12 月 27 日

缠中说禅　2006-12-27　15：25：27

大盘没什么可说的，选股就更没什么可说的了，就是成份股，没动的都要动的。这话说了无数遍，以后不说了。

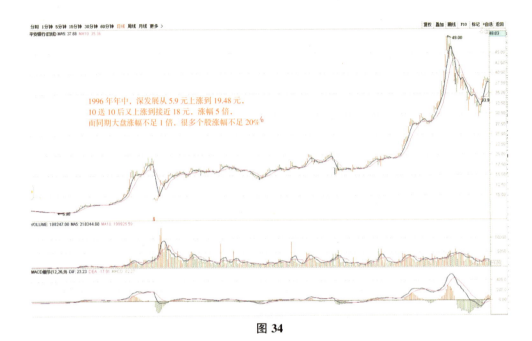

1996 年年中，深发展从 5.9 元上涨到 19.48 元，
10 送 10 后又上涨到接近 18 元，涨幅 5 倍，
而同期大盘涨幅不足 1 倍，很多个股涨幅不足 20%[6]

图 34

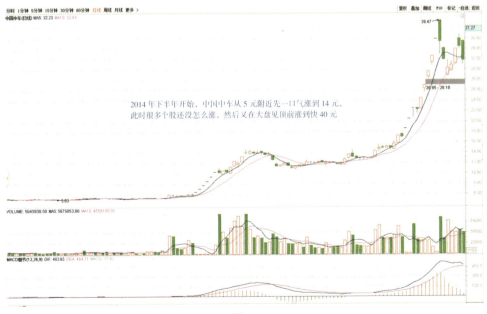

2014 年下半年开始，中国中车从 5 元附近先一口气涨到 14 元，
此时很多个股还没怎么涨，然后又在大盘见顶前涨到快 40 元

图 35

缠中说禅　2006-12-27　15：29：37

这种大牛市炒股票是最简单的，成份股就那 300 只，如果觉得太多，就看上海证券指数 50，第一轮反复围绕这几十只股票，不断轮炒就完了。而第二轮是炒成长股，那是以后的事情了。关键是消灭一切熊市心态，这话也说过很多次了，以后也不说了。

扫地僧：当时大盘各级别走势很好，5F 上也刚出现三买。见图 36。

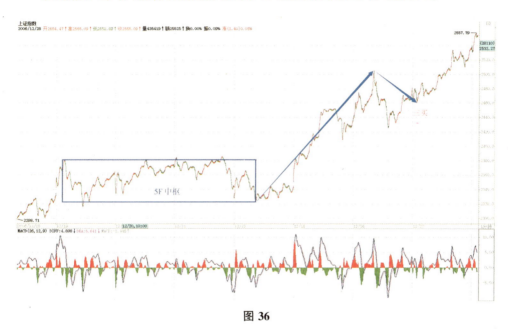

图 36

2006 年 12 月 28 日

缠中说禅　2006-12-28　15：45：14

成份股的威力，各位会继续看到的。有人说现在涨得很离谱，本 ID 怎么一点感觉都没有？比起 1996 年那次，差远了。比起 1991 年甚至 1993 年那次，差得更远。1994 年 8~9 月那次的反弹，从指数的速度上也比这次快。没什么可说的，只不过以前的龙头叫发展、长虹。现在换成了工行之类的，一点新意都没有。

本 ID 已经不想说第一波是成份股这种话了，说得太多，没意思。如果要和 1996 年比，见 4500 点前就不该有大的调整。明年、最迟后年怎么都应该见 6000 点。否则，本 ID 简直对这次行情失望至极。

元旦后，以及特别在人寿上市前后出现平台式快速震荡是必要的。这是短线

最大的风险，至于中长线，又是一句说过无数次的话，现在才是牛市的第一阶段。

扫地僧：成份股就是带头大哥，带头大哥打出了空间，后面的其他股票才会有参考标准，也能吸引场外资金不断进入。中国人寿于 2007 年 1 月 9 日上市，大盘在 1 月 4 日开始出现了一个小平台震荡。之后在 1 月 24 日进入中级调整。见图 37。

图 37

缠中说禅　2006-12-28　15：56：20

本 ID 很久以前已经反复强调过这个问题，回去看看 000001 在 1996 年的走势。

各位，注意这样的节奏。最大那 50 只肯定要先上一个台阶，然后 300 只里面的后 250 只就会补涨上去，这个节奏是可以把握的。

至于三线股，就是更后面补涨了。

牛市其实是最简单的，每一阶段有一个龙头板块，其他都是补涨的。

第一阶段的龙头板块就是成份股。

第二阶段是成长股，那是以后的事情了。

第三阶段是重组股，那是最后的晚餐了。N 年以后会出现。

现在才是牛市的开始，没赚到钱也不怕，后面明确方向，机会多得你跟不过来。

扫地僧：牛市有三个阶段，第一阶段是成份股，第二阶段是成长股，第三阶段是重组股，每个阶段都有一个龙头板块，其他的都跟着龙头板块走。

2006 年 12 月 29 日

扫地僧：缠师当天发公告《休博 5 天公告》，有五天没解盘，29 日当天大盘的情况见图 38：

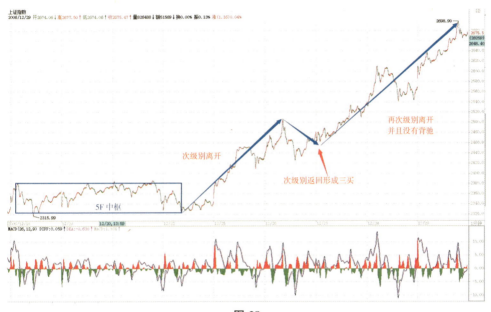

图 38

当时正处于 5F 三买后最强劲的上涨中，没有背驰。

2007 年 1 月

2007 年 1 月 4 日

缠中说禅　2007-01-04　15：28：42

大盘这样的跳水又不是第一次，牛市就是下跌猛，像夏天一样。这样的走势，要最终逆转，必须要有很强的政策性干预，关注一下这方面的事情。

扫地僧：此时没有任何背驰，上涨趋势中的跳水，只会迎来更猛烈的反击。此外，牛市里，下跌猛。见图 39。

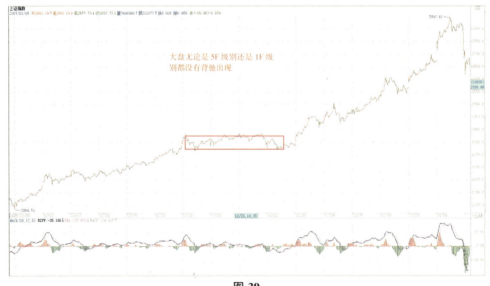

大盘无论是 5F 级别还是 1F 级别都没有背驰出现

图 39

2007 年 1 月 5 日

缠中说禅　2007-01-05　15：30：38

大盘今天走势良好，典型的补涨走势。关键还是成份股，成份股也分一线、

二线、三线的。现在一线的银行股等休息,二线就启动,十分正常,把握这节奏,就能多玩几轮,资金利用率也高了。

扫地僧:当天大盘下跌 2.74%,而当天的涨幅榜里面有很多二线成份股。见图 40。

	代码	名称	涨跌幅度↓	前收盘	最高	最低	收盘	震荡幅度
1	600863	内蒙华电	0.29 10.18%	2.85	3.14	2.83	3.14	0.31 10.95%
2	600802	福建水泥	0.32 10.13%	3.16	3.48	3.41	3.48	0.07 2.05%
3	600027	华电国际	0.32 10.13%	3.16	3.48	3.15	3.48	0.33 10.48%
4	600029	南方航空	0.43 10.09%	4.26	4.69	4.32	4.69	0.37 8.56%
5	600300	维维股份	0.46 10.09%	4.56	5.02	4.57	5.02	0.45 9.85%
6	600220	江苏阳光	0.41 10.07%	4.07	4.48	4.00	4.48	0.48 12.00%
7	000798	中水渔业	0.30 10.07%	2.98	3.28	3.02	3.28	0.26 8.61%
8	600011	华能国际	0.67 10.06%	6.66	7.33	6.58	7.33	0.75 11.40%
9	000758	中色股份	0.85 10.06%	8.45	9.30	8.62	9.30	0.68 7.89%
10	000823	超声电子	0.57 10.05%	5.67	6.24	5.58	6.24	0.66 11.83%
11	000625	长安汽车	0.96 10.05%	9.55	10.51	9.32	10.51	1.19 12.77%
12	600509	天富能源	0.76 10.04%	7.57	8.33	7.46	8.33	0.87 11.66%
13	002009	天奇股份	1.06 10.04%	10.56	11.62	10.40	11.62	1.22 11.73%
14	600837	海通证券	0.64 10.03%	6.38	7.02	7.02	7.02	0.00 0.00%
15	600795	国电电力	0.64 10.03%	6.38	7.02	6.27	7.02	0.75 11.96%
16	600771	广誉远	0.71 10.03%	7.08	7.79	7.56	7.79	0.23 3.04%
17	600423	*ST柳化	1.09 10.03%	10.87	11.96	10.65	11.96	1.31 12.30%
18	002088	鲁阳节能	2.76 10.01%	27.56	30.32	27.51	30.32	2.81 10.21%
19	600886	国投电力	0.74 10.01%	7.39	8.13	7.38	8.13	0.75 10.16%
20	600326	西藏天路	0.85 10.01%	8.49	9.34	8.35	9.34	0.99 11.86%
21	600428	中远海特	1.09 10.01%	10.89	11.98	10.61	11.98	1.37 12.91%
22	600123	兰花科创	2.02 10.00%	20.19	22.21	20.10	22.21	2.11 10.50%
23	600291	西水股份	0.88 10.00%	8.80	9.68	9.45	9.68	0.23 2.43%
24	000966	长源电力	0.39 10.00%	3.90	4.29	3.95	4.29	0.34 8.61%
25	000752	西藏发展	0.52 10.00%	5.20	5.72	5.11	5.72	0.61 11.94%

区间分析-涨跌幅度 沪深A股 区间:2007-01-05.五 至 2007-01-05.五 点右键操作

图 40

2007 年 1 月 8 日

缠中说禅　2007-01-08　15：33：49

牛市炒股票基本没有什么技术含量，就是板块轮动。例如，现在的牛市第一阶段炒成份股，先启动一线的，也就是盘子最大的，然后二线、三线，基本就这节奏。一线不会大跌，一旦大盘要冲关之类活动，一线就会出来露脸。一线是反复炒。

牛市别谈论什么个股的顶部，想想 1996 年，发展在 6 元时，谁知道 1 年后发展 10 送 10 后还敢冲 50？

扫地僧：牛市不言顶；先启动一线的，也就是盘子最大的，然后是二三线；一线不会大跌，当大盘需要冲关时，一线就会出来露脸，反复炒。

［匿名］清　2007-01-08　16：14：52

看过了"本 ID"前两日对牛市发生调整可能因素的见解，大概是需要中央调控，希望没有理解错，而今天中国人民银行存款准备金率上调 0.5 个百分点，应该就是其中一个预警吧？但牛市依然加速，难道真的需要再出现类似加息或者新华社评论文章吗？想听听阁下的见解。还是那句，牛市行情原来还很累人。谢谢！

缠中说禅　2007-01-08　20：50：22

今天这种情况不算什么，以前不试过十几道金牌才把股市打下来的例子。只要轮动依然，市场就是良性发展，没有什么可值得担心的，关键要踩准节奏。当然，如果没时间关注短线已经轮动的，就把选好的成份股拿好了，最终，基本涨幅都相差不大，只是先后问题。

扫地僧：升准这政策的威力不算大，政策也很难一下子改变大趋势；在牛市里，只要轮动还在，就是良性发展。

2007 年 1 月 9 日

缠中说禅　2007-01-09　15：13：32

大盘没什么可说的，中国人寿开在 40 元附近，短线有所震荡是正常的，最主要换手不足，太惜售，短线的关键就是要把这些人吓出来。中线该股一点问题都没有，看看茅台上市时多少钱，现在多少。中国最大的资源就是人，中国人寿搞的就是人，没有人，酒也废了。

各位关键在持住股票，好像本 ID 做梦时说的某药，短短 10 个交易日，上涨 40%，过两天一算还要多，但能持住的有几个？做人专一点，别前戏都没开始就早泄了。

就算是 419，也要把前戏、高潮弄足了，牛市一定不能当早泄男。

扫地僧：人寿上市首日的换手率是 53%，相比其他新股来说，换手率比较低，说明中签的人不愿意卖。最终上冲 50 元后，又反手向下回到 31.5 元，也是为了把这些人吓出来。

牛市里，一般都会有高潮，要尽量吃到利润最大的一段，熊市的话，未必有高潮，发现不对就要赶紧走。

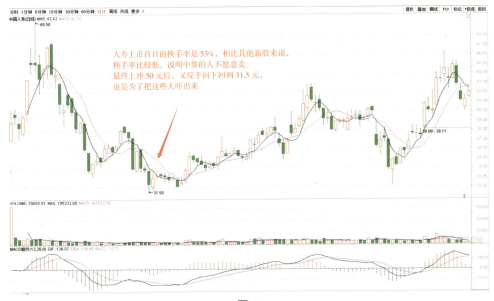

图 41

2007 年 1 月 10 日

缠中说禅　2007-01-10　16：22：39

今天继续补涨，三线成份股表现，这十分符合轮动的节奏。但轮动能否继续，关键就看工行等能否重新走强，不行的话，就要进入一个至少 30 分钟，甚至日线级别的调整。

最近的大涨，使得反压言论开始冒头，这是考验管理层智慧的时候了。如果管理层不干傻事，日线级别的调整就足够了。调整时，非成份股会出现补涨，短线机会还是很多的。

扫地僧：二三线都动过了，自然又该回到一线成份股了。如果一线成份股不重新走强，那就要进入至少 30F 调整。调整期间，非成份股会出现补涨。

2007 年 1 月 11 日

缠中说禅　2007-01-11　15：18：40

大盘继续个股补涨指数调整，目前情况下，只要指数不有效跌破 2600 点，个股补涨继续火爆。还是低价股。

扫地僧：这几天都是补涨行情，罗列了一下从 1 月 4 日以来，二三线的补涨。也可以发现，调整时，先是二线成份股的补涨，然后是三线成份股，轮动的顺序没乱。见图 42。

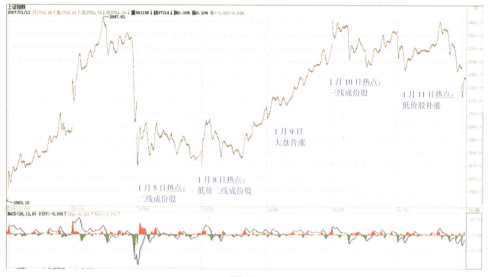

图 42

2007 年 1 月 12 日

缠中说禅　2007-01-12　15：26：45

大盘今天的走势很正常，前几天问过各位工行究竟走的是哪一段？根据走势必完美，三个次级别是必须的，所以这几天的走势太正常了。这根本不存在依靠任何人，一个走势必完美的原则就知道了。

个股依然是低价补涨，只要成交量不过于萎缩，个股行情就不断，主要是低价股的。注意，反复说的都是补涨。所谓补涨，就不会是连续的中线行情。前几天已经说过了，补涨完了，还是要看工行等，他们如果不再启动，那么调整的级别就大了。

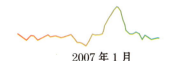

前面还特别提示要注意政策上的动态，这不会逆转大趋势，但会对调整的力度与时间有影响。最近已经有不少人跳出来对大盘进行言论反压，但相信，这不会成为管理层最终的意见，因为在去年的行情中，管理层是最大的受益者，过快上涨可能不好，大幅下跌也是绝对不被允许的。这就决定了目前的调整格局，轻指数，重个股。只要买点出现，就有个股机会。

中线个股问题不大，看看去年的酒，今天还在涨，就知道了。

扫地僧：实战经验，等补涨股补涨完了，一线成份股还不启动，那么调整的级别就变大了。

2007 年 1 月 15 日

缠中说禅　2007-01-15　22：40：08

明天关键看好在前期高位是否有次级别的背驰出现，以防指数出现三角形走势。另外就是深沪指数是否会背离，这也是一个危险信号，只要这两点都不出现，那大盘就没大问题。用自己的眼睛观察，就足够了，别预测什么。

个股还是低价股票，特别是那些这次回调刚好构成第三类买点的股票，想想为什么 000600 节前回调后，节后一下就来了快 50%，排除本 ID 的梦，最重要还是第三类买点的力量，本 ID 的梦只是让他更有力量而已。

扫地僧：见图 43。

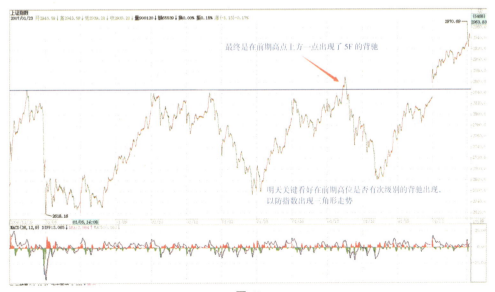

图 43

2007 年 1 月 16 日

缠中说禅　2007-01-16　15：37：18

各位注意了：已经 N 次说过，现在是补涨的天下，二线特别是低价股横行，选好第三类买点，你会忙得不亦乐乎。本 ID 教你的是找吃的本事，而不是光把饭给你，各位看看今天涨停的股票，有多少是从第三类买点启动的，就上海证券指数的，而且只说低价的，随便说几个：600068、600555、600784、600684、600300、600829、600587、600820、600884。各位好好研究一下，就用第三类买点，目前就可以找到足够多的饭吃。自己找到的才是真本事。关键是把这技术练好。

[匿名] whq999　2007-01-16　15：38：07

斗争很激烈，等待很痛苦，决定这几天不看盘了，过阵子来收庄稼，缠妹帮我顶住，先谢谢了。

缠中说禅　2007-01-16　15：51：16

市场的任何事情都是锻炼人的机会，特别是那种痛苦的事情。另外，说过多次了，自己找吃的，本 ID 提供找吃的方法。

目前市场就两条主线，一个是低价补涨，一个是中高价地打开空间。后者不大适合散户。

药是去年的酒、钢铁是去年的有色，另外像能源、汽车、军工等，都会有表现的。迟点，有业绩、有送股的股票，特别是去年炒得厉害的，必须通过送股把股价弄下来，这是春节前后特别是业绩公布高峰时候的重点，这个节奏是很明显的。

技术上，用好第三类买点，足以把 95% 以上的人赢了，自己找，别整天希望别人喂你吃饭。

扫地僧：由于大盘在 12 月的涨幅巨大，而且出现了加速，这是一个阶段性行情结束的特征，一个阶段性行情结束往往意味着原来的龙头板块要进入调整，其他板块开始补涨，因此，当时的主线就是低价股的补涨，而介入时机就是日线的三买。

[匿名] 无知　2007-01-16　20：50：10

今天深圳证券指数创新高而上海证券指数没有！是否算是背离了？

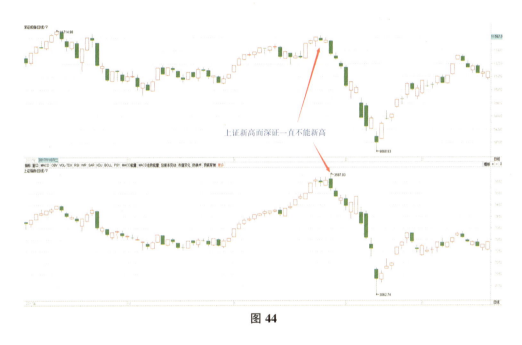
缠中说禅　2007-01-16　21：16：58

目前上海证券指数是一个大盘指数，所以如果只是一两天出现这种情况，问题还不算大，但如果长时间出现，那问题就大了。所以本周上证必须创新高，否则调整级别还要继续加大。

扫地僧：某一个指数新高，而另一个没有，出现一两天问题还不算大，但如果时间长了，问题就大了，调整的级别就要变大。2018 年 1 月，就是上证已经新高半个月了，而深证一直没新高，从而导致一波大调整。见图 44。

上证新高而深证一直不能新高

图 44

2007 年 1 月 17 日

缠中说禅　2007-01-17　15：18：53

前面已经说过如果出现次级别的背驰就要走三角形，今天 5 分钟的背驰如此明显还看不出，那就要去好好补课了。还有中国人寿在 5 分钟上也是典型的背驰。

大盘今天的震荡是 5 分钟的背驰引发的，一个绝好的短差机会，如果没把握好的，继续好好学习。如此典型的走势必须要把握好。没搞清楚的，就把上海和中国人寿的 5 分钟图弄出来好好研究。

其实，就算你看不懂大盘，看本 ID 狙击的股票今早开始就走得特难看，就知道今天要震荡了。当然，本 ID 的快乐都是建立在庄家的痛苦之上，这里说声

对不起了，傻庄们。

扫地僧：见图 45、图 46。

图 45

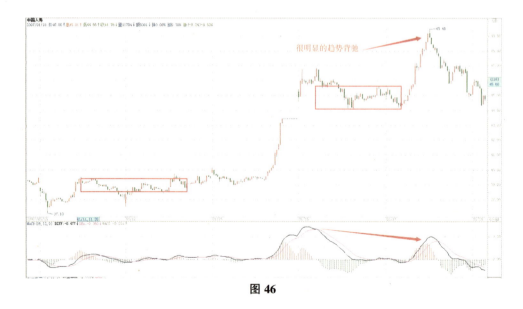

图 46

[匿名] 学习　2007-01-17　15：19：29

LZ，今天大盘在 30 分钟里算背驰吗？

缠中说禅　2007-01-17　15：25：18

没必要管 30 分钟，因为突破是日线的次级别走势，也就是 30 分钟，是否结束，要看 5 分钟是否背驰。5 分钟的背驰太明显了。昨天本 ID 还特别说过，两段趋势，中间的 MACD 回抽 0 轴后背驰，自己去看看，是不是教科书一样精确。

扫地僧：大盘这个背驰，在本人写的第一本书《缠论 108 课详解》中《教你炒股票 24——MACD 对背驰的辅助判断》一课中有详细讲解。

2007 年 1 月 18 日

缠中说禅　2007-01-18　15：13：08

今天的大盘没什么可说的，工行的破位是为了完成第三段的走势，所以很正常，当该走势完成后，将出现周线级别中枢的第二段走势。

个股方面，还是中、低价股票。什么药呀、酒呀就不说了，农业、环保、汽车、科技等，都会有表现的。

注意，中国最多的是人，只要和人口多有关的东西，都会被弄得像酒一样。

目前之下，个股比指数重要得多。

扫地僧：缠师能指出工行之后那么久的走势剧本，确实不简单。见图 47。

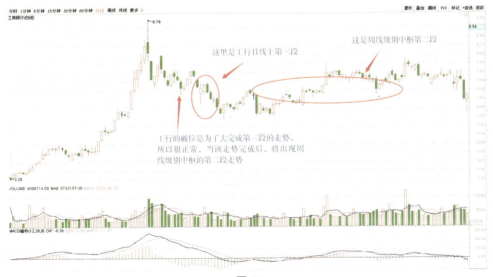

图 47

和人口多有关的行业，随着人口消费化的进行，都处于大的发展期，这是一个基本的选股思路。

2007 年 1 月 19 日

缠中说禅　2007-01-19　14：58：58

今天下午，还有三件重要的事情要处理。别人都在等着，不能爽约。

先下了，大盘没什么可说的，继续二三线补涨，再见。今晚难道继续喝水井坊？拜托千万不要！

各位吃药、喝酒去吧！然后拿着管子上街干架去也！

扫地僧：汇总一下这波调整中，二三线补涨是热点的分布。见图 48。

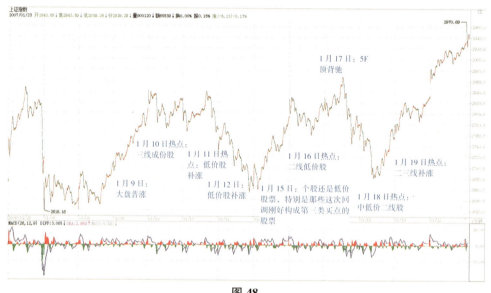

图 48

2007 年 1 月 22 日

缠中说禅　2007-01-22　15：27：14

这股市真是一点意外都没有，真没挑战性。已经说了，极有可能有三角形，然后才突破，最迟本周一见分晓，结果怎么样，大家都看到了。

必须提醒，三角形一般是一段走势的最后一个调整中经常出现的，因此，三角形出现后，其后的走势就要时刻小心了。当然，这只是对 30 分钟而言，而日线上要出现大调整，还早着。所以，密切关注 30 分钟或 60 分钟的图形，一旦出现背驰，就可以打点短差了。

还有，今天大盘的缺口不补，因此，最迟在周四前，还有一个回试去考验这个缺口。当然，并不是说缺口一定要补，完全可以突破 3000 点后才回试，而且

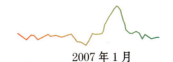

回试甚至连 2900 点都可以不触及，但回试是必须的，这会引发一个震荡。

个股方面，还是二三线的天下，太多热闹的股票，就不说了。

至于本 ID 现场表演的那 8 只股票，ID 只有两只手，不可能天天每一只都关照到，但关照一两只是肯定无疑的，这叫轮搞，回想这段时间的走势，除了药之外，其他都是被轮着搞，当然，这都是本 ID 的梦话，说说而已。

扫地僧：见图 48、图 50、图 51。

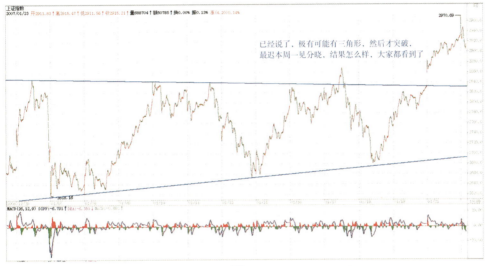

图 49

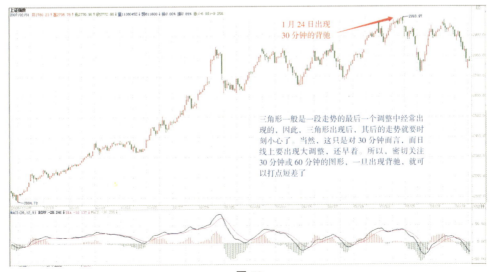

图 50

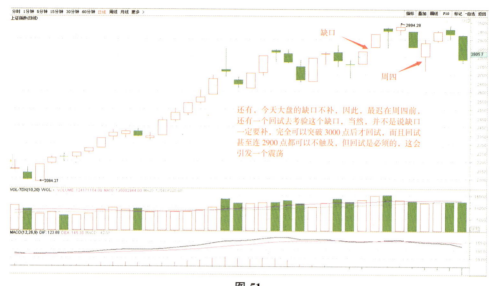

还有，今天大盘的缺口不补，因此，最迟在周四前，还有一个回试去考验这个缺口，当然，并不是说缺口一定要补，完全可以突破3000点后才回试，而且回试甚至连2900点都可以不触及，但回试是必须的，这会引发一个震荡

图 51

缠中说禅　2007-01-22　15：31：54

大盘 5 分钟没有什么背驰，黄白线创新高一般都不会是本级别的背驰。大盘其实只是一个 1 分钟的背驰，下午就有一个跳水，然后很快就把指标调整过来了。注意，背驰是要看前后级别的走势的，不是光看一个级别就可以。

[匿名] 直面缠生　2007-01-22　15：36：53

5 分钟图上，大盘虽然一度背驰，但是日线上，这是突破原来中枢后的第一次上涨趋势，根据走势必完美，这种背驰的威力肯定不大，弄不好踏空，所以我一直没走。缠姐，我说的对吗？

缠中说禅　2007-01-22　15：39：09

是 1 分钟的背驰，5 分钟黄白线创新高，这要配合黄白线和柱子一起看的。1 分钟的背驰，在盘中下午那次跳水已经化解了。

扫地僧：看背驰要看两个级别，最好有共振。见图 52、图 53。

[匿名] 赚到了　2007-01-22　15：42：01

目前大盘已经突破日线中枢，接下来的回试如果跌破 2868 点的话，会变成中枢扩张，就会有比较大的震荡。这样分析对吗？

缠中说禅　2007-01-22　16：03：00

强势的话，也就是能产生中枢新生的，2870 点是不该被回试触及的。换言之，今天的缺口是不能被补的，否则就陷入一个更大级别的调整。

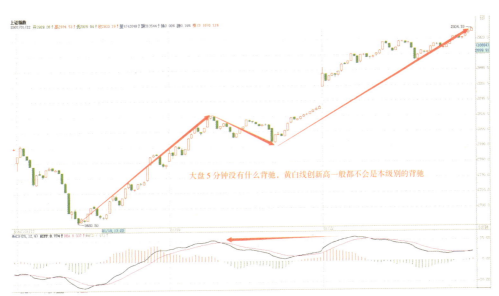

大盘 5 分钟没有什么背驰，黄白线创新高一般都不会是本级别的背驰

图 52

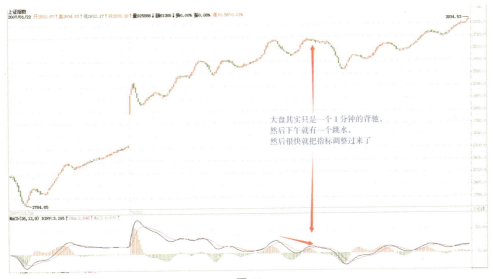

大盘其实只是一个 1 分钟的背驰，
然后下午就有一个跳水，
然后很快就把指标调整过来了

图 53

最强的走势，就是快速突破或接近 3000 点后出现震荡，在 2870 点上支持住，然后站上 3000 点，这是最有力的走势了，能否出现，没必要预测，只要看着就可以。如果出现 30 分钟或 60 分钟背驰还突破不了 3000 点，那调整的时间、幅度就要有一定的延长。

扫地僧：2870 点是前面的 5F 中枢震荡高点，就是 1 月 17 日的高点，如果破了该点，就是走中枢扩展。最强的走势是在 3000 点附近出现一个小级别（1F）的中枢震荡，不破 2870 点，然后突破 3000 点，这是最强的。但实际走势是后来出现了 30F 的背驰，从而进入了更大级别的调整。见图 54、图 55。

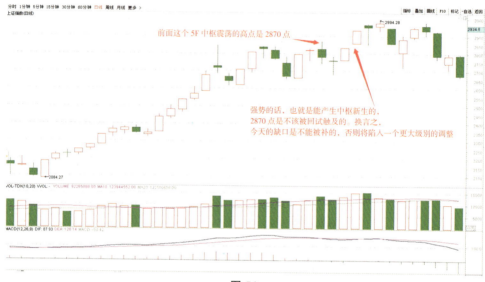

前面这个 5F 中枢震荡的高点是 2870 点

强势的话，也就是能产生中枢新生的，
2870 点是不该被回试触及的。换言之，
今天的缺口是不能被补的，否则将陷入一个更大级别的调整

图 54

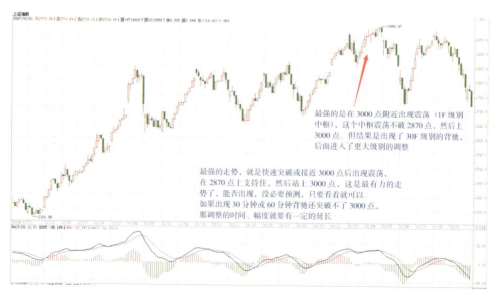

最强的是在 3000 点附近出现震荡（1F 级别
中枢），这个中枢震荡不破 2870 点，然后上
3000 点。但结果是出现了 30F 级别的背驰，
后面进入了更大级别的调整

最强的走势，就是快速突破或接近 3000 点后出现震荡，
在 2870 点上支持住，然后站上 3000 点，这是最有力的走
势了，能否出现、没必要去预测，只要看着就可以
如果出现 30 分钟或 60 分钟背驰还突破不了 3000 点，
那调整的时间、幅度就要有一定的延长

图 55

2007 年 1 月 23 日

缠中说禅　2007－01－23　15：28：03

今天的走势没什么特别的，就是回补缺口，由于 2870 点触及，因此还存在继续演化成大级别中枢的情况，明天，继续震荡也是很正常的。目前一个最简单的判断，就是看 5 日线，只要该线不破，则问题不大，否则，一个大级别的中枢延续是逃不掉的。

目前，能让大盘摆脱这种不好走势的，关键是看金融股了，由于兴业银行的发行价高高在上，你让金融股怎能不躁动？已经说过多次，银行股中线还早着，你看看还有多少银行要回来上市，春节以后，中信要回来，后面什么建行、交行之类的，多了去了。

个股没什么说的，连军工、有色等老板块都开始再次活跃，无非说明了，这大盘即使短线有些震荡，中线还是问题不大的。

扫地僧：图 56。

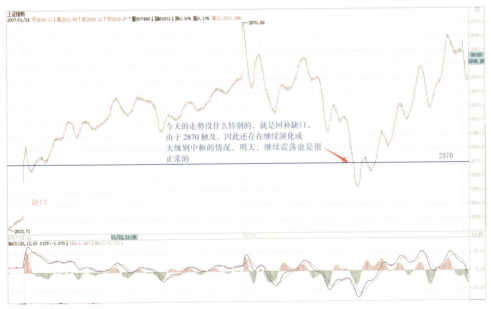

图 56

新发行的银行股，定价对银行板块里其他个股都有锚定作用，只要这些没上市的银行股还要不断上市，那么银行板块的行情就不会停，否则新股怎么发？

2007 年 1 月 24 日

[匿名] 笨笨猪 2007-01-24 15：52：29

今天博主怎么不说大盘了？

在 5 分钟线上应该是已经背驰了，而且和上一次 5 分钟的背驰几乎是一模一样的。

缠中说禅 2007-01-24 16：03：11

刚从 0 轴上来，不存在背驰的问题。目前不是考虑 5 分钟的问题，而是 60 分钟的问题，对大盘最大杀伤力的，是 60 分钟可能的背驰。这是必须密切关注的。目前 60 分钟要不出现背驰，就要迅速拉起来，否则在这里折腾几天，那就有问题了。注意，60 分钟一天才 4 根，所以还有几天可以看的。

大盘震荡的回试，应该在 2870 点上站稳，这也是很重要的。

扫地僧：见图 57、图 58。

图 57

有两个细节：

（1）缠师提到 5F 上不是背驰，因为 MACD 黄白线刚从 0 轴上来，这主要是指这里不是趋势背驰，因为趋势背驰，其 MACD 黄白线必然会先从 0 轴上来，然后出现一次回抽，然后再出现力度最大的一波上涨，之后回抽 0 轴，再顶出背

图 58

驰。目前大盘并不符合这个特征，所以不是趋势背驰，只是一个盘整背驰。

（2）60F 上，要想不背驰，必须快速拉起，也就是说在背驰段内部并没有标准背驰时，却出现了快速下跌，要想不背驰，必须要能快速拉起。这也是应对不出现标准背驰时的技巧。

2007 年 1 月 25 日

缠中说禅　2007-01-25　11：58：51

从纯技术的角度，今天本来回试的要求就 99%，按本 ID 的理论，走势需完美，而且在短线上，昨天明显有点背驰，所以回试一下上两天的低点去确认 2870 点突破的有效是很正常的，这都是在计划之中的。最不正常的，就是因为一个美国老人的忽悠而使得某些国人乱了方寸，可耻啊！

扫地僧：这里缠师说得有点前后不一致了，在昨天的时候，有人问到是不是背驰，缠师明确回答由于 MACD 黄白线刚从 0 轴上来，不存在 5F 的背驰问题。

但今天却说昨天有明显的背驰，这里有点马后炮的意思。不过在昨天的回复中，缠师提到大盘要想 60F 不背驰，必须要能快速收复昨天尾盘的下跌，但在 1 月 25 日当天，盘中的一个反弹，在 1F 级别上出现了背驰，这个背驰宣告了 24 日 5F 上盘整背驰的成立，也是 60F 背驰的确认，见图 59：

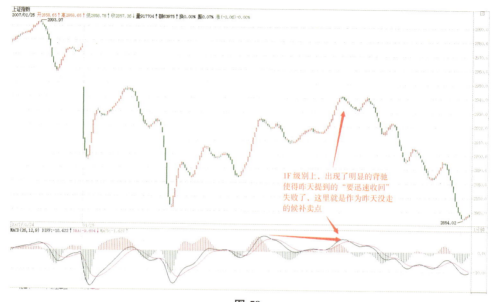

图 59

对大盘的中线走势，本 ID 早已经指明，最恶劣的就是在这里形成一个周线的缠中说禅走势中枢，而牛市的第一波走势还没有完成，也就是有关成份股的行情，在调整后仍将继续，这是无疑的。只是二三线的成份股，更有机会。当然，一线的股票机会依然，只是要等待契机。

而这轮大牛市，在第三波的大重组行情出现之前，绝不会走完，这是绝对无疑的。即使出现周线中枢的震荡，个股行情机会依然不断，工行可以没有行情，但个股不会没有行情，不信就走着瞧，今天，本 ID 的农业股、环保股、公用事业股、军工股都创出新高，这就是先头部队！

各位注意了，本 ID 从 2005 年 6 月开始一直长多，最出名的文章为《经典回放：G 股就是 G 点，市场的原理和性的原理是一样的》，这里的人都该看过。本 ID 现在无所谓多空，千万别理解错了。一个中枢扩展该干什么，是有理论的唯一根据的，和本 ID 的喜好无关。但本 ID 的结论很明确，牛市的第一波没完，这个观点没变。周线中枢的震荡，不影响这个结论。

扫地僧：本来比较有利的走势，只要不破 2870 点，就仍然可以继续中枢上移，但当天出现了大跌，使得 60F 的背驰确立，这样走势将出现日线级别的中枢震荡。令缠师最恼火的主要是汉奸行为。鬼佬一句话，就有人跟着卖，帮着砸盘，让鬼佬捡到便宜的筹码，十足的汉奸。见图 60。

图 60

缠中说禅　2007-01-25　15：27：08

今天的走势都看到了，就是一个汉奸杀跌的过程，技术上很简单，就是演化为一个复杂的调整。这在技术上是很正常的，理由前面已经说了，三角形后往往就是最后一段，但这只是 30 分钟级别背驰引发的调整，2700 点上下的中枢位置的波动就是所有了。

个股方面，还是二三线股，对指数不敏感的股票将继续表现。关键是个股而不是指数。

顺势清洗汉奸，又不让鬼佬有便宜买货的机会，就是现在的最大任务。

[匿名] 面首甲　2007-01-25　15：24：13

今天缠姐心情不好，大家问问题注意点。

上证 60 分钟背驰已经确定了。下一个重要点位 2618 点。

缠中说禅　2007-01-25　15：35：48

本 ID 没有什么心情不好的，关键是有些国人就爱舔鬼佬，忒没劲。本来这个调整是在预期中的，但因为鬼佬几句话就人心涣散，本 ID 今天玩得很开心，上上下下的，这是最好的短差机会，而且随便把盘给洗了。一切按技术来，没错的。

扫地僧：已经确定 60F 的背驰，而且三角形中枢往往是最后一段得到印证。主要是对鬼佬的一句话就人心涣散感到悲哀。

2007 年 1 月 26 日

缠中说禅　2007-01-26　15：39：30

大家注意了：在实际操作中，光靠钱堆是最愚蠢的办法，一定要有巧力，中国文化里说的是四两拨千斤，哪里是那些愚蠢的美国人可以明白的。站在纯资金量的角度，本 ID 可能没那些汉奸多，但本 ID 的 1 分钱来回用，就多出很多力量了。另外，只要有人当中流砥柱，自然是有回应的，像工行这种股票，就要这样在关键位置出击，一呼百应才行，不能死打死拉，而且要有同盟军，靠一个人的力量是有限的。

工行在纯理论上，本来就是要跌破 5 元的，工行的中线大趋势本 ID 早说过了，就是破前期低位也就是 5 元 11：00 形成走势必完美对于日线级别的第三段，然后有一个站在周线级别的第二段。目前工行的日线第三段是否走完，下周是关键，毕竟有一大堆新股要出来，这也是对大盘最大的考验，不过下周有 1 万多亿元的资金解冻，怎么团结、引导这群资金的某些部分，就是下周成败的关键。

目前工行的任务是稳定，而其他有潜力的二三股的任务是发展，这就是目前大盘稳定与发展的关系了。

扫地僧：关键位置出击，其实就是工行刚破新低，此时出击，可以出现背驰，见图 61：

图 61

缠中说禅　2007-01-26　16：06：47

各位看好了，本 ID 分析给大家看。

昨天 13：40 开始的下跌趋势把 MACD 黄白线带到 0 轴之下并远远离开 0 轴，在今天 9：30，黄白线和柱子都是最低，然后出现三波的反抽，9：50 结束，第三波十分弱，但 MACD 的黄白线已经重新拉回 0 轴附近，其后出现第二轮下跌，一直到 10：57，和上一轮比，MACD 没创新低，引起标准的背驰。

注意：MACD 在 10：17 更靠近 0 轴，这叫双次拉回，一般双次拉回都上不去，一定有再次下跌的。一般这种双次拉回的第二次，都是构成下跌中的第一个中枢，特别在跌破前面中枢后，这其实刚好构成一个标准的最小级别的第三类卖点。

扫地僧：见图 62。

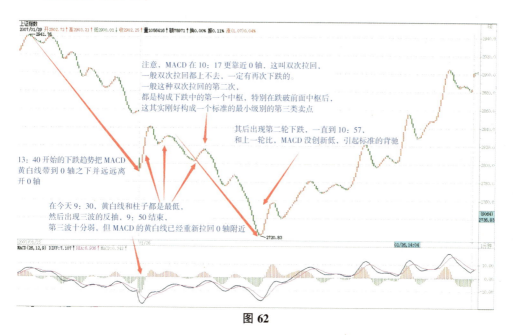

图 62

实战经验：一般这种双次来回的第二次，都是构成下跌中的第一个中枢，特别在跌破前面中枢后，这其实刚好构成一个标准的最小级别的第三类 卖点。

2007 年 1 月 29 日

缠中说禅　2007-01-29　15：22：17

本 ID 是说到做到的，汉奸要买，高 20% 把股票买回去。来回几次让汉奸都变负资产！

今天，本 ID 的股票该创新高的都创新高了。老 8 股里，5 个创了新高，那只医药股票的调整前两天就说了，应该有心理准备。山东人盘子还是比较乱的，以前说过了，至少有好几家在里面，不过情况正在好转。至于五指夹东西的，前提是走得过快，而且消息的兑现还要等，所以没必要创什么新高了，除非大盘走得特别好。至于后面说的那 5 个板块，具体个股就不说了，都应该没问题的。

目前的大盘，震荡格局的打破刚好需要一些配合，3000 点是否突破其实意义不大，突破了，震荡也少不了，所以短线的把握就比较重要了。当然，如果你技术一般，那就不用太关心短线，先把技术学好再说。

工行今天已经表现得不错了，但压力还在。联通中线最大的题材就是 3G 和中国移动的回归，一旦中国移动真能回归，联通的表现就太值得期待了。当时曾说，钢铁是去年的有色，药是去年的酒，本月两板块的表现都说明了。然后还问什么是去年的银行？当时给了两个条件，一个就是有大型的海龟，中国移动能否如期回归，还有一定变数，所以现在大家都是看一步走一步，银行去年也是开始表现得很犹豫，这是比较类似的。

扫地僧：见图 63。

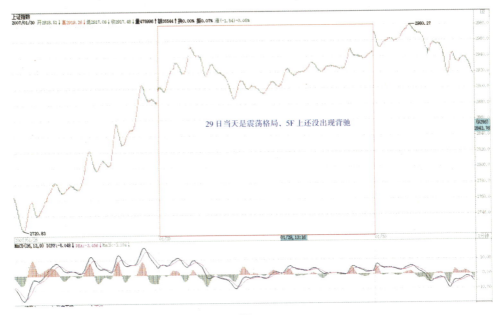

图 63

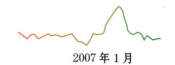
2007 年 1 月 30 日

缠中说禅　2007-01-30　15：25：37

各位注意了：如果到今天才继续追高买股票，那神仙都没法救你。大盘今早一个明显的 5 分钟背驰，从而引发调整，是最正常不过的。但个股问题不大，本 ID 的农业、军工不是很好吗？不送礼和浙江人不是继续创新高吗？本 ID 最近换的那 5 个板块，都不是瞎换的，农业、环保、军工都是中国以后最重要的、对国家安全最有意义的领域，后面的政策支持多了去了，想想为什么中央一号文件说的就是农业？当然，这些事情本 ID 是早知道了，北京什么多？什么最准确？那美国人即使在基本面上也没法和本 ID 比。

那只医药股票最高位置告诉你要洗盘调整，如果这都不能逃过，那本 ID 没法子了，有就拿着吧，反正洗完还要继续的。以后本 ID 也不提醒了，高位提醒都不照着干，跌了才问怎么办，本 ID 怎么知道怎么办？只能说这种短差你无福消受，继续好好练技术吧。

大盘的震荡依然继续，因此一定要看好卖点，该走就走，该买回来就买回来，灵活点。当然，技术不过关的就上上下下享受一下，技术过关再说了。

扫地僧：见图 64。

5F 背驰

图 64

2007 年 1 月 31 日

缠中说禅　2007-01-31　15：24：33

今天大盘的走势十分自然，还加上加息的忽悠，就更厉害了。但这没什么，关键是你操作得法，这才是关键。别整天跌了才问怎么办，卖点出来的时候干什么去了？别小看短线，没本事干短线的才鄙视短线。有本事的，凭什么不干？学好技术吧，股票都是废纸，但本 ID 的理论能让废纸变出黄金。

大盘的周线中枢震荡也不是今天才说的，因此上上下下都很正常，按着短线的背驰可以找到很好的买卖点。对于高手来说，震荡行情是最好挣钱的，即使目前办不到，也要好好学习。

其他就不说了，心态第一，洗心革面！

扫地僧：见图 65。

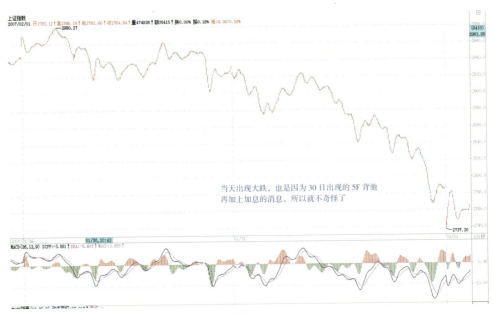

当天出现大跌，也是因为 30 日出现的 5F 背驰
再加上加息的消息，所以就不奇怪了

图 65

2007 年 2 月

2007 年 2 月 1 日

缠中说禅　2007-02-01　15：32：19

大盘今天有一个 1 分钟的背驰反弹，但力度肯定不能和上次相比，这也就是所谓的不重复，走势都能让所有人猜到就不是走势了。

像 000416、000600、000998 这些创新高或涨停的，就不要追高，低位不买追高是本 ID 最厌恶的事情。弄短差就要一心一意，这样才容易有效果。当然，技术熟练的可以在一个股票组里不断变换，但这需要练习。

大盘的周线中线在形成中，所以震荡不断是正常的。例如，今天科技等的利好给了板块活跃的理由，这种机会在震荡中是很多的。

大盘现在的任务是先站稳，在这种情况下弄短差，如果技术不熟练，宁愿卖早了，不能卖迟了，只要有钱赚、有差价，先变成现实为好。当然，没这条件的，就中线拿着，只要不是烂股票和追高买的，问题都不大。

扫地僧：走势不重复，但走势是同构的。当天的反弹也是因为一个 1 分钟的五段类背驰出现。见图 66。

2007 年 2 月 2 日

缠中说禅　2007-02-02　15：19：09

今天走势十分正常，昨天已经说了，1 分钟的背驰和上次的不会一样，都一样还叫走势吗？现在，就让那些看所谓技术的人喊跌破颈线砍仓去吧，市场永远是智慧赚愚蠢的钱，他们不砍仓，钱从哪里来。

按照本 ID 的理论，这种走势是最好的，比上涨还容易挣钱，关键是卖点要走，看准了买点才进。下周会有一个 5 分钟的买点出现，抓住了 10% 的利润是跑不掉的。

整个周线的中枢还在形成中，这种震荡将不断，是练习本 ID 理论的绝佳场

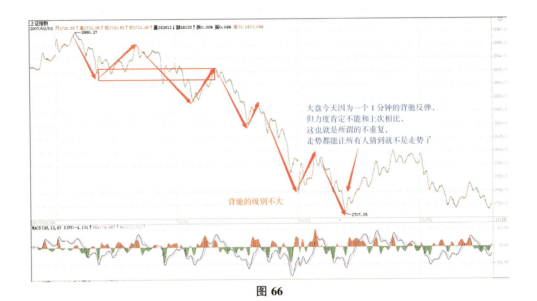

大盘今天因为一个 1 分钟的背驰反弹，
但力度肯定不能和上次相比，
这也就是所谓的不重复，
走势都能让所有人猜到就不是走势了

背驰的级别不大

图 66

所，好好练习，这个场所可是用钱堆出来的。

至于本 ID 所说的个股，本 ID 一样按照理论来操作，绝对不会举着，那是傻瓜的做法，震荡才能产生利润，才能把成本降下来。

扫地僧：市场会进化，呈现出来的就是交替性，上一次是强反弹，那么下一次的背驰可能就是弱反弹了。见图 67、图 68。

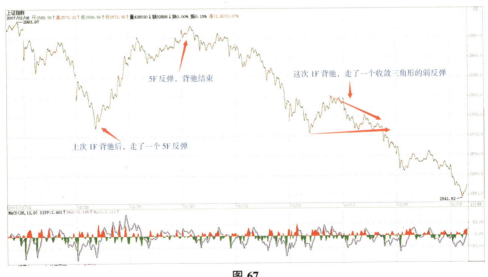

5F 反弹，背驰结束

这次 1F 背驰，走了一个收敛三角形的弱反弹

上次 1F 背驰后，走了一个 5F 反弹

图 67

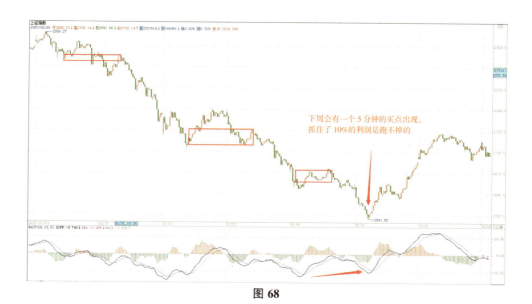

图 68

2007 年 2 月 5 日

缠中说禅　2007-02-05　15：18：33

大盘的走势没什么可说的，周线第一段的探底中，这应该在最多是 30 分钟的背驰后结束。目前的走势很简单，就是等待一个 5 分钟的背驰把 30 分钟 MACD 拉回 0 轴。

这 5 分钟的背驰很快也将出现，明天就很有可能不出现，这都无须预测，看图就可以。今早的只算是宣告进入背驰段，精确的背驰点还要看 1 分钟级别的走势。

扫地僧：缠师指出，当前是周线第一段探底中，最多是 30 分钟的背驰后结束，最终是 5 分钟的背驰就结束了。见图 69~图 72。

2007 年 2 月 6 日

缠中说禅　2007-02-06　15：12：35

今天的走势十分标准规范，只要对本 ID 的理论有一点了解的，都不难找到这个 5 分钟背驰的底部。目前的事情很简单了，5 分钟背驰，一个大的阻力就是 2720 点，这是上次的低点，如果能上去，那周线的第一段就不会演化成下跌的趋势，一个 2720 点上下的周线中枢将逐步形成，否则，就有在下面形成下跌的第二个中枢的可能，这样走势压力就比较大了。但即使这样，只会导致 30 分钟或 15 分钟回抽后制造一个比这次 5 分钟更大级别的背驰，那次的回拉，级别就更大了。

大盘的走势没什么可说的，周线第 1 段的探底中，
这应该在最多是 30 分钟的背驰后结束

图 69

这段周线中枢第一段的结束，
最多是 30 分钟上出现背驰
但实际走势上，5F 背驰后就转折向上了

如果是 30F 背驰，一般是 30F 的 MACD 黄白线
回抽 0 轴后再次向下，但力度减小从而背驰

黄白线再次向下
但力度减弱从而背驰

图 70

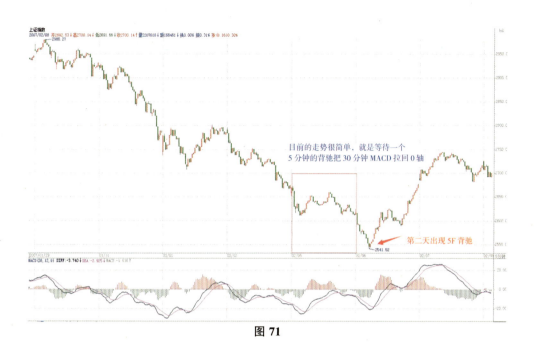

目前的走势很简单，就是等待一个
5 分钟的背驰把 30 分钟 MACD 拉回 0 轴

第二天出现 5F 背驰

图 71

这个 5F 的背驰，最终把 30F
上的 MACD 黄白线拉回了 0 轴

图 72

个股没什么可说的，关键是操作的技术。这几天，本 ID 说过的股票里最极端的就是 777 和 999 了，如果你的技术能让你在这几天在 999 上的获利不比 777 差太远，那你的技术就有点谱了。

精通本 ID 的理论后，涨跌的分别就会消失，在你脑子里，只有买点卖点，没什么涨跌，达到这种境界，就算初步有成了。

扫地僧：大盘当天的 5F 背驰很明显，如果这个 5 分钟背驰后回到 2720 点上方，那么就会形成一个 30 分钟级别的中枢，这个周线中枢也将围绕该中枢震荡。否则，就会使得 30 分钟上的 MACD 黄白线回抽 0 轴后继续探底，从而形成比 30 分钟级别小的背驰。见图 73。

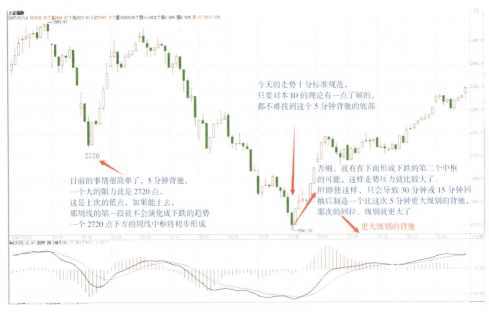

图 73

缠中说禅　2007-02-06　22：14：35

上次因一个 5 分钟的顶背驰创造出 2980 点的高位，从该位置开始，是一个 5 分钟级别的下跌过程。共形成三个下跌的中枢：第一个 1301055 到 1301345，第二个 2011105 到 2021110，第三个 2051005 到 2051330。

其中第二个中枢是跌破一个大的 30 分钟以上级别中枢的次级别回拉，构成一个第三类卖点。而从 MACD 看，从第二个中枢开始的一段，与从第一个中枢开始的一段，力度上也没有特别的减少，所以这时候就要特别小心会产生第三个中枢。一

般来说，从第三类卖点下来的一段，除非力度特别弱，跌破中枢后马上拉回，否则都不会构成真正的背驰。也就是说，相应的次级别背驰只造成一个下跌中枢。

从第三个中枢开始的下跌，从 1 分钟图看，明显弱于从第二中枢开始的那一段，这从 MACD 上回到 0 轴后的下跌能明显看出。

更精细的分析，今早的杀跌有两波，为什么第一波不是，因为 1 分钟是被看到的最低一个图，如果要发现比 1 分钟还低的精确走势，可以单纯参考 1 分钟 MACD 的柱子对比，这时候黄白线一般都是远离 0 轴，然后形成绿柱子放红后再次放绿，但绿柱子比前一波要小，且股价创低，这其实构成了 1 分钟的次级别的背驰，如果有 1 秒图，这就能发现了。

因此，今早第二波的下跌，通过 5 分钟背驰段的 1 分钟背驰段的次级别的背驰这样的三重背驰的类似数学分析中的区间套定理的精确定位，就很容易把握到了。

如果不明白区间套定理的，可以找一本数学分析的书看看。或者再研究一下第 27 课的内容。

缠中说禅　2007-02-06　22：26：51

补充一点：

例如，在 5 分钟图上，2051330 开始就是第三个中枢开始的下跌了，一般来说，一个下跌最多就是三四个中枢，超过 4 个的极为罕见。

这时候就要看相应的从 2051330 开始的 1 分钟图。整个下跌必须有两个 1 分钟的中枢，显然 02051410 到 02051436 只是第一个，所以其后的下跌，显然不可能构成趋势上的背驰，这同样也证明了为什么今早第一波不是的道理。

缠中说禅　2007-02-06　22：46：58

今天的 951~1008，构成 1 分钟上的中枢，也是第二个。该中枢的第三段，是很弱的那种，这在快速走势中很常见的，多看图就能分辨了。

扫地僧：这一段讲的都是技术细节，非常实用，句句干货！见图 74、图 75、图 76。

2007 年 2 月 7 日

缠中说禅　2007-02-07　21：14：15

5 分钟背驰引发的 5 分钟上涨在今早 11：00 后的 1 分钟背驰中结束，然后进入一个 5 分钟中枢的震荡，该震荡后能否构成第二类买点，有待今后两日的走势，无须预测。

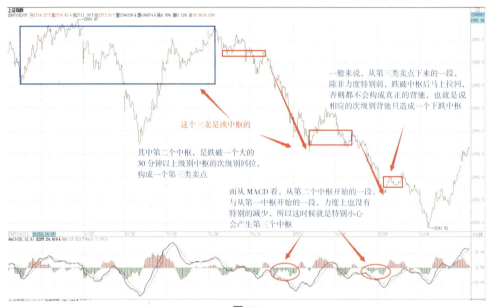

一般来说，从第三类卖点下来的一段，
除非力度特别弱，跌破中枢后马上拉回，
否则都不会构成真正的背驰，也就是说
相应的次级别背驰只造成一个下跌中枢

这个三卖是该中枢的

其中第二个中枢，是跌破一个大的
30 分钟以上级别中枢的次级别回拉，
构成一个第三类卖点

而从 MACD 看，从第二个中枢开始的一段，
与从第一中枢开始的一段，力度上也没有
特别的减少，所以这时候就是特别小心
会产生第三个中枢

图 74

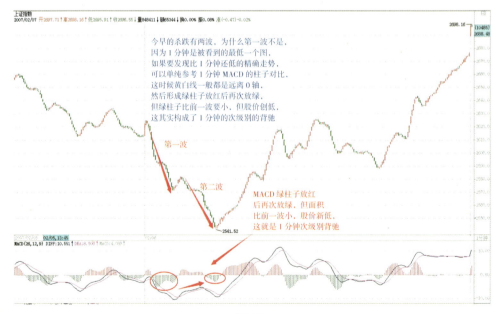

今早的杀跌有两波，为什么第一波不是，
因为 1 分钟是被看到的最低一个图，
如果要发现比 1 分钟还低的精确走势，
可以单纯参考 1 分钟 MACD 的柱子对比。
这时候黄白线一般都是远离 0 轴，
然后形成绿柱子放红后再次放绿，
但绿柱子比前一波要小，但股价创低，
这其实构成了 1 分钟的次级别的背驰

第一波

第二波

MACD 绿柱子放红
后再次放绿，但面积
比前一波小，股价新低，
这就是 1 分钟次级别背驰

图 75

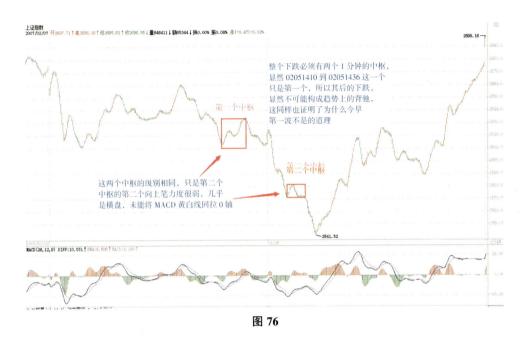

整个下跌必须有两个 1 分钟的中枢，
显然 02051410 到 02051436 这一个
只是第一个，所以其后的下跌，
显然不可能构成趋势上的背驰，
这同样也证明了为什么今早
第一波不是的道理

第一个中枢

第二个中枢

这两个中枢的级别相同，只是第二个
中枢的第二向上笔力度很弱，几乎
是横盘，未能将 MACD 黄白线回拉 0 轴

图 76

扫地僧：这个 1 分钟趋势，延伸性比较强，最后背驰段内部也是一个小的趋势，对应的三个 MACD 红柱子面积依次减小，也是非常标准的背驰。见图 77。

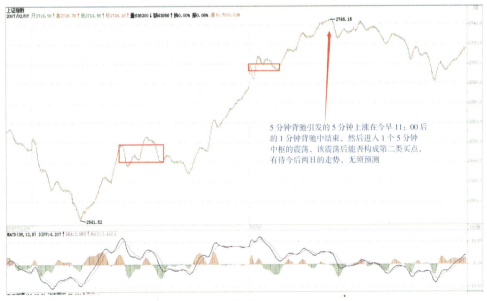

5 分钟背驰引发的 5 分钟上涨在今早 11：00 后
的 1 分钟背驰中结束，然后进入 1 个 5 分钟
中枢的震荡，该震荡后能否构成第二类买点，
有待今后两日的走势，无须预测

图 77

2007 年 2 月 8 日

缠中说禅　2007-02-08　15：10：09

大盘没什么可说的，就是昨天说的在这里形成一个中枢，今天下午拉起一波，构成 5 分钟图上的盘整背驰，这个 5 分钟的中枢就像 30 分钟的中枢扩展。明天还要继续完成确认这个中枢，如果看不明白中枢的，就看 2720 点，有效站稳该点前，震荡依旧。一旦中枢确认，而又出现 30 分钟次级别以下的背驰后站稳 2720 点，那么新一波上扬就出现，但 2850 点上压力比较大。

但对于个股来说，大盘并不太重要。大家也看到了，今天本 ID 的某些个股很兴奋，这是正常的，在大盘震荡中，突破一下有好处，至少大盘如果突然走坏，则回跌的空间与震荡的差价就可以出来了，而大盘一旦走好，追涨的也会比较踊跃。这些都是手法问题，但注意，本 ID 最鄙视追涨的人，任何追涨的人，本 ID 都乐于让他有点教训。追涨，一点技术含量都没有，有本事的就在第一、第二、第三买点买，第一、第二、第三卖点卖。

扫地僧：也就是大盘要想继续走好，必须出这个 5F 级别中枢的"三买"。见图 78、图 78。

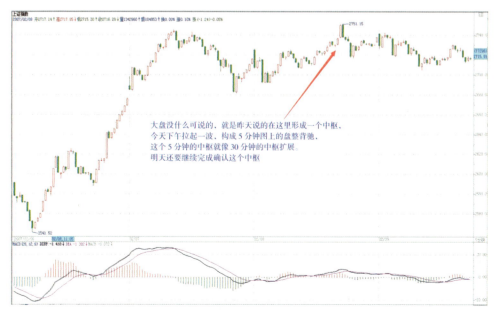

图 78

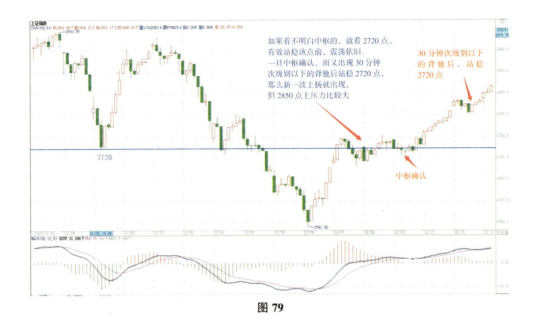

图 79

2007 年 2 月 9 日

缠中说禅   2007-02-09   15：09：19

今天大盘没什么可说的，就是围绕一直强调的 2720 点震荡。有经验的人一看就应该知道，这个中枢是一个三角形，今天尾盘的杀跌是其第五段。三角形形成后就必然面临突破，而且时间就在下周初，方向也简单，就是看 2720 点站稳还是站不稳，站不稳就二次探底，否则就再来一波。至于是否站稳，看看短线指标就很容易判断。

扫地僧：尾盘的杀跌其实没走出第五段，第二天开盘就上去了。此外，这个三角形也是不太严谨的，第二段那个上的高点高于第一个，不过可以近似地看作三角形。见图 80。

2007 年 2 月 12 日

缠中说禅   2007-02-12   15：15：26

大盘一点意外都没有，三角形后就是再一波。2850 点上的压力已经早提醒了，本 ID 也很想把联通赶鸭子一样赶上 5 元，把大盘也赶上 3000 点让大家过个好年，但"汉奸"可不乐意，能否 3000 点过年，还说不好。大家就看着吧，关键还是股票，其实 3000 点只是个心理问题，不是大家的。最差的，就再来回几

图 80

次将那些心理有毛病的治疗好，再上 3000 点，希望心理有毛病的人越少越好。

扫地僧：最终，春节前确实到达了 3000 点，而且是一个趋势走势。见图 81、图 82。

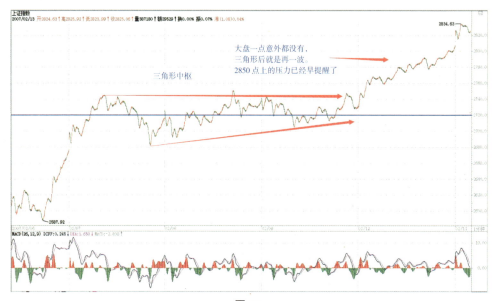

图 81

图 82

[匿名] mmhh　2007-02-12　15：35：31

大盘一分钟明显背驰，为何还上涨？请缠MM能否解释解释，谢谢！

缠中说禅　2007-02-12　15：44：20

30 分钟在明显的突破前期，1 分钟的背驰制造一个盘中的震荡就可以完成，就像今天下午一样。已经反复强调，一定要从大级别往小级别看，用区间套的方法。小级别的背驰发挥大威力，是因为在大级别的背驰段里，如果大级别是第二买点开始的初升甚至是主升段，看小级别的背驰有多大意义？就算卖了，也要马上找位置买回来。否则都光看 1 分钟的背驰，那不乱套了？

本 ID 的理论是在各级别之间系统、综合应用的，不是光看一个级别的，一定要搞清楚。

扫地僧：实战经验：小级别背驰，如果不是在大级别的背驰段里，就要马上回补回来。尤其是小级别虽然背驰，但大级别却处于主升阶段。见图 83。

[匿名] 小明　2007-02-12　15：19：03

缠MM，大盘敏感时期是不是过去了？个股可以发动一波行情了吧？

缠中说禅　2007-02-12　15：57：21

二三线股对大盘的敏感度不大，只要大盘不大跌，行情都会有的。短期，大盘股会有一定的上探，但现在向 3000 点靠近，都有一个试探实质，如果没有特

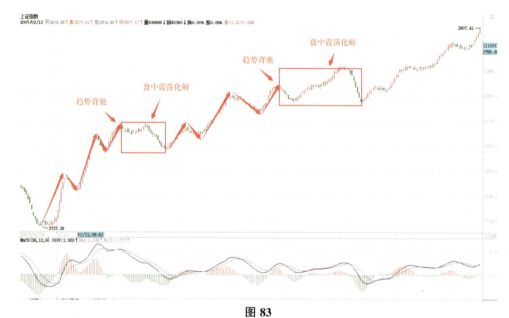

图 83

别的事情，就过了。如果又有什么人出来蹦跳两下，就会再洗，大盘就这样了。二三线个股行情比较独立。

扫地僧：重要的关口需要大盘股的配合，二三线个股会比较独立。

2007 年 2 月 13 日

缠中说禅　2007-02-13　15：09：43

大盘在前面强调的 2850 点压力下出现 1 分钟级别的背驰进入震荡，是最正常不过的事情，毕竟"汉奸"已经受影响，而心态不稳的依然占了多数，不经过一点拉锯来稳定人心，寻找战机，是不现实的。还有三天，可以去努力让春节有一个满意的指数。

今天深交所继续发扬狗拿耗子的精神，确实让一些计划受到影响，今天的个股没什么可说的。说句题外话，今天开始，有关创投的概念会逐步升温，这可是真正的朝阳产业。

扫地僧：同样的 1 分钟背驰，在昨天的时候，就用盘中震荡来化解，而今天，快到 2850 点时出现的 1 分钟背驰，调整的力度就比昨天强。主要还是因为小级别背驰出现在一些关键点位附近。经验就是：在关键点位附近时也要关注小级别的背驰。见图 84、图 85。

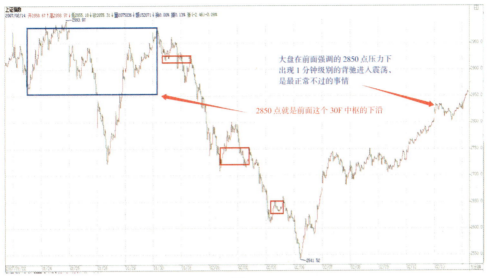

大盘在前面强调的 2850 点压力下
出现 1 分钟级别的背驰进入震荡、
是最正常不过的事情

2850 点就是前面这个 30F 中枢的下沿

图 84

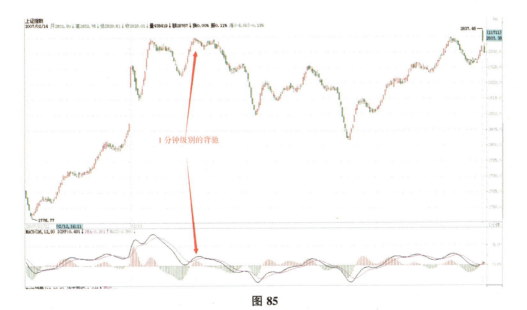

1 分钟级别的背驰

图 85

[匿名] 并不完美　2007-02-13　15：22：13

　　缠姑娘，我看大盘五分钟 K 线突破关于前面的 2834.93 点后很可能就会成一个 5 分钟的背驰，有关系吗？

　　我的意思是，若是背驰，但按照走势必完美的原则，至少应该在 2900 点以

上，所以重点应该看那个时候，这种想法是否正确呢？

缠中说禅　2007-02-13　15：43：42

这里和走势必完美无关了，目前的关键是，能否形成第二个中枢的问题。而且，2900 点以上没有必然的理论保证，只是如果第二个中枢在 2850 点附近形成，那当然能上 2900 点。问题是否能形成，这要看走势本身说话，不需要预测。

扫地僧：从事后看，2850 点附近确实没形成第二个中枢。见图 86。

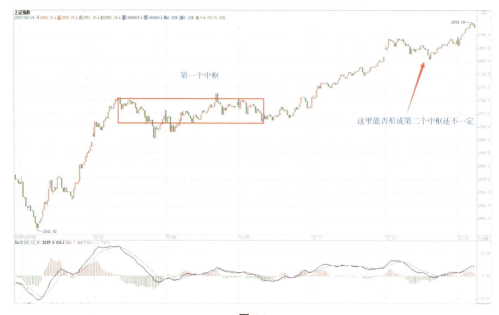

图 86

2007 年 2 月 14 日

缠中说禅　2007-02-14　15：13：25

让大盘在春节有一个好收盘的活动继续，明天，"汉奸"会大力反扑的，因此明天能否扛住，就是整个活动能否胜利的关键。说过的股票，大多数都创新高了，联通按本 ID 与各位的约定，基本也快到 5 元了，不过这玩意真费钱，今天只好对某只股票狠下杀手，兑现点钱出来花花，否则差点扛不住。今晚真想和里面长驻的老朋友好好谈谈心，别当山大王，暗地里还帮"汉奸"，都是些什么烂人啊！

不说了，看明天吧，血战，快意恩仇！

扫地僧：第二天大盘扛住了压力，继续新高。见图 87。

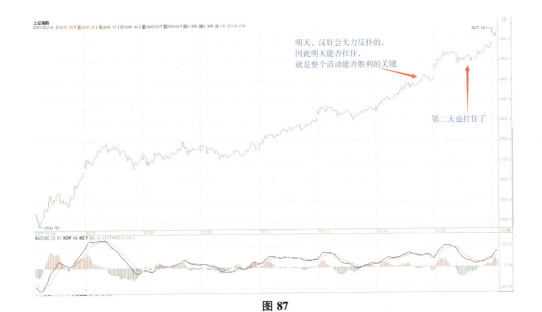

明天，汉奸会大力反扑的。
因此明天能否扛住，
就是整个活动能否胜利的关键

第二天也扛住了

图 87

2007 年 2 月 15 日

缠中说禅　2007-02-15　15：18：31

一言既出、驷马难追。既然承诺大家春节前一定让联通上 5 元，大盘上 3000 点，就无论如何都要办到。当然，这不是本 ID 一个人能办到的，"汉奸"既然在 3000 点之前捣乱，就要让红旗放上 3000 点过年，中国哪里有"汉奸"说话的地方？

血战，快意恩仇，就这么简单了。该看到的大家都看到了，不能看到的也没必要说了。对于本 ID 曾说过的 10 多只股票，除了一些前期涨幅过大的，都创出新高了，当然，有些涨得快点，有些慢点，但中线肯定都没问题。

不过，本 ID 在这里公布说狙击的目标，确实让本 ID 操作上增加很大难度，这里"汉奸"的眼线肯定不少，现在本 ID 说的股票，本 ID 不动好像就没人动了，这样不好，本 ID 又不是庄家，这样搞下去没意思了。所以，里面的庄家也别太偷懒，虽然你们肯定是本 ID 的后辈，但你们的年龄估计都比本 ID 大，尊敬长辈也没有这样的，自己看着办吧。

以市场老人的口吻教训一些这些懒人，市场是需要口碑的，吃点小亏，立个金字牌子，有什么不好的。举一个本 ID 在 N 年前干过的最小事情，把一只股票从 14 元，两周多点狙击上 25 元全出掉，时间也是春节前后，一分钱没花，靠的

是什么？自己去想想吧。

明天，"汉奸"还有可能发难，所以，大家还需要努力。

扫地僧：中国联通在当天站上了 5 元。见图 88。

图 88

[匿名] 小鸟　2007-02-15　15：45：26

不好意思，再问一个关于找中枢的问题：

妹妹说要看图上有明显的高低点，举个例子：今天大盘 1 分钟图上，从 11：10 到 14：08 这一段中间，应该怎么看高低点呢？

是 11：10 上升到 11：15 下跌到 13：00，再上升到 13：26 下跌到 13：36 上升到 14：08？还是 11：10 上升到 13：26 下跌到 13：36，再上升到 14：08？

缠中说禅　2007-02-15　16：44：42

1048~1129 点，一个明显的上升中调整形成的中枢，三段很明显的，后面是该中枢的延伸。1413 点是第三类买点，确认中枢的完结。

[匿名] 兰兰　2007-02-15　16：34：46

缠姐：刚才您回答小鸟关于大盘中枢问题，我认为是从 1048 点到 1337 点才有三段，1048~1329 点好像没有三段？请指点，谢谢！

缠中说禅　2007-02-15　16：41：46

第三段是 1114~1129 点，前三段的级别一定是一样的，按你那种分法，就不一样了。其实后面都是中枢的延伸。

扫地僧：当时还没有笔的概念，有了笔的定义之后，就不会有歧义了。见图 89。

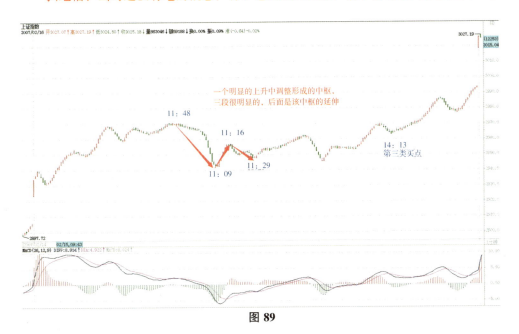

图 89

2007 年 2 月 16 日

[匿名] 勤学好问　2007-02-16　15：33：02

请问楼主，是不是日线上的上涨背驰已经有形成的可能了？

缠中说禅　2007-02-16　15：38：26

行情就算创新高，进入最后一段的概率是不小的，所以对现在的行情，不能死多。这次之所以要玩这一下，就是因为要告诉"汉奸"们，别以为你想哪出就哪出，就算做空，也轮不到你们先发话。

[匿名] aaaa　2007-02-16　15：47：20

楼主，问一下，今天下午大盘 5 分钟图上 14：05 是不是背驰？

缠中说禅　2007-02-16　15：48：37

所以就有了后面的杀跌，这在技术上很合理，不过尾盘像工行之类出工不出力，本 ID 有点不齿他们。

　　扫地僧：当天盘中是个 5 分钟的背驰，这个背驰是在构筑 30 分钟的第二个中枢，所以即使新高，进入最后一段的概率是很大的。见图 90、图 91。

下午 14：05 是个 5 分钟的背驰，
所以就有了后面的杀跌，
这在技术上很合理

图 90

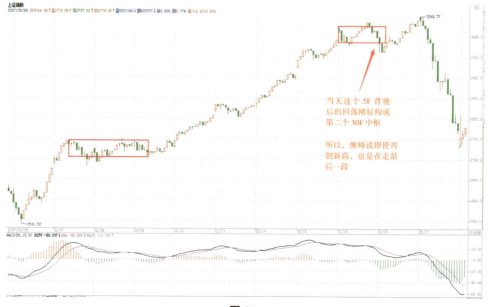

当天这个 5F 背驰
后的回落刚好构成
第二个 30F 中枢

所以，缠师说即使再
创新高，也是在走最
后一段

图 91

2007 年 2 月 26 日

缠中说禅 2007-02-26 15：50：13

大盘震荡的反复是不可避免的，而且站在纯技术上，就算站稳 3000 点上攻，也有极大可能进入日线的背驰段。但个股，特别是有题材的二三线股票，将越来越摆脱指数的影响。

扫地僧：日线上的背驰段，至少需要日线的震荡来化解，然后构成周线中枢后就可以再次上攻。见图 92。

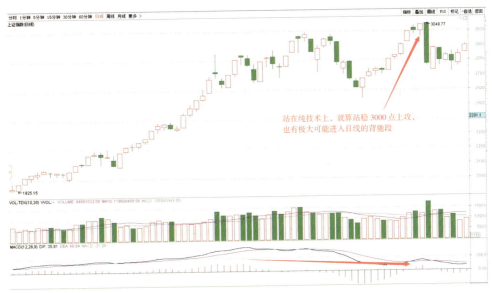

图 92

2007 年 2 月 27 日

缠中说禅 2007-02-27 15：31：20

大概当汉奸想砸盘时，才发现本 ID 砸起盘来比他们都凶，这也是本 ID 反复强调散户千万别买的原因。本 ID 承诺春节办到的事情，可从来没承诺，一定要永远守住什么。大盘调整的必然性，在周线中枢必须有第三段，这叫走势必完美了。所以震荡是不可避免的，就算大盘站稳 3000 点，也就是进入日线的背驰段。今天一个短线背驰引发的单边下跌，没什么可奇怪的，都是计划之中。本 ID 的理论永远都是按图办事，没有死多、死空这些无聊玩意。这次下跌，在中午形成第一个 1 分钟的中枢，明天只要开盘不马上回到 2869 点之上，那必然要有第二个，然后再进入背驰段，所以，按图操作，走了的，就要继续按图，把该买的买回来。本 ID 的理论的有效性，通过每一次的震荡，都会无情地告诉你。

扫地僧：缠师判断第二天要么直接回到第一个中枢内，要么出第二个中枢后再出背驰段，但最终结果是出第二个中枢后没出背驰段就转折向上了。见图 93~图 95。

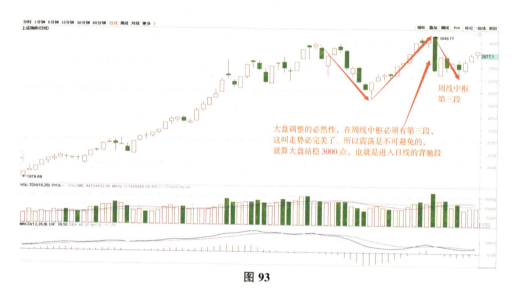

图 93

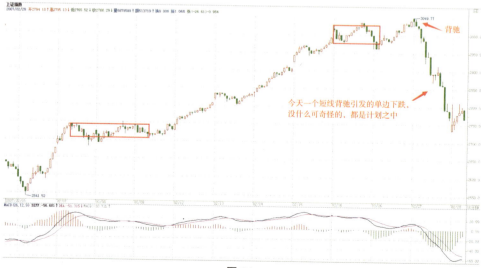

图 94

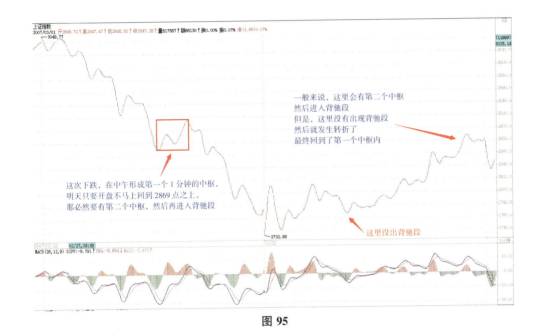

图 95

[匿名] 插班生　2007-02-27　16：22：52

楼主啊，今天 1025～1046 点，1056～1118 点两段，和上次您讲解的 2980 点下来的最后 5 分钟背驰段中，第二个 1 分钟中枢走的一样，为啥上次算中枢，这次不算呢？

缠中说禅　2007-02-27　16：54：50

要注意，5 分钟中枢之间的不一定都是 1 分钟级别的，可以是 1 分钟以下的。这关键和 C 段有关，如果你认为是 C 段的，完全是向下的，这样就不会是反弹中的 C 段。C 段至少要有一个微微的向上，延续一点时间，才可能算是一个 C 段。今天这两个，基本都是慢慢倾斜下去的，这和上—下—上的要求不符合。

[匿名] 酒吧心情　2007-02-27　16：04：22

缠 GG，我看不出 1 分钟的中枢，但我看 5 分钟就能看出来 2869.30 点是下跌第一个中枢的低点，请老师再详细地讲解下，如何在 1 分钟看出来的。

个人感觉这次和上次的 5 分钟是一样的，只是这个级别更高而已，所以一直拿上次老师的点评在做参考，希望自己的水平能有提高。

我个人认为现在要等 5 分钟的第二个中枢出现，形成下跌走势，然后寻找背驰点。

请老师指教，不胜感激！

缠中说禅 2007-02-27 16：54：50

你看那几根线，上下都没有 1 分钟三根以上的重叠，所以不能算是有 1 分钟的中枢。在最弱的情况下，明天 1 分钟第二中枢出现后，背驰，然后形成一个大的 5 分钟中枢，甚至延伸为 30 分钟的，然后再下跌，这种可能性是不能排除的。没必要预测，看当下的图就可以。

扫地僧：此时没有笔和段的概念，所以有些地方就会有歧义。见图 96。

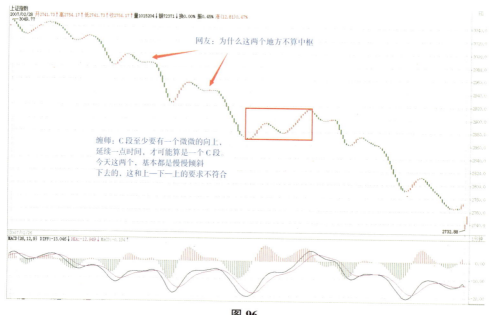

图 96

2007 年 2 月 28 日

缠中说禅 2007-02-28 15：15：26

今天之所以如此早就发课程，就是让各位现场学习。看看 a+A+b+B+c 是如何变成 a`+B，如果早上不敢回补，那么 13：51 的第三类买点，怎么都应该回补了。而且个股与大盘的节奏不同，这两天深证低价本地股表现怎样，今天哪个板块先涨停的，除非你的眼睛有毛病，大概都应该能看明白了。如果今早没看到课程的，那就好好对照这两天的 1 分钟图研究一下。如果把本课程吃透，那你的水平可以上初二了。

大盘后面的走势很简单，就是 2915 点，昨天 1 分钟中枢的高点。如果看不懂的，就看 5 日线。上不去，那就要二次探底，否则就 V 形反转，重新攻击 3000 点。

现在的走势很简单，今天早上就是一个 5 分钟的中枢，下午出现第三类买点后离开，现在问题的关键是，在上面是否能再出现一个中枢，如果这中枢能站稳 5 日线以及 2915 点，那么就可以期待再冲 3000 点了。如果不行，那就下来形成一个 30 分钟的中枢。

扫地僧：见图 97。

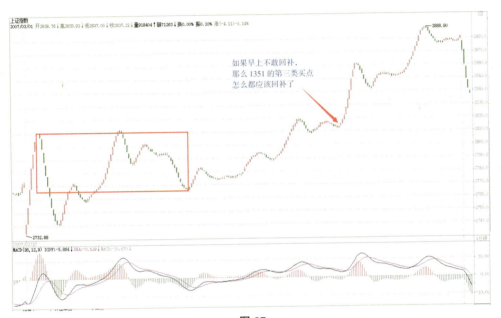

图 97

这是个下跌 + 盘整 + 上涨的案例，这个情况，也占很大的比例，从缠师的描述来看，重要的有两点：

（1）下跌里最后一个中枢的 GG 是个重要的参考位置。

（2）级别升级后，要注意第三类买卖点，这是处理这种情况的最后机会。

2007 年 3 月

2007 年 3 月 1 日

缠中说禅　2007-03-01　15：42：20

今天的盘子没什么可说的，上不了 5 日线就要二次探底，就这么简单。现在就看在 2800 点附近的 30 分钟中枢如何演化的，这是最近一个唯一的主题。

扫地僧：见图 98。

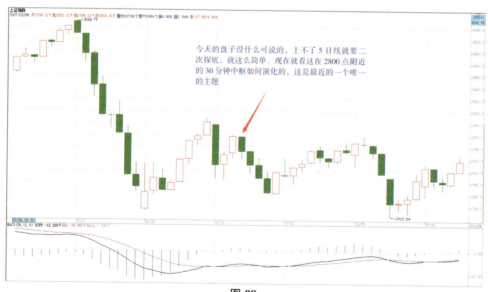

今天的盘子没什么可说的、上不了 5 日线就要二次探底、就这么简单。现在就看这在 2800 点附近的 30 分钟中枢如何演化的，这是最近的一个唯一的主题

图 98

［匿名］小鸟　2007-03-01　15：54：33

妹妹，我觉得今天大盘 1 分钟怎么和昨天是一样的，只是级别更低。

下跌时 a+A+b+B+c 因为 b 背驰了所以转化为 a~+B。

请问是这样的吗？

缠中说禅　2007-03-01　16：00：35

昨天下午的是 1 分钟级别的上涨，昨天收盘前是一个 1 分钟以下级别的顶背驰，今天早上 10：06 附近是一个 1 分钟以下级别的底背驰，然后出现一个大的中枢，上下震荡，收盘勉强拉回这个中枢。明天，如果大盘在这中枢下出现第三类卖点，那大盘就会继续探下去。否则，依然围绕这中枢震荡。

扫地僧：见图 99。

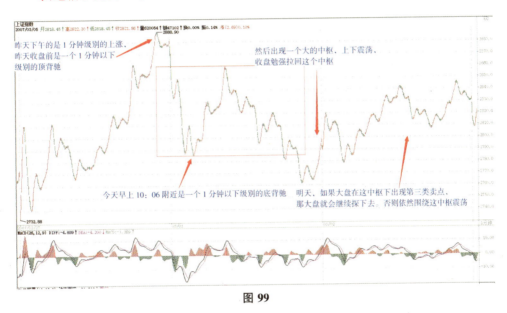

图 99

2007 年 3 月 2 日

缠中说禅　2007-03-02　15：20：37

由于相应的 a+A+b 是一个 1 分钟的走势，那天故意提早开盘前发帖子，等于是现场直播 B 段的形成，但 1 分钟的走势，估计能看到或保留的不多，那就用 15 分钟图来代替。02270945 到 02280945，刚好 4 小时，构成 a+A+b，其中的 A 段，在 15 分钟图上看不清楚，在 1 分钟图上是 02271306~02271337，中枢的区间是 2877~2894 点，中枢波动的高点也就是 b 段的起跌点是 2915 点。c 段大致从 02281100 算起，这个 c 段要反转成功，在相同级别内至少要表现出比 b 段的力度不能小，这可以从 MACD 来辅助分析，也可以从一个最直观的位置来分析，就是必须能重新回到 b 段的起跌点，这就如同向天上抛球，力度大的如果还抛不高，那怎么能算力度大？至于 c 段能不能回到 b 段的起跌点，那可以分析 c 段内部的小级别，如果 c 段出现顶背驰时

还达不到该位置，那自然达不到了，所以，这种分析都是当下的，不需要预测什么。有人问为什么要看2915点，道理就是这个。至于还让大家看5日线，那是怕大家看不懂的一个辅助办法，有了这么精确的分析，所有的均线其实都没什么意义了。而c的力度不够，那就自然要回到B段里，所以后面的走势就是极为自然的。站在这个角度，2888点的第一卖点没走，那么03011100的2859点也该走了，那也可以看成是对B段的再次离开，这力度显然更小，当然要走了，等回跌以后看情况再回补，而后面又出现了100点的回跌，然后出现底背驰，当然就是一个完美的回补点了。

　　扫地僧：见图100。

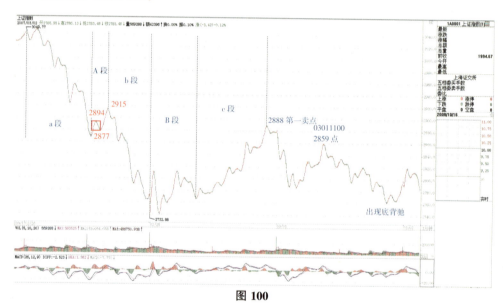

图 100

　　这里最大的难点是B段的划分：注意，由于此时还没有讲到线段，因此，看这里时先不要有线段的概念。那么B段这里可以看到从底部上来大体有上—下—上—下四部分，第一个上和第二个下是力度较大的一笔，这是后面的概念，此时是可以看作单独的上和下。因此，从这个角度来看，B段是成立的。

　　缠中说禅　2007-03-02　15：21：15

　　今天军工意料之中的利好，使得打击"汉奸"又多了一重利器，中信的即将发行，使得"汉奸"对金融股的打压也不再肆无忌惮。目前关键是心理面的修复，通过震荡把不坚定分子洗干净。

　　大盘的技术走势，有了今天的课程，自己就可以分析了。如果看不明白，那还是5日线，两会结束是一个敏感时间，下周初是一个心理敏感时间，因为听说

"汉奸"和面首都有周经现象。

个股没什么可说的，现在学得多了，就要自己去找股票，不要扎堆，虽然本 ID 不介意操作难度加大，但这样其实是害了大家。自己找的才最好吃，学的是方法。低价股里，像科技（包括 3G）、旅游等历史上活跃的，都是找股票好的板块。但选股票一定要按技术来找，找有第三类买点的，或至少是刚从第三类买点起来的。

估计现在 999 没几个人有了，被抛下车的也不用伤心，你们的水平和某著名的、有着汉奸名字的基金一样，有数以千万计的筹码因为被赎回而丢失了。这简直是太令人高兴的事情，343 的情况也一样，就要害一下这些汉奸。但汉奸还有筹码，本 ID 现在就是要挑逗他们，最好都砸出来。

扫地僧：此时缠师建议依然是寻找低价股，寻找那些历史上活跃的、有第三类买点的低价股。000999 里面的基金是上投摩根成长先锋。

2007 年 3 月 5 日

缠中说禅　2007－03－05　21：14：20

刚回来，今天大盘的走势，完全在理论所规划的范围内，早上一个顶背驰、下午一个底背驰，基本就是今天走势的全部。但今天的底背驰创出本次调整的新低，而 28 日的 2888 点与今天的 2858 点的连线，就构成后面走势的关键压力，如果后面的顶背驰出现位置不能突破该线，则大盘将继续盘弱直到该线被突破。

在盘整中，绝对不能小看小级别的背驰，特别是那种离开中产生的背驰，例如今天一顶一底，幅度足有 130 点，很多股票的振幅超过 10%，这就是降低成本的好机会，大盘在这里震荡的机会已经超过 3 次，如果都能按技术要求把握，对于散户来说，你的成本足可以降低 30% 了。盘整总占据大多数的交易时间，不会利用盘整，基本还是属于不入流的。

技术不过关的，在盘整时完全可以离开，等大盘走强再说。例如，一个周线中枢的形成，怎么都弄好几个月，你完全可以回家抱孩子去。但真正的杀手，盘整就是天堂，盘整往往能创造比上涨更大的利润，抛了可以买回来，而且可以自如地在各板块中活动，但能达到这种境界，必须刻苦地学习与训练，如果学不了，就先离开。本 ID 教你一种最简单的办法，就是等大盘周线出现底背驰再来，这样，你 N 年才需要看一次盘，多轻松？

盘整就要敢抛敢买，一旦出现第三类卖点进入破位急跌，就要等跌透，有一点级别的背驰再进入，这样才能既避开下跌，又不浪费盘整的震荡机会，如果技术不熟练的，就减少仓位操作。大盘没什么可说的，一个绝佳的练习盘整操作的

运动场，要珍惜。

扫地僧：当天低点是个 1F 以下级别的背驰，所以当天的低点并不能算是一个 30F 级别的背驰，因为背驰段并不是次级别的背驰。所以缠师让关注 2888 点与 2858 点的连线，也就是趋势线的压力，这说明当天的低点缠师也未能判断出这就是这波调整的最低点。见图 101、图 102。

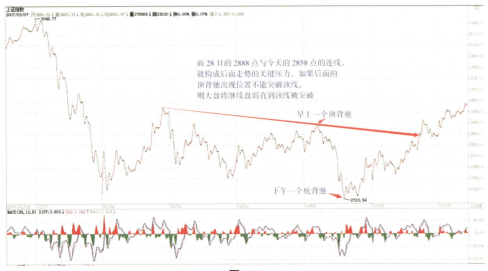

图 101

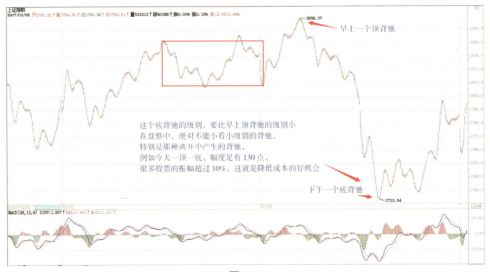

图 102

盘整中，绝对不能小看小级别的背驰，特别是那种离开中枢而产生的。

盘整就要敢抛敢买，一旦出现第三类卖点进入破位急跌，就要等跌透，有一点级别的背驰再进入，这样才能既避开下跌，又不浪费盘整的震荡机会。

缠中说禅　2007-03-05　21：20：30

对大盘的判断，很久以前已经说过了，现在不过是特大牛市第一波中的一个调整，可能会演化成周线中枢，前提是这次盘整后不出现向上突破走势，因为目前的走势，完全还有一种可能是只在第一段的日线延伸后，所以大盘依然有只是一个日线调整后继续创新高的可能，这个调整的级别就是去年 5 月以后那次一样。

如果大盘真的延伸出 6 段形成周线盘整，也就是比去年 5 月后那次更大级别的调整，那也没什么大不了的，一个周线结束后，意味着一个向上的波动至少是上次上来波动的级别的，也就是一个 1500 点以上的向上过程将是可以预期的。至于大盘的牛市，还早着，上一个牛市走了 13 年，现在才 2 年不到，尾数还没走完。

扫地僧：见图 103。

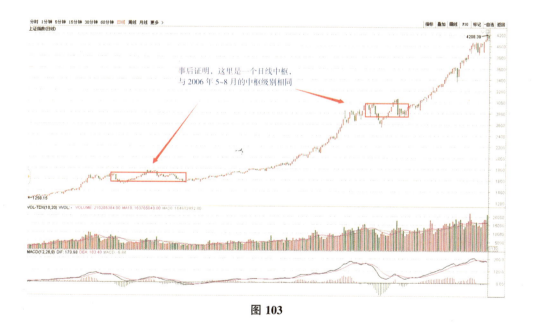

图 103

缠中说禅　2007-03-05　11：56：42

下午要去钓鱼台一趟，所以把帖子提前发出来。学了上次走势多义性的课程，早上 10：17 的 1 分钟级别以下背驰不会走，只能证明还没学过关。已经说过这种盘整的操作方法，就是高位离开出现背驰走，然后出现背驰再回补，如果

出现第三类卖点，就要等跌透再说。

现在平安成了汉奸的武器，不仅在香港做空，在这里也不断打压。而今天有关查资金的消息，对心理面的修复不利。其实这种走势，只有不断上下的震荡，才能更好地清洗。让大众恐惧心理多点释放，将有利于以后行情的展开。

技术不好的，在这波行情中就减少操作与仓位。对本 ID 的理论能掌握的，这种行情就是最好的游戏，卖点卖了，就等着跌出买点再进去，把中线有潜力的股票当成自选，不断地反复操作。本 ID 的理论可是最灵活的，还有，千万不能追高买股票，没有股票是值得追高买的，当然也没必要杀跌卖股票。

扫地僧：盘整的操作方法：高位离开（中枢，次级别）出现背驰走，（次级别）下来出现背驰再回补，如果出现（本级别）第三类卖点，就要等跌透再说。

2007 年 3 月 6 日

缠中说禅　2007-03-06　15：22：36

今天大盘在昨天底背驰的基础上展开，大家有点观察的，都能发现这围绕中枢的震荡，基本都至少是三波完成的，例如从底背驰到顶背驰，都有上—下—上的过程，今天早上就是下的一段。由于大盘突破了 2888 点与 2858 点的连线，所以还是走得比较强的。明天的问题很简单，只要不跌回今天早上的区间，就是强势，后面行情依然有潜力。如果看不明白，就看 15 分钟上的 120 均线，今天的高位正好在这个位置，明天的最直接压力就在于此，下一个在 2888 点，然后是 2915 点。对于围绕中枢的震荡不需要预测什么，例如，当走势的级别提升，就看大一点的背驰才决定进出，现在 5~15 分钟的图都开始修复好，只要 1 分钟上的走势不破坏这种走好，那就没问题了，行情就在级别的图上继续构成。

个股方面，依然是板块轮动，中信要发行，汉奸不敢乱砸金融股，所以就起来了，就这么简单，而且今天的金融股还有稳定的任务，毕竟香港的股市最近也不太平。散户没必要理会这些，根据当下的走势就可以。注意，板块轮动很快，千万不能追高买，应该找没动的，有买点的买，这样才能占据先机。

扫地僧：见图 104、图 105。

[匿名] 咕咚　2007-03-06　16：16：48

缠姐好：

下面是您对大势的评价。对大盘的判断，很久以前已经说过了，现在不过是特大牛市第一波中的一个调整，可能会演化成周线中枢，前提是这次盘整后不出现向上突破走势，因为目前的走势，完全还有一种可能就是只在第一段的日线延伸后。

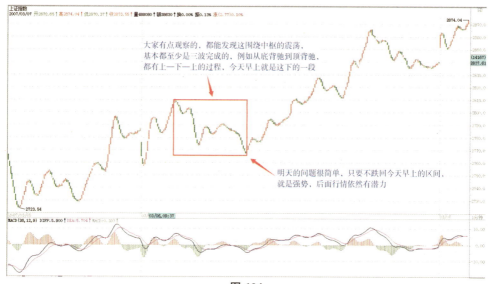

图 104

图 105

缠姐你所指"第一段的日线"具体为哪一段？

缠中说禅　2007-03-06　16：26：06

日线的完整中枢，其实是 1 月 4 日到 2 月 6 日，虽然在上面可以看到有明显的 9 段，但都不是 30 分钟级别的，都是 5 分钟级别的，所以到 2 月 6 日才严格

地构成日线的中枢所需要的三段，当然，你也可以看成是由 5 分钟中枢延伸而来的。三个 5 分钟是 30 分钟，9 段以后就成日线了。

而这，如果从周线的中枢看，这只能算第一段，若这位置要真的构成周线中枢，那至少要在这里盘到 4 月以后。而现在，完全可以直接突破上去，这样就不构成周线的中枢了。所以，站在当下的走势上，其实，还有这种强势的选择。

扫地僧：见图 106。

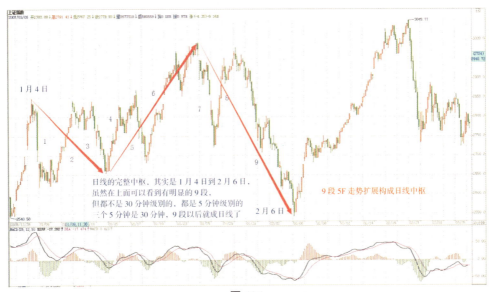

图 106

2007 年 3 月 7 日

缠中说禅 2007-03-07 15：12：14

大盘没什么可说的，上下午分别在 2888 点、2915 点下震荡，十分标准。注意：来这里别把本 ID 当股评，现在是指导各位根据当下的情况培养自己的当下判断。如果真有心学习的，今天盘中 1 分钟、5 分钟、15 分钟、30 分钟、60 分钟等级别之间的综合关系，以及相应的判断，就有一个最直接的感觉了，这才是真功夫。

大盘只要不有效站稳 2915 点，最终形成第三类买点，则下面这中枢依然不能摆脱。说得简单点，现在大盘无非两种盘整方式，一种就在 2915 点附近重新回跌，甚至继续破底形成之字形，一种就是先上 3000 点，然后回拉形成平台形，这些都不用考虑，当下就知道了。

扫地僧：见图 107 ~ 图 109。

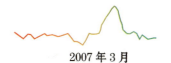

2007 年 3 月 8 日

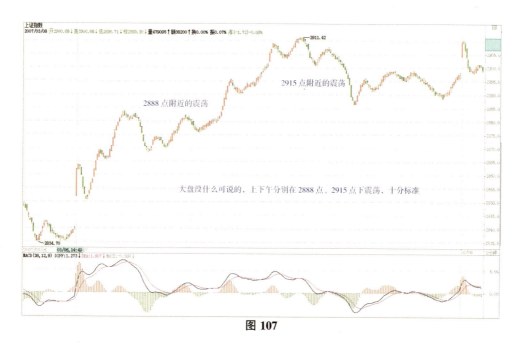

2888 点附近的震荡

2915 点附近的震荡

大盘没什么可说的，上下午分别在 2888 点、2915 点下震荡，十分标准

图 107

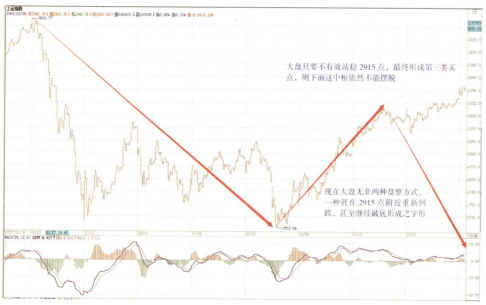

大盘只要不有效站稳 2915 点，最终形成第三类买点，则下面这中枢依然不能摆脱

现在大盘无非两种盘整方式，一种就在 2915 点附近重新回跌，甚至继续破底形成之字形

图 108

一种就是先上3000点，然后再回拉形成平台形

图 109

缠中说禅　2007-03-08　15：30：24

昨天尾盘与今天早盘构成的5分钟回试，没有重新跌回2858点原30分钟中枢，就构成完美的第三类买点，其后的走势都很规范。2915点的压力在尾盘突破，但还需要确认。从纯技术的角度，现在依然存在重新跌回这个5分钟中枢，从而扩展成新的30分钟中枢的可能，所以2915点是不能有效跌破的，否则将扩展出新的30分钟中枢，这样走势的演化就复杂了。

个股没什么可说的，还是板块轮动，每个板块的时间都不长，所以千万不能追高，一定要在买点买。对于散户来说，没必要参与板块的调整。不过，也不能太短，要把握其度，例如5分钟上还是主升，见1分钟以下的背驰就跑，这样大的利润可能都吃不到了，所以必须综合地判断，这是一个艰苦的磨炼过程，必须不断交易而达到技术的完美。

最近，正构建一个传媒平台，和汉奸打仗，必须对舆论有所引导，这些事情是必须干的。

扫地僧：什么时候小级别背驰要走，什么时候小级别背驰不要走，必须综合地判断，这是一个艰苦的磨炼过程，必须不断交易而达到技术的完美。见图110。

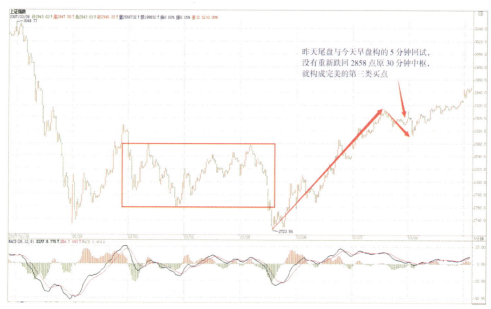

昨天尾盘与今天早盘构成的 5 分钟回试，没有重新跌回 2858 点原 30 分钟中枢，就构成完美的第三类买点

图 110

[匿名] 盼解惑！谢谢　2007-03-08　16：00：50

引用："昨天尾盘与今天早盘构成的 5 分钟回试"。

分析：我认为这是 2 个 1 分钟中枢由于波动区间重叠而形成的 5 分钟的盘整走势。

问题：请问缠师，这个盘整走势的背驰我怎么看不明白啊，今早的下跌一段力度明显大于昨天刚开始下跌的力度，怎么也转折了呢？

缠中说禅　2007-03-08　16：10：43

从 a+B+b 的角度，是算柱子的面积而不是长度的最长处，看 5 分钟图就更明显了。从纯中枢的角度，5 分钟中枢，昨天尾盘就形成，后面的拉以及今早的跳都是围绕的震荡。

扫地僧：从 a+B+b 的角度，是算柱子的面积而不是长度的最长处。见图 111。

2007 年 3 月 9 日

大盘走势昨天已提示"现在依然存在重新跌回这 5 分钟中枢，从而扩展成新的 30 分钟中枢的可能，所以 2915 点是不能有效跌破的，否则将扩展出新的 30 分钟中枢"。早上一个典型的 5 分钟顶背驰让这种情况变得天经地义。昨天第三类买点后，理论上两种可能之一就是演化成大级别中枢，今天就是一经典演示。该中枢从 7 日下午 1 点多的 2911 点起，形成后，和前几天下面那 30 分钟中枢操作一样，市场又

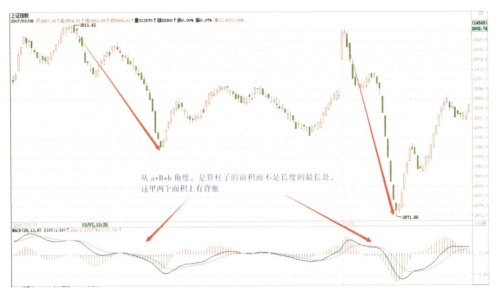

图 111

给一次相同类型的操作机会。不多说，最近很忙，对大家照顾不周，抱歉了。

扫地僧：三买之后有两种可能：①不背驰，则形成趋势；②出现背驰，从而演化成更大级别的中枢。当天就是选择了第二种可能。见图 112。

图 112

2007 年 3 月 12 日

缠中说禅   2007-03-12   15：20：28

今天的大盘没什么可说的，今天上周五完成的 30 分钟中枢的延伸过程，只要 5 分钟的回试不跌破 2911 点的中枢上沿，那么就要形成第三类买点，至于后面是形成中枢新生而延续上涨，还是中枢的扩展成日线级别，自然就走出来了，无须预测。还不会看图的，就看 5 日线，只要 5 日线不破，就是强势，就没问题。

个股也没什么可说的，以前说的板块都没问题，现在关键是心理面上的影响，对 3000 点有点心理阴影，慢慢修复。而汉奸也企图利用两会结束，人们普遍的见好就收心理发难，所以这方面的斗争还将延续。深证由于接近外边，所以受的影响更大，也走得弱点，如果深证重新走强，那问题就简单了。汉奸做空也只为了买回来，现在世界上没有任何有实力的机构敢说完全放弃中国市场，别说 5 年，2 年都不敢，这样，你说汉奸又能翻多大的浪？甚至一个周中枢都不一定给他们面子。

扫地僧：再次说明中枢震荡时，重要的就是看第三类买卖点。见图 113。

今天上周五完成的 30 分钟中枢的延伸过程，只要 5 分钟的回试不跌破 2911 点的中枢上沿，那么就要形成第三类买点

图 113

深圳市场受香港等外资的影响比上海大一些。

2007 年 3 月 13 日

缠中说禅　2007-03-13　09：00：49

　　在最近走势中，30 分钟图上，2760~2858 点这 30 分钟中枢，03081000 的 5 分钟回抽确认了一个第三类买点，然后其后就继续走出一个新的 30 分钟中枢，而 03081000 的 5 分钟回抽低点 2871 点比上一中枢的最高点 2888 点要低，而后来关于 03071330 开始的这个 30 分钟中枢出现延伸，这样，我们就可以对这个分解进行重新组合，给出一个更清晰的组合方法，把 03081000 的 5 分钟回抽组合到 03051330 开始的这段 5 分钟走势中，形成一个 5 分钟的上涨，然后新的 30 分钟中枢就从 03091030 开始，这样的好处在于，这个中枢震荡的低点 2892 点比 2888 点高，如果其后的震荡不出现跌破 2888 点的走势，那么就是一个 30 分钟的上涨走势形成了。但在这个新的中枢被一个新的第三类买点有效突破前，依然存在震荡跌破 2888 点甚至最终确认中枢扩展。但这样的重新组合，对看图就有了帮助。当然，站在纯中枢的角度，依然可以坚持让新中枢从 03071330 开始，这样对具体的操作也没有太大影响，但在判断上就没有重新组合的看起来方便了。

　　扫地僧：这段分析要反复研读，然后找大盘或者个股的图形来练习，这里重点就是如何组合走势和中枢使得分析和操作是最有利的。由于这是缠论 108 课中第 36 课里的部分内容，那节课里更多、更详细的解读请参考本人的另外一本书《缠论 108 课详解》中的相关章节。见图 114。

图 114

2007 年 3 月 14 日

缠中说禅　2007-03-14　08：58：13

昨晚汉奸他爸大跌，汉奸很兴奋地要为他爸下半旗，所以就出现今天的走势。本来，大盘就需要震荡，而今天汉奸为他家拉的阴线，依然在围绕新中枢震荡的范围里，只要第三类买卖点不出现，这种震荡就将延续。现在的问题是，难道以后汉奸家的姨丈姑父们有什么烂事都要中国股市陪着他们一惊一乍？所以，一个以反汉奸为任务的传媒是必须的。

扫地僧：因为当天美股大跌，但依然还在围绕 7 日开始的那个中枢震荡。见图 115。

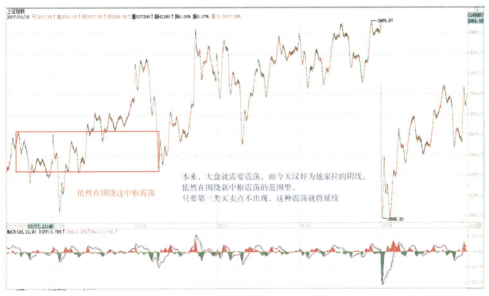

本来，大盘就需要震荡，而今天汉奸为他家拉的阴线，依然在围绕新中枢震荡的范围里。只要第三类买卖点不出现，这种震荡就将延续

依然在围绕这中枢震荡

图 115

个股早上已经说了，现在的问题就在于，三线股的潜力有缩水，不可能把所有三线股都弄得比二线股还高，这样就乱套了。大盘现在最大的问题是，板块需要转换，一些有巨大中线潜力的二线股，将是主要目标。像今天早上说的那些，二线股还包括一些有高送配的股票，这在业绩公布时，都是常规性被操作的。

扫地僧：从 1 月调整以来，一直在强调二三线的低价股是主流，今天是首次提到板块需要转换，三线股的潜力又缩水了，有巨大中线潜力的二线股将是主要目标，比如有高送转的股票。这是因为，三线股成为主流也有两个月了，补涨也

补得差不多了，这时候三线股和二线股相比较，二线股就显得有了更好的性价比，也需要再将好的二线股向上打出空间，这样整体的行情才容易继续发展下去，这其实就是缠师所提到的比价关系！

袖珍中小板的，值得中线关注。无非两种走势，一种是在开盘附近震荡出一个中枢后向上，另一种是向下，向下的其实更有潜力，向下无非就两波，一旦出现日线背驰，就是中线大牛股。看看以前中小板中的走势就明白了。向上突破的，可以在中枢震荡低点介入，来回弄短差直到出现第三类买点后就可以长抓一下，中小板一旦出现开盘后中枢的第三类买点，其后都有可观升幅。不明白的，把前面一些已经走出来的研究一下，对新股如何把握就有一个大概了。

基本面上，加息只有心理影响，一旦兑现就没问题了，有较大压力的是外汇投资公司中的一些问题，但依然在最多是周线中枢的承受范围内。

扫地僧：这里说开盘指的是新上市的意思。一种是在上市首日价格附近震荡出一个中枢后向上的，一个是向下的。向上突破的，可以在中枢震荡低点介入，来回短差，直到出现三买后，就可以长线抓一把，中小板一旦出现开盘后中枢的三买，其后都有可观升幅，注意，这里的级别，指的一般是日线上的笔中枢级别，例如：002120 和 002104。见图 116、图 117。

图 116

图 117

向下的其实更有潜力，向下无非就两波，一旦出现日线背驰，就是中线大牛股，例如 002052 和 002053。见图 118、图 119。

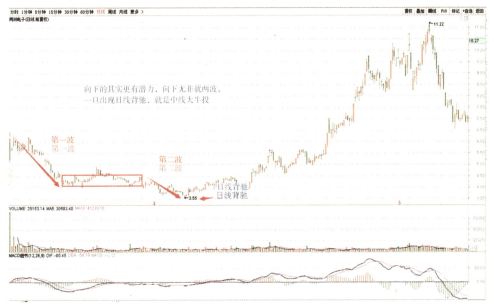

图 118

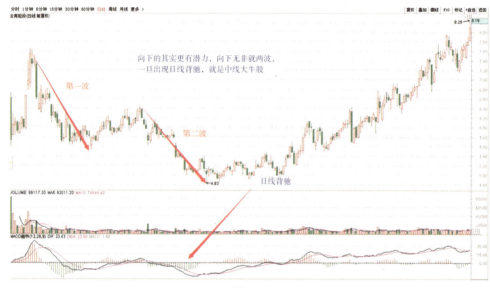

图 119

2007 年 3 月 15 日

缠中说禅 2007−03−15 08：55：33

马上要走，简单说两句。昨天汉奸为他美国老爸降半旗，昨天为汉奸抛股票送花圈的，真是国际主义战士。这里只关心走势，目前依然是那 2905~2947 点的 30 分钟中枢震荡。明天两会要结束，汉奸是有以此发难的企图的，因此，相应的战斗还将延续。

汉奸认了这么多干爸，实力还是有点的，否则早就突破 3000 点一飞冲天了。在这里不断震荡，就是要消耗汉奸的实力，壮大自己。汉奸现在的地盘也就剩下大盘金融等少数几个了，今年来，这轮二三线股的独立牛市行情，基本与汉奸无关，像昨天说的小盘股，也基本没汉奸什么事。汉奸有本事就压着金融股送终吧，指数不涨，一样天天大牛市，等哪天，工行、中行又几乎变成最便宜的股票，本 ID 倒要看看汉奸还怎么压着。

具体操作，大盘就看好震荡中围绕中枢的技术走势，具体方法课程里都有。另外，具体还要看好个股，毕竟现在指数的意义不太大，只要不是最恶劣的单边走势，个股机会依然。

扫地僧：中枢震荡就是要不断消耗敌人，壮大自己，只要大盘不是恶劣的单边走势，个股机会多多。见图120。

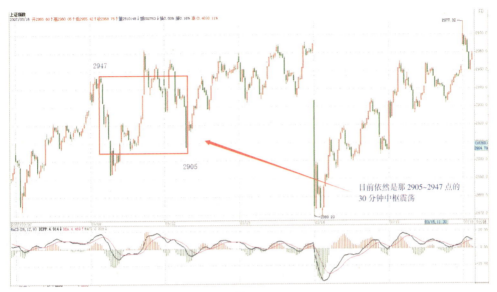

图 120

2007 年 3 月 16 日

缠中说禅　2007-03-16　11：51：32

补充两句关于大盘目前的走势，说实在的，现在如果要摆脱目前的中枢，没有金融股的配合基本是不可能的。但金融股由于某类人掌握得比较厉害，短线的攻击没问题，但一个持续的攻击，就有点困难了。不过金融股在中线角度，依然还是一大早的观点，以工行为例子，就是围绕 5 元上下的一个大级别震荡，要大跌，打压的人是要付出代价的。顺便说一句，中行里的汉奸实力小点，中行有奥运概念，业绩也较好一点，能否改造成一个反汉奸的武器，成为一个突破口，还需要很大的努力。其实这个改造已经不是一天两天的事情，中行这几天已经连续比工行股价高了，这就是成绩。具体的细节就不说了，总之，斗争是残酷的，是复杂的，不能赤膊上阵，要用最充分的耐心去消耗汉奸的实力。

下午一收盘就要去开反汉奸利器出炉的最后一次会议，就来不了了。大盘走势，很简单，在第三类买点出现前，继续震荡，这种走势已经反复很多次了，应该熟练应对了，所以也没必要多说了。

汉奸企图用两会结束打压的表演还会继续，这在昨天已经说了，所以斗争依然继续，结果不好说，努力吧。反正有的是时间，不会硬扛，但也不会放过任何一个契机的。

缠论解盘详解之一 (2006.11—2007.10)

扫地僧：见图 121、图 122。

以工行为例子，就是围绕 5 元上下的一个大级别震荡，
要大跌，打压的人是要付出代价的

图 121

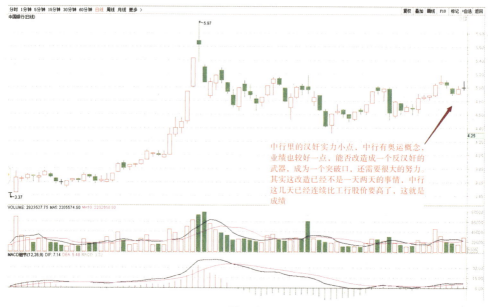

中行里的汉奸实力小点，中行有奥运概念，
业绩也较好一点，能否改造成一个反汉奸的
武器，成为一个突破口，还需要很大的努力，
其实这改造已经不是一天两天的事情，中行
这几天已经连续比工行股价要高了，这就是
成绩

图 122

2007 年 3 月 19~20 日

缠中说禅 2007-03-20 15：24：15

大盘今天的走势是最恰当的，上次上 3000 点是一日游，现在至少是两日游了，缩量在这里整理站稳再谋求上攻，这样是最稳妥的。其实 3000 点什么都不是，只是一个心理问题，包括散户与管理层。

汉奸在这里肯定是要干活的，前几次喜欢用嘴配合，这次还这样就太没意思了。难道汉奸用嘴就能得到快感？总之，在这里等汉奸看能出些什么花招，最好把所有花招都使出来，让散户也多点见识，心理承受能力得到锻炼。

个股没什么可说的，中行等休息，其他股票活跃，这是最好的情况。不过还是要提醒，如果是中线持股，除了用部分筹码打短差，就要持得住。并不是敢涨停的就一定是好股票。涨停算什么，最后能涨多少才是真实的。像前面说过某大叔抓不住的股票，就是 600195 的中牧，从去年 4 月中 3 元多开始到 11 元，从来就没涨停过，也没阻止它一年不到翻了 5 倍。如果一只股票涨了 2 倍还从来没涨停过，只有一种可能，就是它要涨 5 倍甚至 10 倍，因此根本不屑于用涨停来现眼。

反复震荡爬升的股票是股票中的极品，可以弄出无数的短差来，问题不是这只股票有没有涨停，而是这只股票波动大吗？最终潜力大吗？一定要把问题搞清楚。天天追涨停的，永远只能是散户，大一点的资金都根本不可能这样操作的。

扫地僧：

（1）对于中线，如果一只股票涨了 2 倍还没涨停过，那就要重点关注，因为它要涨更多，根本不屑于用涨停来吸引眼球。

（2）反复震荡爬升的股票是股票中的极品，可以弄出无数的短差出来。问题不是股票有没有涨停，而是这只股票的波动是否大，最终潜力是否大。见图 123。

[匿名] 大盘 2007-03-20 17：57：52

博主：请问，与股票相比，外汇买卖有什么特别不同的吗，或者说使用博主中枢理论需要注意些什么，如果方法完全一样，炒外汇似乎可以有更多时间去打理，毕竟是 24 小时交易。而且现在交通银行也推出了 5~15 倍杠杆的外汇保证金交易，算起来一天的波动与股票接近。

缠中说禅 2007-03-20 18：07：03

期货趋势的延伸性特别强，所以如果不熟练的，用第二类买卖点比较安全，就怕你判断错误，在趋势延伸时当成第一类买卖点，问题就大了。还有很多不同的地方，以后会说到的。

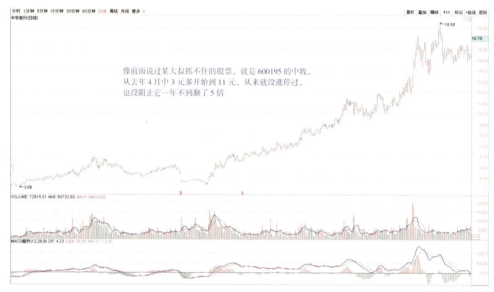

图 123

不过，如果股票走势都判断不好，那就别玩什么期货了。先学会走，才能跑。

［匿名］aaaaa   2007-03-20   18：10：05

老大：股指期货推出会引起大跌吗？

请评一下股指期货推出对大盘的影响。

缠中说禅   2007-03-20   18：36：26

站在纯走势的角度，这些问题都是假问题。股指期货推出，对大盘的中长线趋势没有任何的影响，不过是一个借口与题材。但股指期货出现后，会加大走势的延伸性，这是必须注意的。

有了股指期货后，以后的指数，盘整的延伸将加强，但一旦突破形成趋势，那趋势的延伸也会加强。但总体大方向是没有任何影响的。

扫地僧：期货的延伸性特别强，这和期货的交易特点有关，期货是可以随时开仓的，和股票交易凭证数量的基本稳定不同，所以在力度分析等方面有很多不同的地方，缠师担心在趋势延伸时当成第一类买卖点，说明在期货里，背驰的判断与股票肯定不同，所以建议用第二类买卖点比较安全。股指期货推出，对中长线趋势没影响，但加大了走势的延伸性。

2007 年 3 月 21 日

缠中说禅　2007-03-21　15：24：07

大盘走势没什么可说的，如果不会看的，就看好 5 日线，5 日线不破，什么问题都没有。当然，汉奸还会发难的，汉奸特别喜欢周四发难，本 ID 很欢迎汉奸出手，汉奸最好就把货都倒到 3000 点以下去，然后离开中国去美国"当孙子"。

中行今天继续休息等 5 日线上来，这种大盘股票，不可能太远离 5 日线，毕竟金融股是汉奸的老巢，上攻过激汉奸会发情的，到时候呕吐一地，让大家恶心就不好了。

周四、周五，血战少不了，就看汉奸如何出手了，本 ID 再等着，大不了再震荡一次，本 ID 陪着汉奸玩 20 年，一直玩上 30000 点，时间多的是，本 ID 不急。

扫地僧：大盘股，不可能太远离 5 日均线。这句话其实最好再加一个前提：在中枢震荡内时。如果是处于单边拉升期，也就是离开中枢的走势时，也经常会有远离 5 日均线的情况。见图 124、图 125。

图 124

111

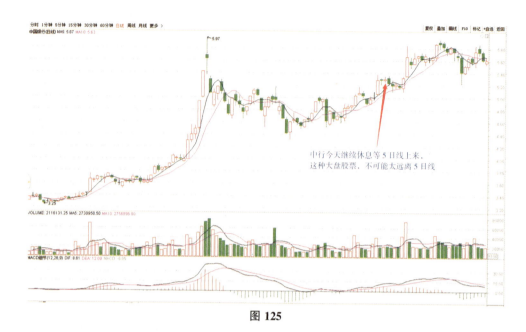

图 125

2007 年 3 月 22 日

缠中说禅 2007－03－22 15：29：02

对汉奸的周四发难，昨天已经明说。汉奸总是很听话的，而本 ID 的股票，除了些新进的北京股，今天基本上一大早就开始主动调整，就是不想让汉奸有发力的机会。汉奸也特没力，只能选择尾盘偷袭，一点新意都没有。后面三天特别关键，只要这三天能在前期高位上收住，那突破的有效性就保障了，很多心态不稳的人也会重新回来。技术上，前几天已经强调了 124 点与 227 点连线的压力，今天主要就是受阻在这线上，这线的有效突破，才是大盘能走出一轮行情的关键。

现在的走势很微妙，汉奸也有机会，毕竟现在很多人的心态不稳，但汉奸的机会并不会对本 ID 造成任何损害，本 ID 的原则是，稳打不冒进，如果机会不成熟，就反复震荡等机会成熟，绝对不给汉奸好的下手机会。不过，现在有些多头太冒进、太急功近利，并不是什么好事，本 ID 只管好自己这一拨就可以，别人爱干什么可管不住。只要实力不断增长，试看几年后是谁的天下？

扫地僧：只有突破这趋势线的压力，大盘才会有一轮行情。见图 126。

［匿名］听缠说禅 2007－03－22 15：36：42

禅妹，这样的尾盘杀跌，没有你我们靠什么预料？又怎样躲开？今天我的股票都走得很好，大盘跌也跟着跌，没出来啊！

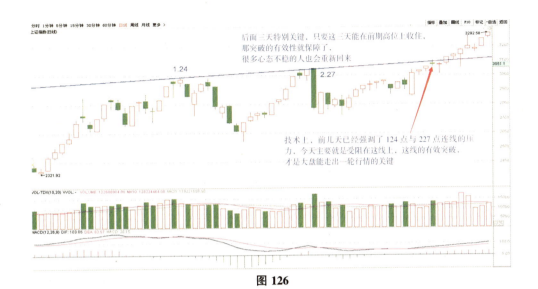

图 126

缠中说禅　2007-03-22　15：42：32

124 点和 227 点的连线不是一次能突破的，就算你看看 1 分钟或 5 分钟的 MACD，也知道这里会有一个小的盘整背驰。1430 点后，上海、深圳走势背离，这就是最好的信号。

扫地僧：提到了一个实战经验：在技术压力、支撑位附近如果出现小级别的背驰，那么往往预示着这压力、支撑位有效。见图 127、图 128。

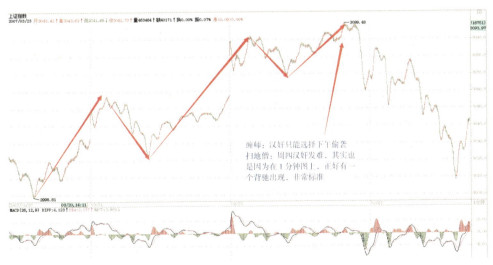

图 127

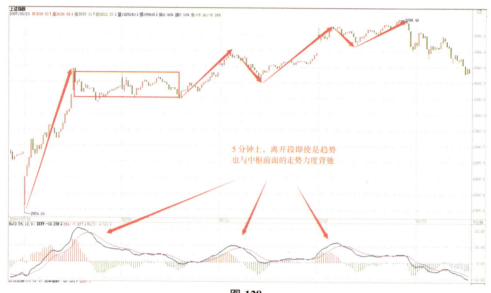

图 128

2007 年 3 月 23 日

缠中说禅　2007-03-23　15：18：15

今天大盘没什么可说的，周四、周五的"血战"已经在周三提前预告。今天中行主动示弱，不让汉奸有借利好出货的机会，为大盘以后的发展留下很大的余地。不过汉奸不会因为这两天的折腾而死心，那两个高点的连线依然在上面，没有效突破前，依然会人心浮动，汉奸依然会随时发难，所以耐心是最重要的，而震荡是稳定人心的最好办法。

扫地僧：震荡是稳定人心的最好办法。

［匿名］缠迷　2007-03-23　15：29：56

缠妹妹，我是新手，今天大盘 5 分钟级别 13：25 那个地方是不是背驰啊？谢谢！

缠中说禅　2007-03-23　15：38：46

不是，是一个最小级别的背驰，然后是一个对称走势拉回中枢，可以看成是原来中枢的一个小级别震荡。

扫地僧：这种中枢震荡中的小级别背驰，要不要参与，还得看大级别的走势配合以及中枢位置的参考，在 5 分钟上，这小级别背驰发生其实就是对前面 5 分钟中枢的次级别回拉。见图 129、图 130。

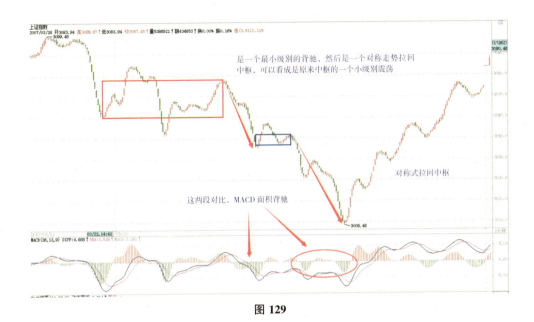

图 129

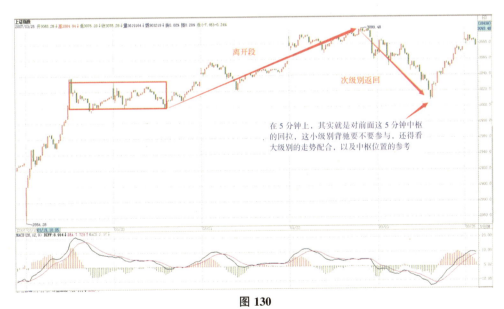

图 130

2007 年 3 月 26 日

缠中说禅　2007-03-26　15：20：49

今天大盘按照计划走，突破上面的压力线。当然，其有效性还需要确认。中

国银行压着不涨，就是对大盘最大的支持，汉奸想捣乱也没机会，其他板块不断轮动，今天 10 元上下的二线股表现很好，这个势头应该延续。

一件最好玩的事情，今天已经有人通过某些渠道散风给本 ID，说明天是上次大跌的一个月纪念，又是星期二，明天要全力砸盘，把本 ID 给毁了。本 ID 等着，本 ID 只点火，决不死顶，今天是全民启动，就看汉奸明天怎么表演。

个股不说了，三线里有真正题材的还会涨，其他风险，最主要是监管风险比较大。二线是目前最好的选择，10 元上下，如果业绩特别好的，在 15 元上下也可以，都是今后行情的重点。如果不会找，看 300 成份股，在相应区间不难找到。

扫地僧：中行压着不涨，相当于留了后手，在中行不涨的情况下都突破了压力线，那么当回试时，中行就可以当作多头的有力武器，引而不发。技术上也是当天出现了一个小级别三买，从而成功突破上方压力线。见图 131、图 132。

图 131

2007 年 3 月 27 日

缠中说禅　2007-03-27　12：57：02

下午收盘后有一个重要的谈判，不能上来，先把帖子发了。早上已经击退汉奸的一次进攻，下午，还会折腾，只要板块继续轮动，银行股能保持低姿态，汉奸就没有大机会。

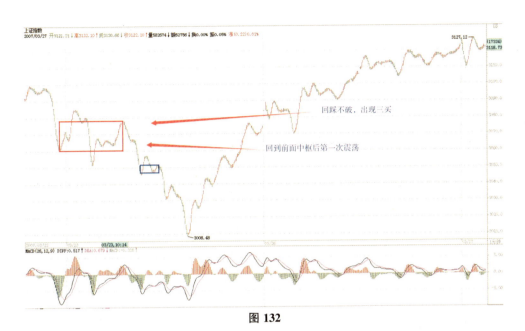

回踩不破，出现三买

回到前面中枢后第一次震荡

图 132

扫地僧：银行股不动，那么当空头发难时，银行就可以出来救场，所以汉奸没大机会。见图 133。

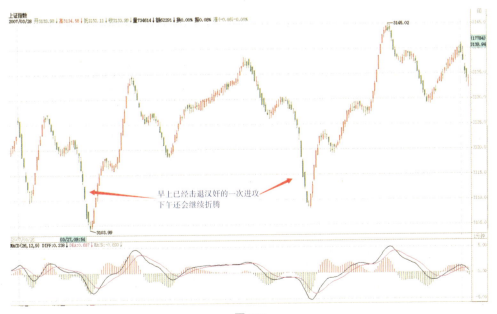

早上已经击退汉奸的一次进攻
下午还会继续折腾

图 133

缠中说禅　2007-03-27　21：29：47

大盘今天走势继续呈现多空拉锯，目前正在一个敏感的时间之窗，前次高点21天前后，而突破前期高点连线，对于很多所谓技术派的人，还有3天的确认要求，因此市场难免犹豫。本周余下3天，关系到月线的收盘，因此激烈的争斗、震荡不可避免。

但由于目前启动的二线股都有比较强的业绩等支持，比前期三线股要稳健，而银行股的低调又使得汉奸打压无处发力，这就是最近汉奸比较痛苦的地方。

目前多头一定要耐心，用文火熬，才能把汉奸煮烂，否则汉奸的脸皮这么厚，大火没用。个股不多说了，反正还是那些，如果技术好的找好买卖点，不行的就看均线系统，如果5日线都不破，就拿着，这样省心，不用一惊一乍。

扫地僧：汉奸想打压市场，但银行一直在调整，再往下打压的话就会凸显其价值，会有资金支撑，打不下去。涨得好的二线股由于有业绩支撑，也没法打压。

[匿名] 新手　2007-03-27　21：31：21

缠妹妹对今天大盘在13：38处没有形成背驰而上涨有何看法，我今天全部做空了，没有跌，因为也没发现底背，在低位也没有补回，后来全涨了又觉得可惜，所以追高买回来了，这个时候应该怎样操作？你对600961和600713怎么看，后市还可以看好吗，600961是不是一个30分钟的三买。学艺不精，请多指点，谢谢！

缠中说禅　2007-03-27　21：41：16

今天是一个标准的平衡市，就是围绕一个中枢在震荡，哪里存在上涨？背驰不是这样用的。站在中枢震荡的角度，下午没创新低，就证明向下的力度没有上午强，那当然就要拉回去。所以应该先把理论搞清楚。至于你说那两只股票，中线都可以。

扫地僧：上午一波调整，下午一波时，如果下午没创新低，就证明这波向下的力度没有上午强，当然要拉回，这是个实战技巧。

2007 年 3 月 28 日

缠中说禅　2007-03-28　15：24：11

汉奸越来越听话，具体的细节就不说了，这里耳目可多。经过今天的震荡，那条线已经第二天站稳，那些非汉奸的空头是否要投降，自己看着办吧。

当然，汉奸还有机会，如果换做本ID来做空，现在肯定已经3000点以下了，可惜汉奸技术比较差，期货一开，汉奸这种水平，怎么玩呀。别输得内裤都没了，漂洋过海到汉奸他爸那里裸奔就不好了。

最后两天，关系到月线，还关系到季线收盘，看 K 线图的都知道，一个光头阳线与带长上影的对下月、下季走势的影响，这两天虽然短，但却十分重要。这两天走好了，空头翻多的力量会越来越大。

扫地僧：见图 134。

经过今天的震荡，那条线已经第二天站稳，
那些非汉奸的空头是否要投降，自己看着办吧

图 134

[匿名] 新年好 2007-03-28 15：27：00

缠姐好！检讨一下这两天的操作，比较失败，节奏把握不住。上午11：20那个低点根本没任何背驰迹象，怎么就上去了。

缠中说禅 2007-03-28 21：13：40

1分钟以下级别的，比较1分钟 MACD 的柱子面积就可以。前面是有两个绿柱子面积之和，后面是1个，这在恐慌性假突破中经常看到。另外，用中枢震荡的角度就更简单。

不过，这都不是最重要的，最重要的是节奏，如果早上5分钟明显的顶背驰能先卖出，那么下面的回补，早点晚点都不是最重要的。而且，个股方面就更明显，例如000802，1分钟上破15元后，那底背驰就是最明显的了。

扫地僧：见图 135、图 136、图 137。

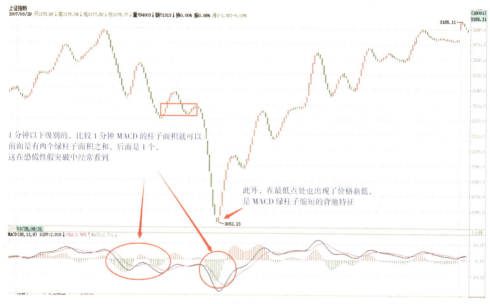

1 分钟以下级别的，比较 1 分钟 MACD 的柱子面积就可以
前面是有两个绿柱子面积之和，后面是 1 个、
这在恐慌性假突破中经常看到

此外，在最低点处也出现了价格新低，
是 MACD 绿柱子缩短的背驰特征

图 135

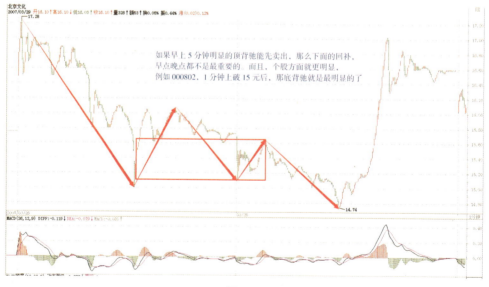

如果早上 5 分钟明显的顶背驰能先卖出，那么下面的回补，
早点晚点都不是最重要的，而且，个股方面就更明显，
例如 000802，1 分钟上破 15 元后，那底背驰就是最明显的了

图 136

早上是5F顶背驰

如果早上 5 分钟明显的顶背驰能先卖出，
那么下面的回补，早点晚点都不是最重要的

图 137

2007 年 3 月 29 日

缠中说禅　2007－03－29　12：41：24

下午收盘有事，不能上来，先说两句。这两天关系月、季收盘，激烈的争斗本在计划中。今天出现如此走势，就是这种争斗的结果。打压不下去，先拉起来，这也是汉奸唯一的途径，如果换了本 ID，也会这样。对银行股不可能压盘，本 ID 不可能在今天去压制中行，只可能顺势而为，先买后卖也是对的。

当然，大盘股打仗，其他股票就要受累，这是不可避免的，市场不是慈善场所，如果看不懂的，就看深圳证券指数，以此为进出，上海证券指数在这段时间的失真是不可避免的。个股要习惯根据个股本身的图形进出，特别股指期货出来后，指数对个股的指导意义更弱。

对于本 ID 来说，中行、联通就是其中的组合而已。等大盘股的争斗有方向了，其他股票自然重新走好，其实，完全可以从板块轮动来看。

扫地僧：大盘股打仗时，上证指数会失真，最好看深证指数；股指期货出来后，指数对个股的指导意义更弱。

上证已经新高并且突破上方压力线了，而深证却还没新高，这时上证指数是失真的，从 29 日当天上证和深证的分时图也可以看出，深证指数更弱一些，说明当时个股调整得很惨。见图 138、图 139、图 140。

121

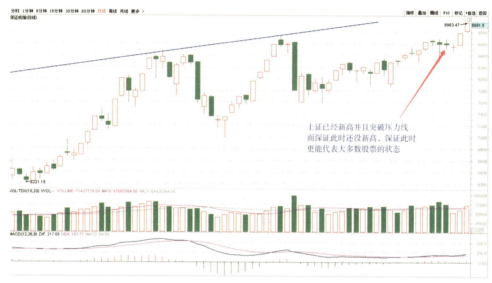

上证已经新高并且突破压力线
而深证此时还没新高，深证此时
更能代表大多数股票的状态

图 138

图 139

图 140

缠中说禅　2007-03-29　21：44：58

今天的争斗对于散户来说，确实是一个心理考验，但这是必须的。对于本 ID 来说，正如中午所说，对金融股先买后卖是唯一正确的选择。汉奸这一招本在预计之中，也是汉奸唯一能使用的招数。如果汉奸连今天这一招都使不出来，本 ID 会更加蔑视他们。

汉奸要狙击上涨，唯一的途径就是昨天说的，让月、季留下长上影，关于最后这两天的斗争，本 ID 已经提前预告。大部队打仗，伤及无辜，那是没办法的事情。明天是最后一天，汉奸当然希望就势打出长阴，其实，无论什么走势，对于本 ID 来说都无所谓，因为本 ID 今天采取了最正确的策略，先买后卖金融股，同时从昨天起对二三线股进行清洗。对于本 ID 来说，明天以静制动，先让汉奸出手，大不了再来一次如 3000 点下的反复震荡，这种活动，汉奸们已经输过一次，不妨再来一次。

现在，争夺市场控制权，丧失筹码不行，唯一正确的就是通过震荡把筹码成本降低，由此可见，本 ID 理论，其实对大资金一样有效。股票都是废纸，只是吸血凭证，关键是能把成本降低为 0 才是真正的安全，0 以下的，才是真正的利润，才是真正的血。无论散户还是主力，这都是一样的。

扫地僧：这段解盘其实讲了许多有关主力操盘的思路，尤其对大盘的影响思路，汉奸要狙击上涨，在银行股没有涨的时候向下用力打压是不行的，因为低

位打压只会引来更多的抢筹，而自己却丧失了筹码。那么就只有拉升银行股，然后再反手向下，用上影线制造恐慌。

[匿名] 新浪网友　2007-03-29　21：52：03

照妹妹的意思，明天是一场血战，大盘明天有可能会大跌？

缠中说禅　2007-03-29　22：06：35

不排除这种可能，特别如果是本 ID 来做空，明天是最好的机会，一个长上影 K 线后，拉一条长阴，至少可以让很多所谓的技术派痛苦半个月。当然，汉奸有没有这本事是另外的事，市场不是一个人、一个派别的市场，而且市场的走势，很多都是当下发生的，这如同打仗，战机难道能预先知道吗？像今天，汉奸突然发疯，这时候如果去压盘，那就傻了，而是要比汉奸更疯，而当汉奸想回砸时比他砸得更快，这就如同剑客过招，错一步就是万劫不复。里面的功夫深着呢，哪里有这么简单。

扫地僧：战机无法预先知道，但必须要有面对战机能够当机立断的果敢和技术。见图 141。

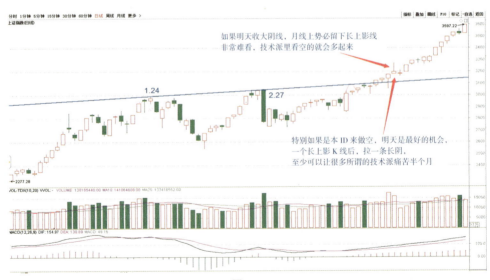

图 141

2007 年 3 月 30 日

今天大盘对市场双方都可接受，汉奸无法如愿拉长阴，而月、季略带上影，也是本 ID 可接受的。后面震荡依然，毕竟，汉奸还是有实力去制造下一月、季的下影。

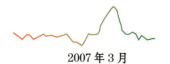
扫地僧：见图 142、图 143。

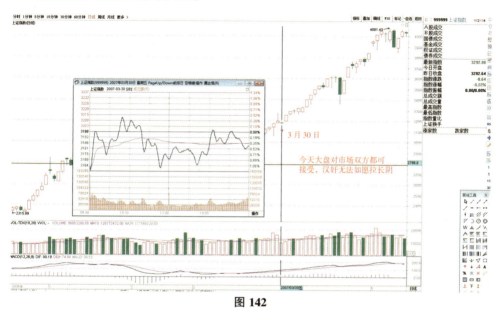

图 142

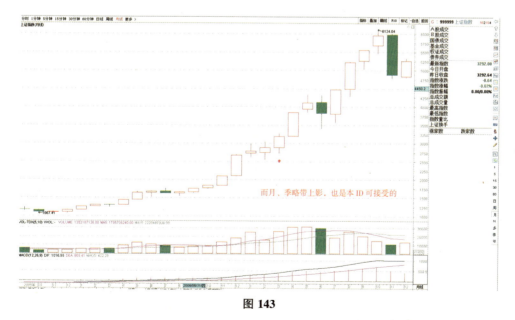

图 143

对于本 ID 来说，在 3000 点上再玩一次 3000 点下的震荡盘整，是最有利的。玩震荡，汉奸没什么水平，而现在管理层、散户都恐高，需要时间治疗。

个股方面，三线已经被管理层监管警告，一线大盘打架不可能被散户接受，这两天就是例子。因此，二线是最好的平衡，谁都能接受，一些有中线潜力的二线已创新高，这就是点火，能否燎原，那是另外的问题。

扫地僧：看看当时的工商银行、中国银行和中国联通这些一线大盘股在 3 月 29 日那天的情况：

工商银行：见图 144。

图 144

中国银行：见图 145。

图 145

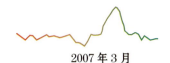
中国联通：见图 146。

图 146

2007 年 4 月

2007 年 4 月 2 日

缠中说禅　2007-04-02　15：14：44

前面已经说过，如果看不明白上证指数，就看深证的。深证今天的走势只表明一点，优质二线股还是得到更多人的认同。深证成份股里，基本都是优质二线股。其实，今天最终能收成这样，也是经过刀光剑影的。早上汉奸曾又使出拉金融股的一招，结果被破坏，没什么效果，才有后面二线股的整体走强。

个股方面，看看上证、深证今天涨停的，基本都是二线股与有真正题材的三线股，特别是上证，很多都是 10 元上下的，就知道后面真正可以产生利润的股票还是本 ID 前段时间已经明确指出的那些。具体就不说了，现在监管风暴下，少说点不会错。

如果不会挑的，就去看沪深 300 或深证成份股，就那些股票，当然，金融股、特大盘股也会有表现的，但这类股票还是以打仗为主，如果资金量比较大的，组合部分也是可以的。

现在的走势肯定是进二退一甚至是进三退二，快速拉升只可能对汉奸有利，把握节奏就很重要了。真看不明白的，就看 5 日线，你看这段时间这么折腾，其实都没破过 5 日线，看着不用闹心。

扫地僧：有几个经验：

（1）深证成份股里，基本都是优质二线股，因为基本都是优秀的有代表性的民营企业。

（2）金融股与其他股票一般是一种二八现象，跷跷板，拉金融的话就不利于其他二三线股票的表现。

（3）二线股就看沪深 300 或者深证成份股。见图 147。

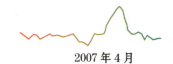

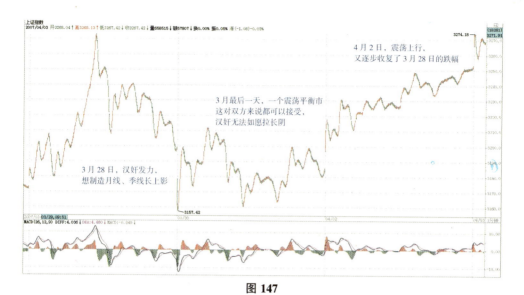

图 147

2007 年 4 月 3 日

（缠师当日无解盘）

扫地僧：当天走势很健康，从 3 月 30 日开始的这个 1 分钟走势类型，处于离开第一个中枢的走势中，第二个中枢还没形成。当天是个震荡市，还是强震荡市，收盘价是全天最高价。见图 148。

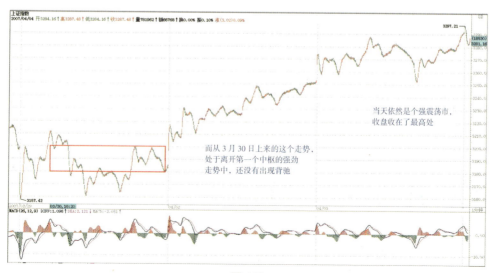

图 148

2007 年 4 月 4 日

缠中说禅　2007-04-04　15：33：12

今天的市场没什么可说的，该说的昨天已经说了，今天的走势就如同照抄本 ID 昨天的剧本一样，如果你连剧本都先看了还操作不好，那就没办法了。从纯技术上，深证基本达到目前在 9200 点附近的上两高点连线，这里存在技术压力很正常。上证最近走不强，原因很简单，就是一时没目标了，深证还存在那线可以攻击，上证上面无限宽广，但反而找不着北了。当然，更重要的是，深证指数更代表优质二线股，最近此板块得到越来越多的认同，所以深证走强，其实就代表本 ID 的优质二线股剧本被市场演绎。

个股不说了，目前这位置，追高，一点必要都没有，只要能保持买卖节奏，问题就不大，震荡是好事，对于节奏好的人，越震荡成本越低，最好天天震，那才好。技术不好的，还是看 5 日线，如果中线的，看 10 日线，你看去年 8 月开始的那一波，10 日线基本就没破过，如果真破，那就是级别较大调整了，反之，如果 5 日线都不破，就不用担心什么。板块轮动，只要不是太垃圾的股票，都会轮到的。

扫地僧：当天深证成指是一根阳线，而上证指数却是一个阴线十字星。见图 149、图 150。

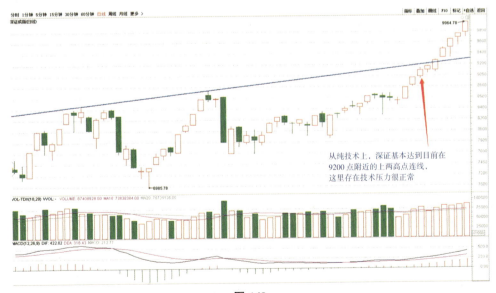

从纯技术上，深证基本达到目前在 9200 点附近的上两高点连线，这里存在技术压力很正常

图 149

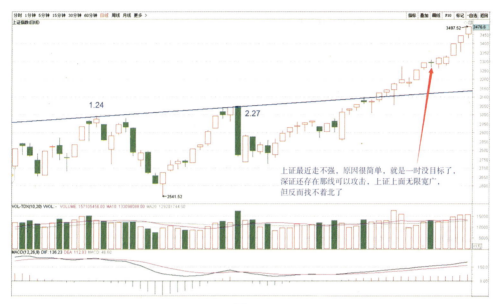

图 150

图中标注文字：

1.24

2.27

2541.52

3497.52

上证最近走不强，原因很简单，就是一时没目标了，深证还存在那线可以攻击，上证上面无限宽广，但反而找不着北了

[匿名] 新年好 2007-04-04 16：04：40

今天深证指数在04041104 和04041351 都有背驰的样子，但前者没怎么回调就直接上去了，而后者却回调那么多，请问缠姐这个该如何判断啊？

我在第一个背驰的时候参与了一下，谁知道差价肯本没多少，到了第二次我就没参与，谁知道又回调了那么多。真是痛苦啊！

缠中说禅 2007-04-04 16：41：37

不用看复杂的东西，就像今天深证，请看看1分钟图的MACD，你看看你说的两个点之间有什么大的区别？

扫地僧：两个背驰的级别不同，一个是1分钟以下级别的，一个是标准的1分钟级别的背驰。见图151。

[匿名] 禅迷 2007-04-04 17：27：33

老师，以前您曾提到沪深指数背离，大盘一般要调整了，以往几次通常是沪市指数涨幅超过深市，那像今天这种情况深市比沪市走强这么多，大盘可能会怎样呢？

期盼老师指教，谢谢。

缠中说禅 2007-04-04 17：37：43

原因不是已经说了，深证成份指数代表的是优质二线股，上证指数只是超级

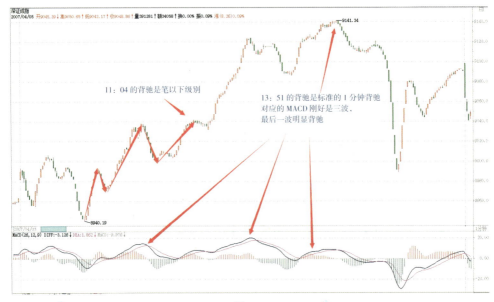

11: 04 的背驰是笔以下级别

13: 51 的背驰是标准的 1 分钟背驰对应的 MACD 刚好是三波，最后一波明显背驰

图 151

大盘股的指数，深证也没比上证强，连上次两高点连线都没破，上证早破了。上证不跟着走，所以就有了今天的震荡，如果还不跟，那就继续震荡，震到跟为止。

扫地僧：实战经验：当有一个指数强，另一个指数不跟的时候，一般会继续震荡，如果还不跟就继续震荡，震到跟为止。

2007 年 4 月 5 日

缠中说禅 2007-04-05 15：34：37

今天继续 10 元上下二线股行情，看看今天涨停股票有多大比例落在该区间就清楚了。尾盘一线大盘的偷袭，其实也不算太大问题，现在这种走势，对某些人确实够煎熬的。

深证由于已经离那条压力线很近，所以今天走得有点沉重，如果真能突破站稳该线，那深证成指的 1 万点，就在多方炮火下了。所以对于这条线，汉奸是不会轻易罢休投降的。1 万点，其实不算什么，以后上证指数也会有这一天，只是内地指数从来没有这样的位置，让散户、管理层接受，还需要一定的前戏。

目前管理层的心态也很微妙，而且中国的事情，经常搞平衡，汉奸现在也在到处哭诉，是否能打动某些地方，这种事情就不好说了。所以，太过乐观的情绪

是要不得的。目前最好的策略还是以稳为主，这不仅是对多方的正规军，对民兵、敌后武工队等也是一样的。

板块轮动，稳健地走，通过不同级别的震荡消除各种压力的，才是正路。像某些股票瞎搞乱来，这只会对汉奸有利。

缠中说禅　2007-04-05　15：36：14

明天汉奸可能会不高兴，毕竟这个星期什么都没干出来，老是涨也太没有意思了，本 ID 真是有点对他们失望，再这样下去，本 ID 都不想玩了。目前市场的关注很明显，就是本 ID 反复说过的二线、蓝筹、三线题材股。在买点买，在卖点卖，实在不行的，就看 5 日线，只要不破的，都是可以搞的。具体的个股没什么好说的，按图操作就是了。

扫地僧：当天的走势是 1F 上涨趋势结束后的调整，尾盘有一个急拉，是一线大盘股的拉升造成的，一般情况下，这种急拉不是太好的现象。见图 152。

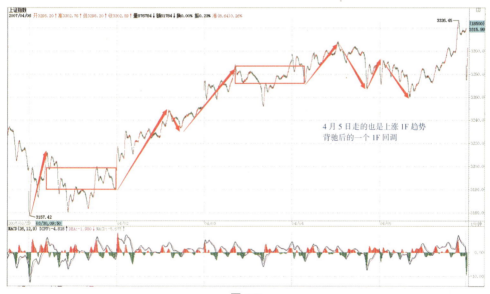

图 152

缠中说禅　2007-04-05　16：24：41

没有说大盘股就不涨，只是大盘股启动消耗太多能量，而且还需要一个好的理由，例如如果期货开了，要把空头打爆，那把中行夹上 20 元又有什么大不了的。

扫地僧：大盘股的启动需要消耗太多能量，而且需要一个好的理由。例如业绩、估值比价等。但如果有了股指期货，在逼空的情况下，中行拉到 20 元以上也是可能的。

2007 年 4 月 6 日

缠中说禅　2007-04-06　15：32：12

今天深证已经实现对那条压力线的冲击，不过还没有突破站上去，某种程度上，这是汉奸最后的防线了，一旦突破站稳，那深证的 1 万点就在本 ID 的强大炮火下了。

昨天说了，汉奸现在也到处哭诉，在市场上没法成功，就在市场下努力，也亏汉奸干得出。希望下周汉奸能倾其所有，在这里大打一战，别搞到本 ID 都没兴趣搭理你们就没意思了。

目前，二线股的行情已经有点不可阻挡了，由于 10 元上下的股票不断往上顶，就促使整个股价结构发生松动，15 元、20 元、30 元甚至更高的二线股都被带动起来，由此也就知道本 ID 当时特别从 10 元上下二线股下手的深意。

现在，本 ID 的星火已经有点燎原，也就不必要一定是什么 10 元上下的，只要盘整到位，业绩支持的二线股，都要启动，从而整个股价结构上一台阶，为下一轮三线股的再启动腾出空间。

不过，任何时候都不应该追高，应该选择好买卖点，特别对于散户来说，否则，一个小的震荡就足以出问题。目前，在政策上存在微妙的地方，汉奸的哭诉能起多大作用，谁都说不准，那是另外一个战场的战争，这里就不方便说了。

扫地僧：这一段关于 10 元二线股的解盘讲的就是一种比价关系视角下的轮动，其逻辑主线是把 10 元上下的二线股（有业绩的）都往上顶，于是 15 元、20 元、30 元的二线股的价值就更加凸显，也会向上表现，而当 10 元的二线股都涨到了 20 元，那么 10 元下方的三线股就有了空间。这和一线成份股在牛市第一波打空间也算同样的道理。见图 153。

2007 年 4 月 9 日

缠中说禅　2007-04-09　15：33：39

大盘继续按剧本演绎，汉奸今天被打成了缩头乌龟，除了搞些小动作，没什么作为。上周上证一直在等深证突破该高点连线，今天深证以缺口形式突破，上证也就顺势起来。不过缺口的留下，也为后面的震荡留下借口，深证对该线突破的有效性也需要确认，从纯技术的角度，这缺口回拉的力量是短线最主要的压力。

个股方面，二线继续强悍，一线大盘，由于中石化等将有很好的业绩公布，

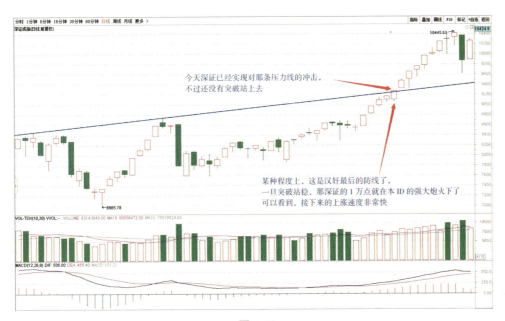

图 153

所以太压制，估计也有一点难度。目前这种良性的板块轮动只要保持，大盘的问题就不大。但短线的技术震荡是难以避免的，这可以根据短线指标进行一点的短线操作。当然，如果技术不好的，就别乱忙了，5 日线都不破的走势，看着就可以。

目前唯一可能引发大盘大震荡的，就是管理层的态度问题。但除非有人脑子进汉奸的水太多了，否则太严厉的转变是不可能出现的。这么好的局面，大家都要珍惜，尤其是管理层，别刚好了伤疤就忘了疼，折腾来折腾去，最多就害了散户，难道还能害得了像本 ID 这样的人吗？所以，听话，汉奸上门哭诉都给踢走算了。

扫地僧：除了技术之外，可以看到，缠师的消息渠道也是十分厉害，也会关注类似中石化何时出财报、业绩如何、哪个大家伙要上市、上市的具体时间等，一切可能影响市场的消息都有所关注。这些东西不是缠师一个人搞定的，一定是由专业的团队来服务，或者购买这种服务。缠师要做的，就是针对这些消息来看市场是如何反应的，以及如何利用这些消息的影响。这是有别于普通投资者的地方。见图 154、图 155。

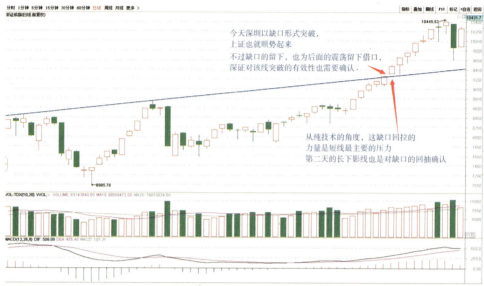

图 154

图 155

2007 年 4 月 10 日

缠中说禅　2007-04-10　15：25：20

昨天说了，由于中石化等业绩很好，大盘股是压不住了，那些说现在市盈率

如何如何的人，算一下中石化现在是多少？且不说今年依然可以高速增长。其实探讨这些没什么意义，只是汉奸总是拿这些说事，不妨也说说。

今天的震荡，就是对昨天缺口压力的一个反应，这在技术上说是很简单的情况，没什么特别的。

纯操作上，1 根 5 日线，反复强调，看好这就足够了，至于那些喜欢测顶的人，从 2000 点就测到现在，奉劝一句，千万别玩期货，否则死都不知道怎么死的。

不过，即使在最有利于多头时，也绝对不能得意忘形，任何时候都不能追高，在这种走势中，如果技术不好，用均线控制持有，这是最简单且有效的办法。如果要换股操作，一定要注意节奏，必须在某级别顶背驰抛了，然后盘中回跌确实站稳后再换，这样风险才小。一般情况下，技术不好的，最好别随便换股，轮动走势，只要是本 ID 反复强调的优质二线成份股以及那些业绩、送配优良的二线股票，肯定都会启动的。

扫地僧：如果要换股操作，一定要注意节奏，必须在某级别顶背驰抛了，然后盘中回跌确实站稳后再换。注意，这句话的意思是个股在某级别顶背驰抛了，然后盘中回跌，整体市场站稳之后再换，因为当你背驰卖出后，此时市场还未站稳，如果着急换，也许换入的个股还有更深跌幅。见图 156。

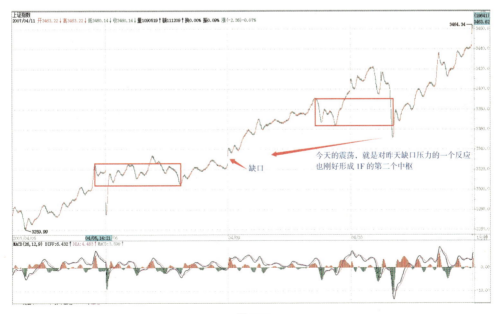

图 156

2007 年 4 月 11 日

缠中说禅　2007-04-11　15：38：12

前两天经常说中石化，就如同年前经常说联通，后面经常说中行一般，由此，这剧本的有趣地方，应该有点感觉了。汉奸原来不是很多工行要打压吗？那他们现在能对工行干点什么呢？把工行打压下 5 元？拉起来？现在中行已经成龙头了，看看两者的差价。其实，现在大盘的走势，就是一个现场直播，就那几只大盘股票，对指数起着关键作用，如何应用，什么时候用什么，大家应该好好体会，从年前开始，慢慢体会，这样会学到点东西。

至于大盘，没什么可说的，测顶的人是最无耻的，按他们的预测，他们早就尸骨无存了，还好意思出来晃？顶是干出来的，而不是测出来的，连这个最简单的道理都不懂？还是那句话，看不明白的就看 5 日线，技术好的，可以充分利用震荡先卖后买打短差、换股，但绝对不能追高。现在能打住大盘的，只能是管理层的大棒，否则，大盘将继续走到资金与筹码的能量平衡位置才能停下来休整，而这个位置是不可预测的，是干出来的。心态不好、心脏不好的，就半仓，这样出现什么情况都好办了。

个股就不说了，反正都是以前说的，现在是瓜田李下，只干不说。

扫地僧：这几个阶段都是这几只股票各自表现的时候，我们把缠师提到的这几只权重股的时间点标在大盘走势图中。见图 157。

图 157

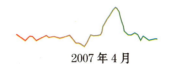

可以看到，每波上涨中，都会提到一只成份股，最后说中石化时，指数开始加速。也就是说，每波上涨中，都会有一只成份股起到重要的作用。再来看看这些成份股在各自的时间段内的表现。

工商银行：见图 158。

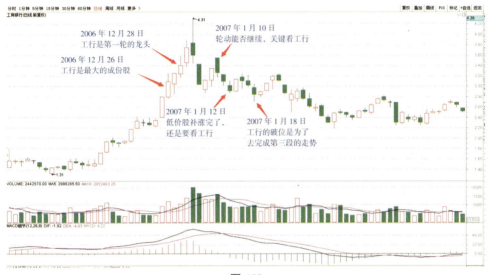

图 158

中国联通：见图 159。

图 159

缠论解盘详解之一（2006.11—2007.10）

中国银行：见图 160。

图 160

中国石化：见图 161。

图 161

可以看到，提到工行和中石化时，它们都处于加速期，而提到联通和中行时，它们处于刚构成中枢后，有企稳的迹象。其区别也是因为大盘所处的环境不同，说工行和中石化时，大盘也处于加速阶段，而联通和中行，却是大盘在构筑日线中枢的阶段。

2007 年 4 月 12 日

缠中说禅 **2007-04-12** **15：40：48**

在一片恐惧与测顶的大师忽悠下，本 ID 剧本中的深证 1 万点，已经在指边。

站在 20 年大牛市的视角下，深证这 1 万点就是小事，20 年的剧本，本 ID 已经写好，3 月 19 日加息那天开盘前，本 ID 贴出"神州自有中天日，万国衣冠舞九韶"的文章，从此，这行情走到现在，那就是剧本。当然，中途出现一定调整是正常的，甚至会有周线、月线级别的调整，但大方向是不可改变的。

任何企图阻挡中国崛起的人，最终都只能是历史的笑话，让市场按自己的节奏走。市场要调整，也按市场自己的节奏来。

个股就不说什么了，百花齐放、百家争鸣，二线股拉开空间，三线跟上，没什么大不了的。怕的是半仓；胆子大点的，就看 5 日线；技术好的，天天都是本 ID 理论利用震荡的天堂。真正从 2005 年下半年就开始的，如本 ID 一样的坚定多头，那就继续 20 年的剧本，把戏一直演到 2225 年以后再说。

扫地僧：少干预市场就是对市场最大的呵护，但在 2015 年 6 月的股灾，由于最后有人在股指期货上用高频交易的程序恶意做空，使得股市失去了流动性，最后关掉股指期货的做法是特殊情况，合情合理。

[匿名] 一粒米 **2007-04-12** **16：03：03**

缠 MM 好！

上证的量今天缩 79 亿元，深证增 20 亿元。两市昨天共计 2415 亿元，今天共计 2355 亿元，按理本次极限值为 2500 亿元吧，是否不用管理层出手，市场规律很快会起作用？（后市资金流入激减）

缠中说禅 **2007-04-12** **16：06：38**

这地方出现震荡调整都很正常，学习了本 ID 的理论，应该特别欢迎这种震荡才是。本 ID 反对的是政策干预。大牛市，也没必要死拿着，有大级别的卖点，也可以先卖再买。

多头，不是傻多头，是要充分利用震荡降低成本的快乐多头。

扫地僧：本人也反对政策干预，政策干预会给连续的走势带来缺口式的变

化。此外，多利用震荡降低成本。

大盘继上一个 1F 中枢之后，在 4 月 11 日出现了该中枢的三买，12 日当天又震荡出第三个 1F 中枢。见图 162。

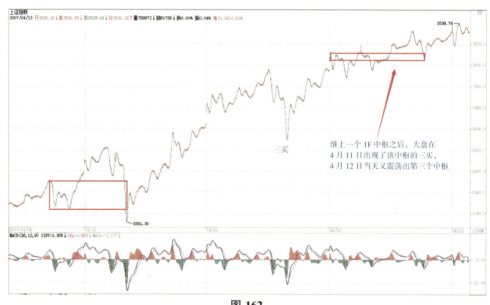

图 162

2007 年 4 月 13 日

缠中说禅　2007-04-13　15：33：16

正如昨天所说，目前是考验管理层智慧的时候，今天的走势很正常，尾盘下来就更正常了，这种 2：45 的跳水走势，又不是第一次了，技术上不难把握。这也是本 ID 反复强调的，利用技术先卖后买降成本的好机会。

基本面上，所有人对管理层可能的态度有点担心，而且深证 10000 点、上证 3500 点的第一攻击目标已经达到，进行震荡稳固本就是应该的事情，以退为进是最好的选择。现在就看管理层的短期态度，20 年的牛市，来日方长，本 ID 从来都反对急功近利。在目前位置展开整固，将有利于大盘以后的走势。

个股依然活跃，但本 ID 反对乱炒，这已多次说过，这样只会增加汉奸没哭诉的口实，最终将损害市场本身。今天有些股票的表现就有点过分了，这样，市场本身也要给予降温，让大家都冷静一下。本 ID 不愿意看到因为某些人的急功近利，损害市场所有人的利益。

扫地僧：即使在牛市，市场上涨也不能操之过急，2015 年的那波牛市就是如此，在配资的疯狂助推下，2015 年的牛市来得快，退去得也快，而且是闪崩，很多人都来不及反应，这就是资金操之过急的结果。

[匿名] 无限　2007-04-13　15：53：10

你好，缠 M，这种突然的行为，从盘面怎么能看出点先机。

缠中说禅　2007-04-13　15：56：00

这很简单，你看一下深证的 1 分钟走势图。看 14：45 是什么？

扫地僧：深证成指在 14：45 刚好是一个两重趋势背驰的区间套。此外，也说明一个看盘经验：当两个指数中，有一个指数出现了背驰，另一个即使没有顶出背驰，也要小心了，毕竟一个指数肯定要回落，势必会带动另一个指数也回落。见图 163。

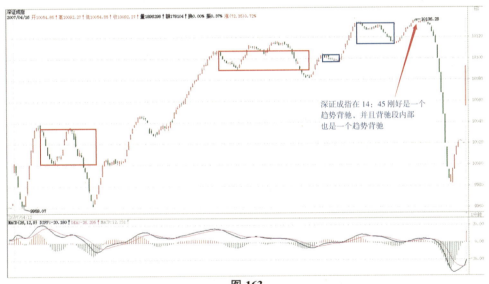

深证成指在 14：45 刚好是一个趋势背驰，并且背驰段内部也是一个趋势背驰

图 163

2007 年 4 月 16 日

缠中说禅　2007-04-16　15：25：25

周末没有任何消息就是最好的消息，所以今天的走势就极为正常了。那些测顶的大师们，如果弄期货，早破产几百次了，所以期货还是不要出来了，免得汉奸都去跳楼。

多次强调，一条 5 日线就比所有测顶大师要厉害 1 万倍，连 5 日线都不破的走势，你还有什么可担心的？当然，如果你技术可以，每天都可以利用震荡来换

股、打差价。如果技术不行，就看 5 日线吧。至于那些测顶大师，那就继续伸长脖子等大阴线吧，真出大阴线，你们也不敢买，最多就忽悠自己怎么厉害，知道一定会调整，可惜，这些人从 2000 点、3000 点就一直说调整，2 月 27 日也只让你们高兴了一天，你们那天敢买吗？大阴线又和你们有什么关系？现在空仓的，唯一办法就去反省，看是什么心态造成的。偷心不死，自然有这样的结果。有这么大的头，才戴那么大的帽子，顶都给你们测去了，本 ID 之类的人吃什么？

本周当然会有震荡，这就像说面首都是男的一样没意义，关键是如何通过震荡降低成本，而不是把震荡当成自己预测如何准确的谈资。股票如面首，是用来操作的，不是用来谈论的。目前，关键还是管理层的态度，只要他们的态度没有明确地打压，那就不会有任何大问题。操作上，追高就没必要了，空仓的就看着吧，好好反省；其余技术不好的，继续看 5 日线，技术好的，看好 1 分钟、5 分钟的小背驰做震荡。

扫地僧：见图 164。

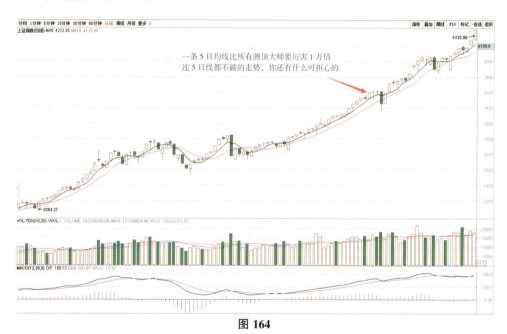

图 164

[匿名] 瞎鼓捣　2007-04-16　15：35：04

感觉今天那个 1 分钟的下跌勉强还能看出来，回补的位置就毫无征兆了。我用两秒钟图都看不出来有回补的信号。

缠中说禅　2007-04-16　21：17：11

你看看 1 分钟图，今天在 1 分钟上就没有背驰过，只是下午有一个很小的 1 分钟级别下的盘整背驰，这种情况下，就不一定要弄短差，就算弄，也是换股。有时候不能太短，如果你的技术特别好，1 分钟以下也是可以操作的，但前提是你能把 1055~1346 点这中枢三段分清楚。

［匿名］乐土　2007-04-16　21：42：14

老师：您好！

今天 13：30 前我减仓一半，但随后的下跌过程中却没出现 1 分钟低背驰就直接向上不回头了，多头是不是急了些）同时也表明大盘加速上行的可能性较大？

谢谢！

缠中说禅　2007-04-16　21：47：44

大盘为什么要出现 1 分钟底背驰才能回头？今天连 1 分钟的顶背驰都没出现过，只是 1 分钟级别以下的，下午的跳水，把那中枢第三段给完成了，当然就可以继续上。至于大盘加不加速，这属于预测，最好把这习惯给改了。

扫地僧：大盘在 4 月 13 日是第三个中枢延伸，然后 16 日开始逐渐摆脱该中枢继续向上。见图 165、图 166。

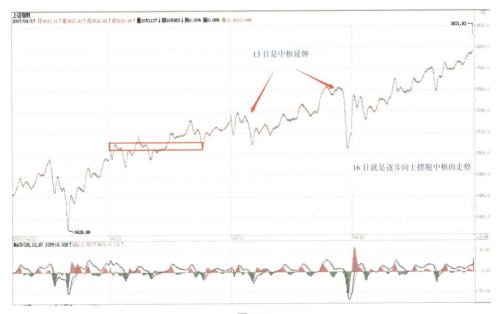

图 165

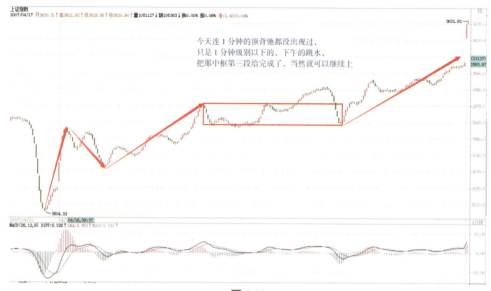

图 166

2007 年 4 月 17 日

缠中说禅　2007-04-17　15：38：56

今天，你爽了吗？这样的震荡，就是本 ID 理论的天堂，打开 1 分钟图，看看 1030 和 1340 这两个点是什么，如果还看不明白，更重要的是，如果当时还没有反应，那你还需要多学习。暂时学不会的，本 ID 已经给了一个最简单的武器，5 日线。当然，这会错过很多短差机会，但比那些测顶大师要厉害多了。

今天之所以有这样的震荡，其实很简单，因为明天有重要数据公布，但今天有一个更重要的消息，就是以后到香港上市，一定要 10 亿美元以上，这就充分说明了，目前的管理层依然是山东人，这么好的市场，能解决大问题，不充分利用，那真傻了，希望管理层继续山东人下去，但本 ID 依然不准备表扬他们。当然，今天还有人忽悠到某日报上写文章了，这种破伎俩都要使用，汉奸也真窝囊。

但在最顺利时，也必须谨慎，市场永远是风险市场，股票永远是废纸，任何追涨杀跌的行为都是自寻死路。明天的数据影响短期走势，如果数据不好，有大的加息预期，则继续震荡也是很正常的，但大方向是不变的。而且，加息是一件很无聊的事情，如果还用，真有病了。

个股方面，没什么可说的，二线拉开空间三线继续，这早说过了。但必须指出，有些人的操作太乱，如果技术不行，难道持有都办不到？像那 14 只里的，今天还一大半再创新高，有多少人拿住了？600578、600777、000915 这些前面特慢的，还有人有吗？前面反复强调过，不在 14 只里的那 VC 股，估计没人拿住了吧？中小板的小盘股，中线如何关注，大概也没有人有耐心了。

注意了，那些股票涨太多没买就算了，本 ID 是反对任何追高的，昨晚说过，如果有耐心的，可以去选择估计把业绩搞坏的那些股票，如果公布坏业绩反而走好的，就好好看着，特别那些价位不高的。这种手法，并不难发现，找好买点进去就可以。现在，监管时段，本 ID 也不好说具体的，只能描述一下方向。

扫地僧：大盘在 10：30 的时候并没有新高，但深证成指是有新高从而出现背驰。见图 168。

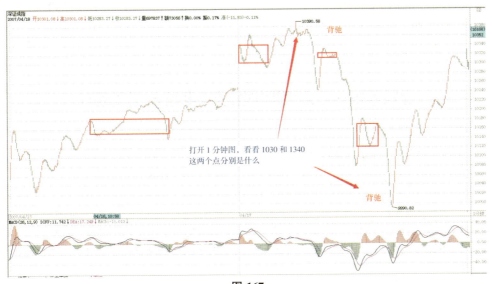

图 167

2007 年 4 月 18 日

缠中说禅　2007-04-18　15：38：33

今天是一个比较强的强平衡市，从纯技术的角度，一旦明天不能马上从这里往上突破，就至少会出现盘整级别延伸。也就是说，明天如果不能出现这两天震荡所形成中枢的第三类买点，则下破 5 日线的可能就加大了。当然，如果明天很快就站在今天盘整区间上震荡上行，那就继续观察下一个中枢的上移。

上面说的是纯短线技术方面的问题，基本面上，该出的消息被推迟，也是造

成今天走势的直接原因，但这东西本周一定出来，究竟有多大意义，估计只对基金等有影响。但这轮行情，基金丑态毕现。

今天最好玩的事情就是汉奸基金的破事被公开了，当然，这事情本 ID 早知道，而且本 ID 那 14 只股票里有两只 999、343，那汉奸都有，所以当时 999 打回 14 元下时，本 ID 就说过，不想让汉奸以及老鼠仓出太高了。本 ID 以前说过，要实验一下狙击基金，探讨一下把基金清盘的可能，本 ID 的话不是白说的。文章还在，有兴趣者可以去复习一下。

今天，本 ID 有点想八卦一下，因为今天 000416 第一个翻出两倍多，这是元旦后说的 3 只里的 1 只，调查一下，有谁能从 3 元拿到现在？其他，000777 等很快也两倍了，还有人拿着吗？如果都没有，那么为什么？是不是操作上有些问题需要解决？那 14 只个股，从元旦开始平均涨幅超过了 100%，如果元旦到现在不超过 100% 的，必须彻底反省自己的操作。

扫地僧：基金是上投摩根，破事儿就是老鼠仓。见图 168。

上投摩根一基金经理被指涉嫌老鼠仓 公司否认

http://www.sina.com.cn 2007年04月19日 01:30 东方早报

上投摩根称"公司"未受调查

早报记者 肖莉 实习生 董芹

基金经理唐建从来未像今天这般被媒体关注。昨天有报道称，这位陷入家庭纠纷的基金经理近日涉嫌"老鼠仓"被举报，中国证监会已介入调查。其所在的上投摩根基金管理公司昨天表示，唐建8小时之外的个人生活与公司业务无关，公司并未收到关于唐建的任何举报，公司也未受到监管机构的任何调查。

网易首页 > 财经频道 > 证券 > 正文

上投摩根被逼曝光"老鼠仓"　　唐建认罪被辞退

2007-05-17 04:25:08 来源：东方早报(上海)　　　　　　　　　　⚠举报

图 168

当天的大盘其实是一个两重区间套，1 分钟级别上，是一个盘背，在 5 分钟图里看得更清晰。见图 169、图 170。

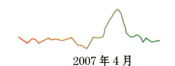

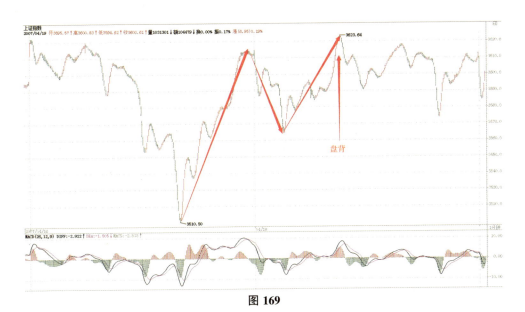

图 169

图 170

　　在 5F 级别上，第三个 1F 中枢最终扩展出了 5F 级别中枢，然后有一个 1F 级别的离开，从而构成 5F 级别的盘整背驰，在 15 分钟图里看得更清楚。见图 171、图 172。

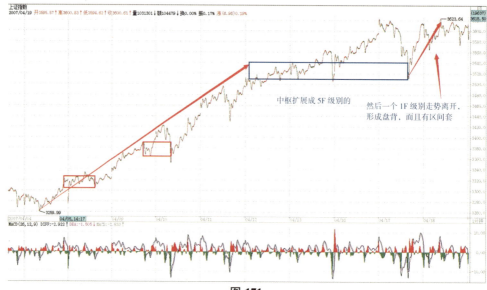

图 171

图 172

2007 年 4 月 19 日

缠中说禅　2007-04-19　15：37：29

今天走势很正常，技术上的道理，昨天已经说了，就算搞不清楚昨天说的，

5 日线下破以及 04191108 中枢的第三类卖点，都让你有足够时间去反应。牛市就是快跌慢涨，卖了就要找机会买回来，否则，牛市与你无关。基本面上，数据最终如何，问题都不大，就算是加息，也没什么大不了的。

今天 10：30~13：30，三 K 线形成 3520 点上下的中枢，短线就看这能否重新上穿，一旦上穿站稳，就继续原来走势。当然，站在本 ID 的角度，完成深证 10000 点，上证 3500 点的第一目标，是希望在这里出现一个整固过程，这在前面也说过，这样才会比较稳健。当然，目前资金流入太快，本 ID 这类稳健的想法，不一定能得到市场的认可，本 ID 只看市场的反应，市场想干什么都可以。个股方面，补涨的、故意玩坏业绩的，都会继续表现。

继续八卦一下，今天这样的走势，可以把人分为几类：①吓傻了。②被夹空在说，我都说要调整的，其实从 3000 点开始就说了，今天终于可以自渎一下。③实干型，一看早上开盘没有形成第三类买点可能，就先走，最迟在 04191108 懂得把有卖点的股票走掉的，然后等待买点回补。④激进型，在大跌中还敢于对有买点的股票发动进攻。真正做到只关心买卖点，有卖点就卖，有买点就买，不会被大盘的波动而影响。

请问，你属于哪一种？

[匿名] 巴索林　2007-04-19　15：56：46

俺是第 4 种，只是对买卖点把握还是不太准，比如下午就分批进了几次，再次严重检讨，好好学习。

缠中说禅　2007-04-19　15：59：24

必须等待真正的背驰，而且这种走势，从心理上也知道肯定要跌到 14：30 以后。这是一个经验问题。就像跳水经常在 1445 分一样。

扫地僧：背驰后第一次快速大幅下跌后，如果能快速回到中枢上方，走势往往继续延伸。见图 173、图 174。

第二天还专门写了一课《教你炒股票 47：一夜情行情分析》，详细地解说了今天的行情走势，具体的解盘在《缠论 108 课详解》一书中有详细讲解。

2007 年 4 月 20 日

缠中说禅　2007-04-20　15：25：57

抓紧时间写两句，今天晚上有两件事情，21：30 回不来。

大盘今天的走势太正常不过了，几乎就是一个无中枢的上扬走势。昨天已经说了，今天只要重新站稳 3520 点，就继续原来走势。今天前 1 小时就确认了

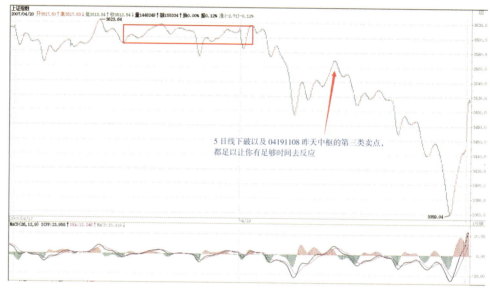

5日线下破以及04191108昨天中枢的第三类卖点，
都足以让你有足够时间去反应

图 173

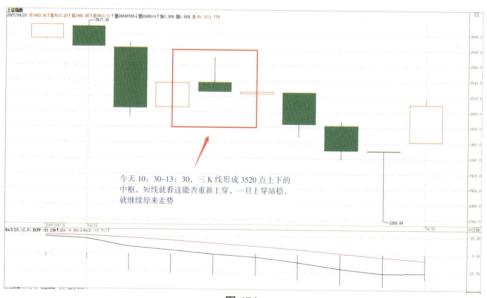

今天10：30~13：30，三K线形成3520点上下的
中枢，短线就看这能否重新上穿，一旦上穿站稳，
就继续原来走势

图 174

这点，今天这种走势还害怕，那就是心态问题了。整天惊弓之鸟一般，怎么参与市场？

当然，为了让稍微中线点的人安心，就看5周均线，这线不破，稍微中线点的人基本可以不看盘。当然，短线还要去确认 5 日线的重新站稳，这是下周的主要任务，站不稳，还继续震荡，对于短线，只要看好 5 日线就可以。

当然，如果技术好点的，可以继续用中枢震荡的方法来看大盘走势。马上要开会了，就不多说了，请把本文好好研究一下，方法是一样的。

扫地僧：当出现大跌时，如果能很快就站稳大跌时构成的中枢，则原趋势继续。见图 175。

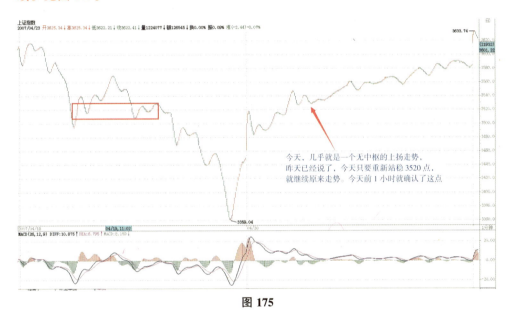

今天，几乎就是一个无中枢的上扬走势，
昨天已经说了，今天只要重新站稳 3520 点，
就继续原来走势。今天前 1 小时就确认了这点

图 175

2007 年 4 月 23 日

缠中说禅   2007-04-23   15：19：01

大盘今天走得很正常，没有形成任何中枢的单边上涨，周五站稳 3520 点后就继续原来的上涨走势，所以就创新高，这在技术上 100%没什么可说的。这种走势还如惊弓之鸟的，那心态绝对有问题了。对于技术不行的，本 ID 已经给出一个最简单的方法，中线看 5 周均线，短线看 5 日线，这都操作不好，那就没办法了。

有些人整天换股，这其实没问题，但这需要好的技术支持，如果你经常换股，被换的股票大涨而换的不涨，那就证明你没资格去换股，乖乖拿着等着，你的技术达不到换股、弄短差的水平。人贵有自知之明，市场操作，这点更重要。不是什么活都适合所有人的，如果你希望能达到更高的水平，就需要更刻苦地学习，在没学好之前，就采取相对保守的做法，这才是可行的。

缠论解盘详解之一 (2006.11—2007.10)

由于今天留下缺口，从最强势的角度，这缺口在今后三天的整理中能不破，就构成所谓的突破性缺口，这样，大盘中短期的上涨目标就大大拓展了。当然，这无须预测，市场自然告诉你。这缺口，成为今后行情的重要下拉与支持力量。也是今后几天大盘震荡的主要技术因素。

扫地僧：经常换股是需要技术支持的，如果技术能力达不到就不如一直持有一只。见图176、图177。

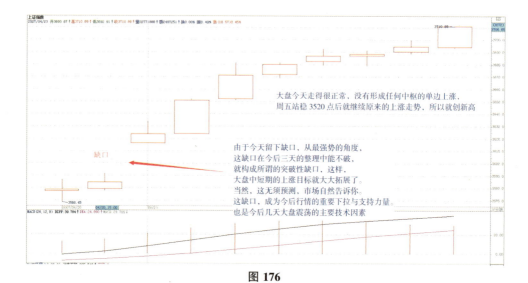

图 176

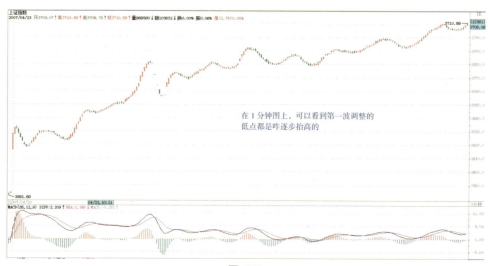

图 177

154

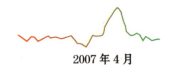
［匿名］钱龙　2007-04-23　21：03：23

缠主好，不是说三根 K 线有重叠当成一个每天走势上的一个中枢吗，今天 30 分钟图上第 2~4 不是有重叠吗，今天应该算有一个中枢的走势，不是吗？

希望已明白的同学也帮忙看一下。

缠中说禅　2007-04-23　21：37：57

说 5、6、7 有点重合还说得过去，3、4、5 没有重合，但那重合很小，所以本 ID 说几乎没有中枢的，准确地说，还是有一个范围很小的中枢在 5、6、7 三 K 线的重合部分。

［匿名］新浪网友　2007-04-23　21：45：33

这可真糊涂了，K 线 5 和 7 一点都挨不着，不知怎样才算重合，请缠姐解惑。

缠中说禅　2007-04-23　21：51：11

一个最高 3892 点，一个最低 3688 点，怎么没重合？严格来说，4、5、6 也可以算是有点重合，但这些几个点的重合，在大的看盘中都可以忽略不算。一般标准的分时图中枢，怎么都要有 10 来个点的幅度，所以本 ID 说今天几乎可以算是没中枢的。

扫地僧：什么样的重合算，什么样的重合不算，还是要看小级别里的走势结构。见图 178。

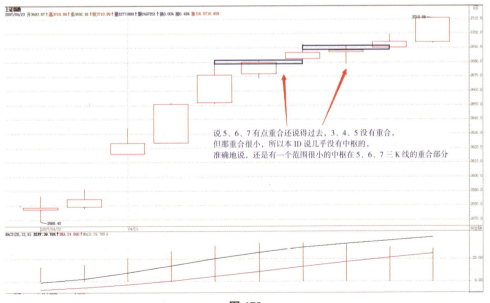

说 5、6、7 有点重合还说得过去，3、4、5 没有重合，
但那重合很小，所以本 ID 说几乎没有中枢的，
准确地说，还是有一个范围很小的中枢在 5、6、7 三 K 线的重合部分

图 178

2007 年 4 月 24 日

缠中说禅 　2007-04-24 　15：23：54

今天大盘在昨天的一个小中枢 3688~3692 点受到支持，下午的 5 分钟盘整顶背驰，应该不难把握。从这就可以知道，每天之间的当日走势还是有一定技术意义的。今天，一个平衡市，收得一般，由于 5 日线明天就上来了，所以关键还是 5 日线，站稳就寻机上攻，否则就要受到昨天缺口的吸引。今天这种平衡市却是巨量的走势，关键就是要有效向上突破今天的中枢，否则大幅震荡不可避免。今后两天走势十分关键。睁大眼睛看好明后两天的走势，下面 3688~3692 点小中枢不能有效被跌破。

目前就是前面本 ID 所说，二线拉开空间，三线补上来的走势，但这种走势，必须有一个转换，使得成份股能重新启动，否则也是震荡难免。目前走势，不要随意换股，该换的早该换了，如果是短线的，就要由今天中枢最后的演化方向来决定进出，中线的就无所谓了，看 5 周均线。

扫地僧：因为现在的节奏还是三线补涨，那么行情要想继续向上走，就还要一二三线地再来一次轮动，于是，一线成份股还要再重新启动。同时，也只有一线成份股启动，才能让指数快速离开这新形成的中枢。见图 179。

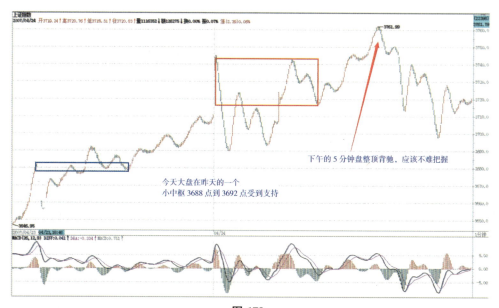

图 179

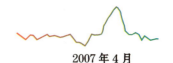
2007 年 4 月 25 日

缠中说禅　2007-04-25　15：25：17

就算你对本 ID 的理论只有幼儿园水平，那今天的走势都一定难不倒你。一开盘的低开，然后很快拉回 3688~3699 点的前天小中枢，这就意味着，中枢震荡依然继续，没什么大问题。前 30 分钟走出来后，这平衡市的形态以及震荡幅度就基本确立了，今天属于最平衡市那种，前 30 分钟就确立全天高、低点，下午那下探，对于短线对冲的，就像送钱一样。

纯技术上，04241335 和 04251030 的连线必须突破，否则就会被技术派看成是所谓的喇叭形态，从大点看，从 04240931 开始的 3689~3745 点的 5 分钟中枢延伸什么时候结束，就看明后两天是否形成第三类买卖点了，这一切无须预测，大盘自然会告诉你。

板块方面，昨天已经说了，今天需要一个板块的切换，成份股要重新走起来，这切换还可以，毕竟基金也要面子，"五一"前也需要一个好的市值，做人不能打击面太宽了。

但是，大盘最近一点都不疯狂，反而最近汉奸有点疯狂，自编社论到处流传，还在国外金融报纸上大声谩骂，这种人，该怎么处理，各位可以讨论。

扫地僧：高点之间的连线是压力线，低点之间的连线是支撑线，这对技术派是有重要的参考作用的。见图 180。

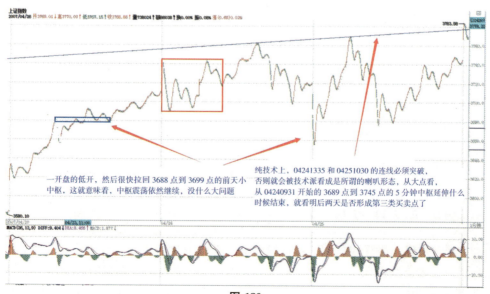

图 180

2007 年 4 月 26 日

缠中说禅　2007-04-26　15：21：18

大盘今天又是一个典型的平衡市，高低都在前 30 分钟 K 线出现，这种走势的处理很简单，就不多说了。明天只要能站稳 3745 点，就继续向上发展，现在这种 5 日线都不破的走势，确实没有什么可说的。

说实话，本 ID 现在就想放假了，那交易所也够混的，下周一还单独开一天，这样周线上就有一个量特别小，看起来一点都不美观，还不如明天结束，7 日开盘。你说你还开盘，本 ID 又不能离开，免得被人捣乱，大概很多人都有这种想法，简直无聊透了。

扫地僧：当中枢延伸时，重要的参考不是后面的延伸，而是中枢刚形成时的高低点。见图 181。

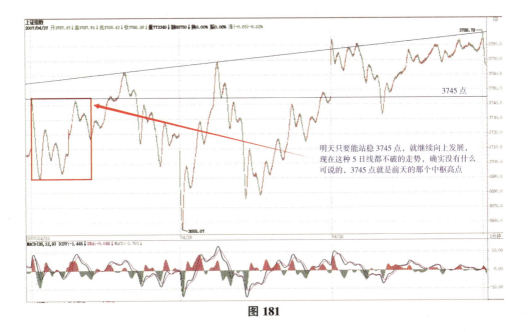

图 181

2007 年 4 月 27 日

缠中说禅　2007-04-27　15：14：36

今天大盘跌破 3745 点，所以就形成不了第三类买点，大盘的震荡依旧，因此下午的突然拉起，就是一个好的短差机会。下午的冲高力度，技术上应该和

04260930 那次比，显然 MACD 没有同时创高，所以那就是一个震荡的卖点。当然，这都是很短线的活动了。只是用当下的例子说明一下理论的用法。

目前 3745 点为上边的 5 分钟中枢已经扩展为 30 分钟的，3720~3761 点，短线就是这中枢的突破方向。虽然放假前只有一天，并不意味着就天下太平，春节前，汉奸最后一天最后十几分钟还发难，所以最后一天的走势，并不是高枕无忧的。

扫地僧：这里是 9 段扩展成高级别中枢。见图 182。

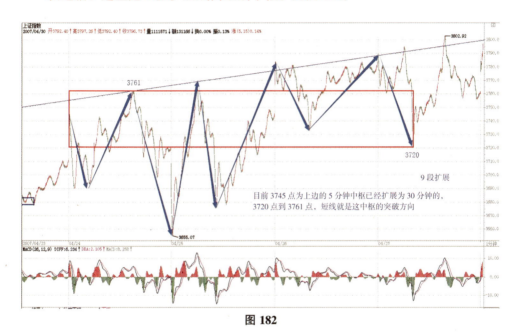

图 182

2007 年 4 月 30 日

缠中说禅 2007-04-30 08：36：12

本来，本 ID 早上不想多说的，后来还是八卦一下，让大家别先入为主，以为有什么大幅低开。想想周五那些跑消息的人，为什么让他们能回补？

估计"五一"节，汉奸们会到处哭诉。汉奸存在的最大好处，就是让不坚定的人跑出跑入，为券商贡献，从而让与券商相关的股票有更大的基本面支持。所以，站在这个角度，汉奸真是功劳大大的。

今天，999 也翻两倍了，这本来早该完成的任务，就是因为那汉奸基金的老鼠闹迟了，这些事情就不说了。给各位一句话就是，花心大萝卜是需要有技术、

有实力的，如果没有，就专一点。如果你想当花心大萝卜，但收益竟然没有专一的好，那你就没资格当花心大萝卜。

　　扫地僧：4月30日那天，000999突破18元，建仓时是6元附近，翻了两倍。

　　频繁换股是需要有好的技术，有实力作为基础的，如果没有，就不要频繁换股。

见图183。

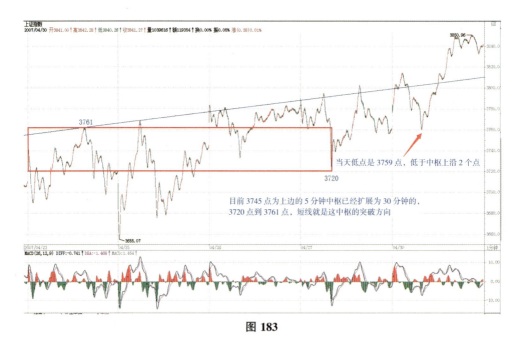

图 183

2007 年 5 月

2007 年 5 月 8 日

缠中说禅　2007-05-08　15：28：53

今天的走势，用脚趾都能预测到，但依然无须预测。而实际出现的走势，却并不像所表现的那么强，因为大盘只是出现一个强的平衡市，这种留下大的缺口后的放量平衡市意味着今后几天下面的缺口都是大盘短线一个挥之不去的心病，大盘震荡难以避免。

当然，这里讨论的都是很短线的走势，一般地，短线还是继续看5日线，中线看5周线，不破就拿着。而对技术有更高精确度追求的，就可以关注其后短线上出现的背驰进行操作，而不是去预测大盘是否真的要补缺口。还是那句话，不是等跌了再找卖点，涨了再找买点，那就晚了。大盘中线的走势以及具体的点位意义，综观现在所有人，都搞不清楚大盘在纯技术上究竟在干什么。本ID已经写好一篇文章，有些特殊的原因，现在不能发出来，等该发的时候，本ID会发的。

个股没什么可说的，而且具体的个股也要根据自己的走势来决定进出，很多比大盘要强的个股，就算大盘要补缺口，反而要大幅上扬。个股操作上一定要注意，技术不好的，即使是短线，也就看5日线，不破，就拿着，不要习惯性乱跑，否则大盘一震荡，左右挨巴掌。另外，心态一定要好，如果卖早卖错了，也没必要追高去买，等一个短线买点再介入不迟，大盘震荡中，这种买点不难发现。

扫地僧：大缺口后的放量平衡市，意味着下面的缺口都是大盘短线的压力，大盘震荡难免。见图184、图185。

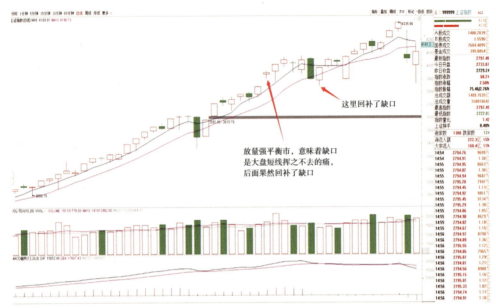

这里回补了缺口

放量强平衡市，意味着缺口
是大盘短线挥之不去的痛，
后面果然回补了缺口

图 184

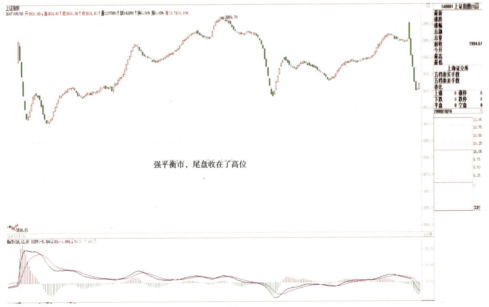

强平衡市，尾盘收在了高位

图 185

2007 年 5 月 9 日

缠中说禅　2007–05–09　15：25：06

各位今天爽吗？这样的震荡简直是一个最好玩的游戏，这一点，昨天已经给予了最大的提示。今天没把缺口完全补上，这问题不太大，主要是今天看着缺口来的人太多了，个个争着提前量。至于技术不好的，昨天也说了，看 5 日线，不破就上上下下享受一下，也不错。

当然，4000 点的突破不可能一下就确认完成，这里的震荡依然少不了，技术点说，就是要在这里形成一个有效的有点级别的中枢，然后出现该中枢的第三买点，才能确认突破的有效性。这个过程在理论上当然有失败往下形成第三卖点的可能，所以一切无须预测，看图操作是唯一正确的。

个股没什么可说的，只是很想八卦地提一个问题，你说，那些在春节前后，号称 5 元都不上本 ID 联通的人，今天会想点什么问题？关于春节前联通在这里的现场直播，不会都忘了吧？

扫地僧：在重要关口突破之前，一般是要形成有点级别的中枢，然后再出现该中枢的第三类买点，才能确认突破的有效性。见图 186、图 187。

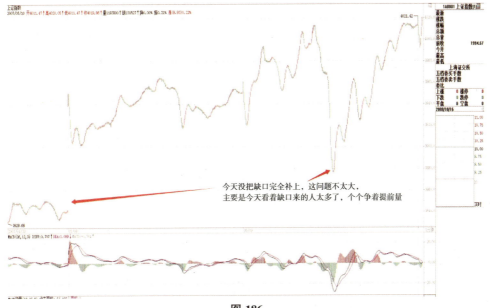

今天没把缺口完全补上，这问题不太大，主要是今天看着缺口来的人太多了，个个争着提前量

图 186

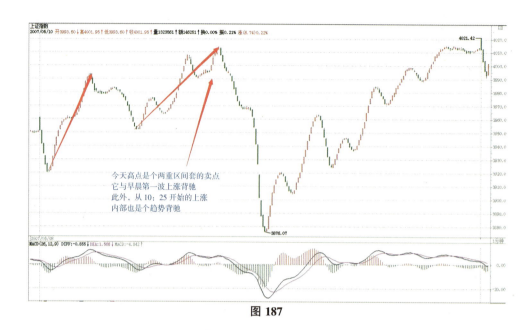

今天高点是个两重区间套的卖点
它与早晨第一波上涨背驰
此外，从 10：25 开始的上涨
内部也是个趋势背驰

图 187

2007 年 5 月 10 日

大牛市的序幕，还未真正拉开（2007–05–10 15：56：10）

股市走势看似复杂，其实有规律可言。这轮已延续两年的上涨行情，在技术上其实十分简单，为了能清楚说明，必须先揭示一个上证指数的历史走势规律。为了简单起见，只以月线为例子。1992 年 5 月，上证指数创出 1429 点的第一个历史高点，其后的历史高点，都与该点位及时间有着密切关系。

1993 年 2 月，上证指数 1558 点的历史性大顶，恰好触及 1429 点开始，每年上涨 180 点，每月上涨 15 点的压力线，当月该线在 1429+15×9=1564 点。

2001 年 6 月，上证指数 2245 点的历史性大顶，恰好触及 1429 点开始，每年上涨 90 点，每月上涨 7.5 点的压力线，当月该线在 1429+109×7.5=2246.5 点。

以上两个历史大顶都是上证指数历史上最重要的顶部点位，都与 1429 点开始的按某速率上涨的压力线高度相关，这显然不能以巧合来敷衍解释。有人可能要问，相应速率是否随便设置？答案是否定的。

任何人都知道，圆周是 360 度，这构成分析的基础。以每天上涨 360 点为基准，相关压力线速率以其 1/4、1/2、3/4 等比例构成。显然，在上述两例子中，压力线速率分别由 1/2 和 1/4 构成。

由此不难理解，从 2007 年 1 月开始的 3000 点下盘整，不过是突破 1/4 线后

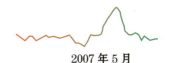
的强势回调整理，3 月，该线在 1429+178×7.5=2764 点。经过 1~3 月的调整，在 3 月初确认对该线突破的有效，而所谓的 227 大暴跌，不过构成对该线的最后一次回抽确认，其后出现的大幅上涨，在技术上理所当然，不过是 1/4 线突破确认后，展开对 1/2 线顺理成章的攻击。只是不学无术的空头，对此茫然不知，演出了一场企图在 2700 点放空的闹剧。

5 月，1/2 线在 1429+180×15=4129 点，该点位在技术上有强烈意义。从时间上看，1429 点开始有着同样重要的历史规律。1558 点与 1429 点相差 9 个月，2245 点与 1429 点相差 9 年，而现今 5 月，是 1429 点以来的 180 个月，360 的一半，一个极为重要的时间之窗，其后，不发生点儿事情，显然是不可能的。

扫地僧：这里讲的就是后面经常提到的 1/2 线、1/4 线的由来。见图 188。

图 188

从纯技术的意义上看，1/2 线能否有效突破，是考验本轮大牛市的真正试金石，不能有效突破该线，将使得受制于十几年来 1/2 压力线的运行模式依然延续。反过来说，到目前为止，这两年股市的上涨极端温和，是旧有的股市运行内在速率引导下的恢复性上涨，没什么可大惊小怪的。从某种意义上说，只有真正有效突破 1/2 线，一轮脱胎换骨的大牛市，才真正拉开序幕，否则，不过是以前节奏、速度与模式的重复而已。

因此，能否有效突破该线，构成对多头的真正考验，而空头，必然以此为屏

障展开反攻。围绕该线的争夺，将构成两年以来第一次真正有分量的多空对决，一场决定行情新旧模式的大对决。相应走势，只有三种可能的演化：

（1）在该线前止步或在该线上形成多头陷阱进而形成一个大级别顶部。

（2）突破该线并围绕该线进行强势的、如1~3月在突破1/4线后进行的类似盘整，然后寻机突破。

（3）强力突破并远离该线后，以一个强势的回调来确认对该线的突破，然后再展开对3/4线的攻击，目前该线的位置在1429+270×15=5479点。

无论市场采取哪种选择，对该线的突破、回试、确认等，都至少需要3个月的时间，因此至少在7月之前，该线将主导着大盘的走势。至于大盘究竟采取哪种选择，无须预测。一切市场走势都是市场所有参与者合力的结果，并没有上帝事先确定。而市场的选择，当下在走势中呈现，只要对市场日线以下级别的走势规律有足够认识，不难从中提前发现。

无论市场最终如何选择，都不过构成超级大牛市的一个小片段。该1/2线是新旧两种模式的分水岭，一旦有效突破这每年上涨180点、一直控制大盘十几年的压力线，就能把该线有效转化成其后行情发展最坚实的底部支持。突破是迟早的事，而基础打得越扎实，对行情发展越有利。

缠中说禅　2007-05-10　15：36：28

本ID昨天说，今天要继续震荡。但估计到14：45前，所有人都以为本ID说错了，以为那些忽悠今天要冲多少多少点的股评对。结果怎么样，就不用本ID说了。震荡，不一定是绿盘狂跌才是震荡，就像一个中枢，在下面震也是震，上面震难道就不是震了？今天尾盘的下来，在技术上严格保证，小级别的背驰当然是原因，还有一条就是中枢的走势必完美原则，不明白的，要加倍学习。

关于4000点上下的震荡形成的中枢，要突破，向上要有第三类买点，否则，依然存在向下变盘的机会。在第三类买点出现，中枢完结前，震荡继续。用分时中枢概念看，昨天是一平衡市，今天也是，但今天中枢的位置向上移了，明天就面临三种选择，强的继续上移，中的围绕今天中枢震荡，弱的回试昨天中枢，从而让一般概念意义上的中枢形成级别扩展。根据明天开盘的走势，这一点不难分辨。

这些都是很短线的活动，脑子不够使的，就看5日线就可以，本ID说过多次，要量力而为，用自己最精通、最有能力控制的方法，花心萝卜不是人人能干的，要成为花心萝卜，要学很多功夫的。

扫地僧：走势和中枢一直都是解盘中的重点，也是最核心的东西。见图189~191。

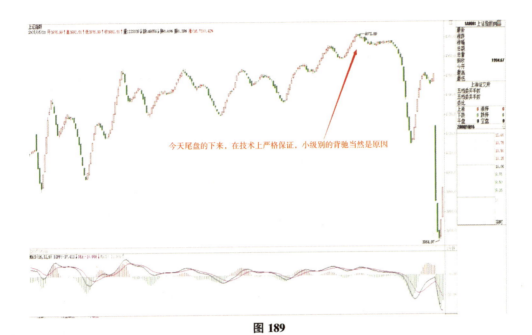

今天尾盘的下来，在技术上严格保证，小级别的背驰当然是原因

图 189

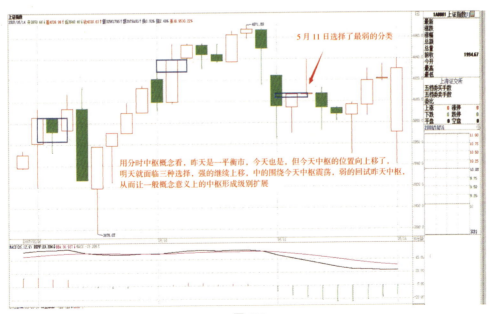

5 月 11 日选择了最弱的分类

用分时中枢概念看，昨天是一平衡市，今天也是，但今天中枢的位置向上移了，明天就面临三种选择，强的继续上移，中的围绕今天中枢震荡，弱的回试昨天中枢，从而让一般概念意义上的中枢形成级别扩展

图 190

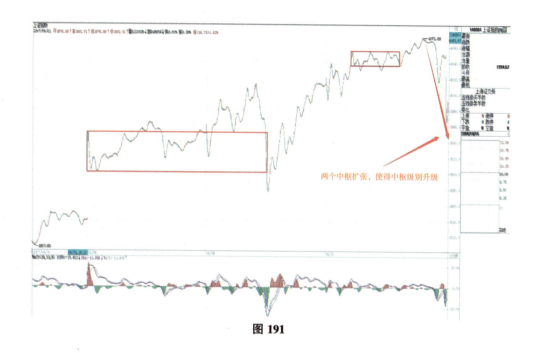

图 191

2007 年 5 月 11 日

缠中说禅　2007-05-11　15：19：34

昨天说的三种当日中枢情况，一开盘就确认是最弱一种，因此，在这里形成中枢扩张是理所当然的。知道比空头、汉奸更可恶的是什么吗？就是不学无术的多头，那些号称破多少冲多少多少的傻瓜。本 ID 前几天已经明确说过，4000 点不是那么容易站稳的，必须是一个中枢后一个第三类买点才能确认，没出现之前，就是中枢的形成与震荡。在本 ID 的理论里，无所谓空头多头，只有见买点买卖点卖，这是必须知道的。那么为什么本 ID 长线是多头，因为长线没有卖点，这就是技术上唯一的原因。哪天连季度线上都有卖点，那么，本 ID 是最狰狞的空头。

后面走势很简单，继续中枢震荡等待市场自己去选择方向。而这种震荡，就是玩技术的最好场合，多多练习，那才是真功夫。

扫地僧：震荡市中，也会有很多各种级别的盘整背驰或者趋势背驰，从 9 日开始，接连三天都出现了很清晰的背驰，能把握住这些背驰才是真功夫。见图 192、图 193

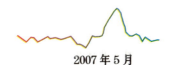

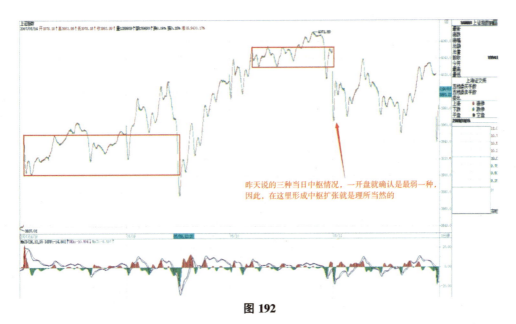

图 192

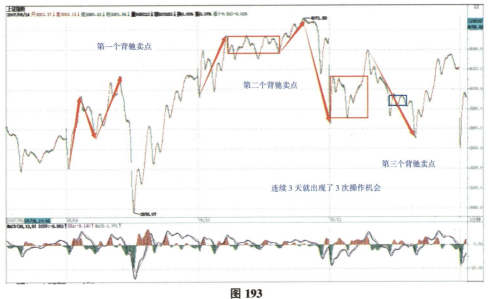

图 193

2007 年 5 月 14 日

缠中说禅　2007-05-14　15：23：24

大盘今天就是一个典型的震荡，深证强点，但也就是一个强点的平衡市，对

于上证来说，今天的中枢就在 4040 点上下，这是明天的一个很重要参照，站稳或围绕震荡都没问题，否则将再次去考验 4000 点。

4000 点不是这么容易站稳的，这还不单单是技术上的原因，也是心理、政策等，没有足够的震荡去消化，根本不可能有效站稳。今天大盘创新高而量萎缩，证明一直有点习惯地对利空当利好游戏有点审美疲劳了。那种叫嚣今天就要站上多少多少的不学无术、只会把散户当炮灰的无良多头，是必须严惩其扰乱市场的行为。当然，空头也是垃圾一堆，周末空头到处乱吠，竟然有的跑到北大对着所谓总裁班的人狂吠，这种人，早该抓起来卖去当面首了。

本 ID 这里无所谓空头多头，只看市场的信号。再次声明，中线那三种震荡模式，是需要市场各种力量综合对比的结果，没必要去预测。操作上，只需要按照中枢震荡的原则，在第三类买卖点出现前，不断上卖下买就可以，一旦出现第三类买卖点，就根据相应趋势采取对应操作。例如，第三类卖点出现后，当然就看着，等到一个够级别的底背驰出现后再说了。再次提醒，震荡的利润绝对不会少于单边的，但这需要技术，技术不行，就看均线吧。

有很多事情都不方便这里说，一个历史事件，隐藏着后面的事情从来都不是表面所显示的。就像股改，现在都当一个历史功绩了，又有多少人知道，其中有多少次夭折的风险？很多事情都没必要说了。各位只要记住，一切表面的事情都是合力对抗的结果，而对于一般投资者，要冷静、冷静再冷静，按照一套行之有效的技术模式来，这样才能不被人当枪使了。

扫地僧：见图 194、图 195。

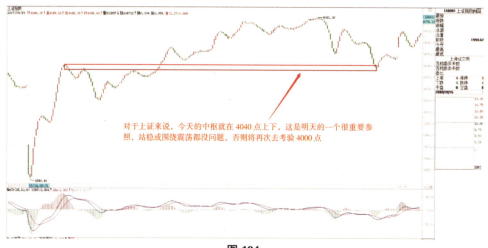

图 194

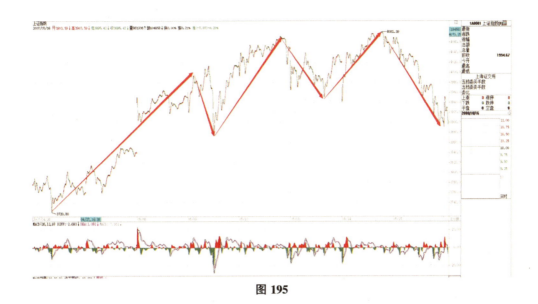

图 195

2007 年 5 月 15 日

缠中说禅　2007-05-15　15：14：19

今天的走势没什么可说的，连续在这里提醒了 N 天，中枢震荡就是逢高出，等下来出现底背驰再买，按此操作的，今天应该很爽才是。就算你不会这些，昨天告诉你 4040 点，今天 10：46 的最后反抽，然后跌破 5 日线，这都看不明白，那就一定要连夜补课了。

今天，给那些冲多少点的无良多头沉重打击，活该，不过这些人还是会有脸出来晃悠的，多头无耻起来，和空头一样。

本 ID 这里没有什么多头空头，本 ID 横刀立马在此，告诉你 4000 点不会也不允许这么快突破，要震荡，就这样了，其他没必要废话，看买点买，卖点卖，选好级别就可以。

扫地僧：可以看到，当大盘震荡时，能否站上中枢是短线重要的参考，一旦有一波反弹上不去中枢，短线往往就会进入调整。见图 196。

2007 年 5 月 16 日

缠中说禅　2007-05-16　15：26：10

如果 10：17 添补周线缺口的底背驰你竟然还看不明白，还不会操作，那么就必须继续挑灯学习去。中枢震荡，直到出现第三类买卖点，这就是 5 月以后一

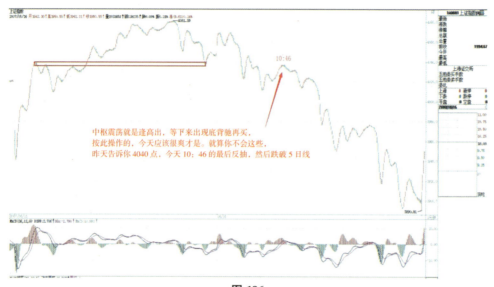

中枢震荡就是逢高出，等下来出现底背驰再买，
按此操作的，今天应该很爽才是。就算你不会这些，
昨天告诉你 4040 点，今天 10：46 的最后反抽，然后跌破 5 日线

图 196

直的说法。一个不会中枢震荡的操作者，注定是蹩脚的。一个完美的中枢震荡，会让多头空头同时挨嘴巴，当多头兴奋时，就让他痛苦，当空头要把 419 天长地久时，就让他哭，这就是中枢震荡，一个完美的中枢震荡，要多头和空头的血同时抽干，这就是中枢震荡。

再次提醒，那围绕 1/2 线的大的中枢震荡，其形式依然形成中，没有上帝，包括你在内的任何一个参与者都在创造着历史。

扫地僧：这种上涨途中突然大幅下跌的趋势背驰，一般反弹的力度也不会太弱。见图 197、图 198。

2007 年 5 月 17 日

缠中说禅　2007-05-17　15：27：16

关于大盘，给那些不学无术的多头空头上上课。今天最重要的位置，还是前几天说的 4040 点，早上受压制，下午受支持，都是这个位置，那么这个位置就是决定中枢震荡是否能级别扩展的关键位置，站稳，就会形成中枢震荡的级别扩展，否则还在这级别的中枢里进行延伸。

关于中枢延伸与扩展的定义，在课程里都有，自己学去。

本 ID 反复强调，关于 1/2 线最终的震荡级别与形式，都是形成中的，而现在，只是其中的一部分，这就是种子，不断延伸、扩展下去，而大盘，永远都只

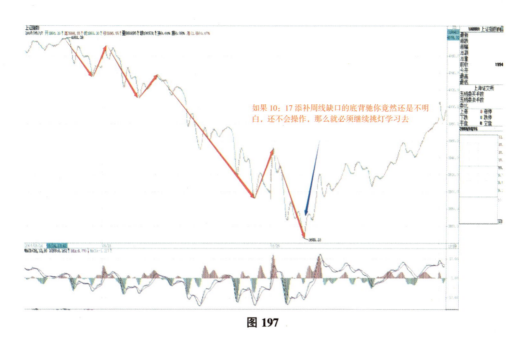

如果 10：17 添补周线缺口的底背驰你竟然还是不明白，还不会操作，那么就必须继续挑灯学习去

图 197

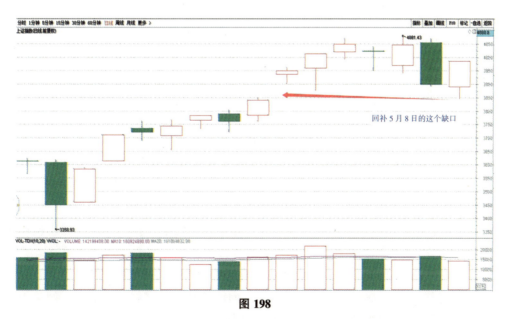

回补 5 月 8 日的这个缺口

图 198

是本 ID 理论的注释。实际的操作，特别对于散户的操作，你只要知道这个大概的框架，根据短线的背驰进出，这个就能创造出比单边更大的利润。当然，这需要技术，技术是磨炼出来的。

扫地僧：注意，今天是几乎收复了前两天的下跌，那么下跌之前的最后一个中枢的位置就是能否继续向上走的重要参考，也就是说，最后一个中枢是短线强弱的重要参考位置。见图 199。

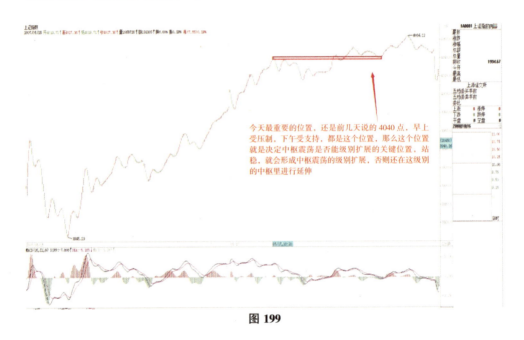

今天最重要的位置，还是前几天说的 4040 点，早上受压制，下午受支持，都是这个位置，那么这个位置就是决定中枢震荡是否能级别扩展的关键位置，站稳，就会形成中枢震荡的级别扩展，否则还在这级别的中枢里进行延伸

图 199

2007 年 5 月 18 日

缠中说禅　2007-05-18　15：38：20

今天，只有脑子都是水的人，才会觉得上证要新高。用脚趾头思维都知道，周末消息面的压力会让走势在这里犹疑。今天的平衡市走势，无非就是对此的一种正常反应。技术上，管了指数已经 N 天的 4040 点依然站不住。当然，这只是为了对中枢不了解的人给出的点，如果熟悉正常分析，可以找到更精确的点。

下周初，大盘的这种震荡一定要选择方向了，一个最简单的原因，就是 5 日线对 10 日线之吻已经春情荡漾了。这种方向的选择，最终将导致震荡区间的加大，技术点说，就是形成一个更大级别的震荡。

深证最近之所以比上证强，只是因为对应上证 1/2 线的深证成指的 1/2 线在 13700 点，还有较大空间的。所以，后面走势无非两种选择，深证把上证带起来或相反，这种两个市场的背离走势，是不可能再延续的。

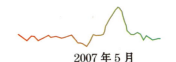
　　大盘每天的走势都是本 ID 理论的最好注释，像上证今天的 05181326，当时当下如何判别，用什么方法可以精确地把握。如果你还搞不清楚，那么就证明你需要复读。答案很简单，一个中枢震荡的两段间的力度判别，05171430~05181000 与 05181058~05181326，用 1 分钟的 MACD 来辅助，然后考察后一段的细部，用类似区间套的方法就可以精确定位。注意，这一切都可以当下完成的，无须事后解释。如果上述方法你一无所知或根本搞不清楚，那放假两天继续补课。

　　本 ID 最近比较无聊，放假是有点不可能了，今晚、明后两天都排满了。为了高兴一下，八卦一个消息，就是 5 月 10 日写文章那老熟人，结婚了，这消息今天应该公布了，网络上应该都有，由此就知道此人文章的分量。最后再八卦一下，本 ID 国安永远争第一的股票，究竟在今年涨幅排第几了？前面还有多少先进需要超越，让本 ID 也有个努力的目标。

　　扫地僧：见图 200、图 201。

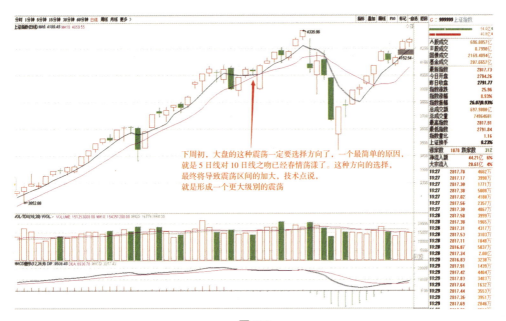

下周初，大盘的这种震荡一定要选择方向了，一个最简单的原因，就是 5 日线对 10 日线之吻已经春情荡漾了。这种方向的选择，最终将导致震荡区间的加大，技术点说，就是形成一个更大级别的震荡

图 200

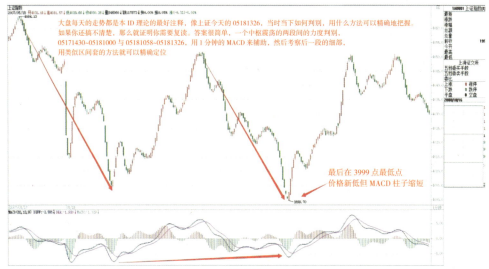

大盘每天的走势都是本 ID 理论的最好注释，像上证今天的 05181326，当时当下如何判别，用什么方法可以精确地把握。
如果你还搞不清楚，那么就证明你需要复读。答案很简单，一个中枢震荡的两段间的力度判别，
05171430—05181000 与 05181058—05181326，用 1 分钟的 MACD 来辅助，然后考察后一段的细部。
用类似区间套的方法就可以精确定位

最后在 3999 点最低点
价格新低但 MACD 柱子缩短

图 201

这个地方是个经典的中枢震荡操作案例，下图中红框是 4040 点附近的 1F 中枢，5 月 17 日 14：30 是个盘背卖点，然后到 5 月 18 日 10：02 是离开该中枢的一段，段内有背驰买点出现，之后又向上离开中枢，5 月 18 日 11：01 出现段内卖点，之后就是 5 月 18 日 13：26 的买点，然后又向上离开中枢，并且在 5 月 18 日 14：37 出现卖点。

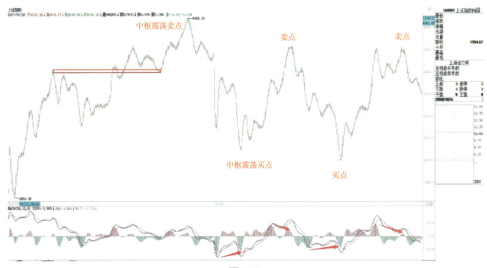

中枢震荡卖点 　　卖点 　　卖点

中枢震荡买点 　　买点

图 202

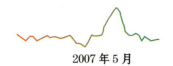
2007 年 5 月 21 日

缠中说禅　2007-05-21　15：42：35

今天的走势，在技术上十分规范，早上先冲到最近反复强调的 4040 点上，然后回调，并在第四根 30 分钟 K 线突破向上，并在下午确认 4050 点上下单边区间的有效性。明天的走势就很简单了，如果这单边区间不被跌破，大盘将继续向上拓展区间，否则就再次陷入原中枢的延伸震荡中。

本 ID 反复强调，关于 1/2 线大震荡的三种具体形式在形成、选择中，这是市场各种力量合力的结果，不管是管理层还是所谓的经济雪茄，以及市场参与者，并没有一方有绝对的力量，因此才构成最终具体的形式。对此必须有最清醒的认识，而最理想的方式，就是在充分的震荡中，不断让市场统一在本 ID 所指出的方向上。管理层恐高，也应该给他们以适应的时间，因此还是本 ID 5 月后常说的那句话，反左反右，对空头与多头里的极端分子采取强硬措施，更要在市场中让他们左右挨巴掌。当然，震荡的区间可以加大，并不是说一定要限制在目前的区间中。但用震荡消化市场、政策压力的本 ID 剧本，必须成为市场的共识，否则就让市场对极端分子进行强行教育。

在这种震荡中，充分利用本 ID 的理论来操作，是一个最好的选择。当然，如果你技术不过关，那就看 5 周均线，甚至 10 周均线，从去年 8 月以来，后者就从未被跌破过，看这足够在各种大震荡中心理减震了。对于短线，看不明白用不好本 ID 理论的，可以看 5 日均线，这两天关键看这 5 日与 10 日之吻能否再次上位。个股方面没什么可说的，还是那句话，大盘震荡，有些股票反而会大幅上涨，前面说的这句话依然有效。具体板块，本 ID 去年底说的医药，今年最牛的几只股票里，002019、000416 等，显然都是这个板块的；还有钢铁，最近可以关注有关中小公司整体上市的，具体的本 ID 知道，但不好说出来，免得被监管。其中有一地方本 ID 好像曾 419 过。至于军工、公用等都会继续表现的，你看本 ID16 只股票里相应的都知道了。还有就是上月反复强调的故意亏损的那些，例如本 ID 就知道某故意亏损还 *ST、代码还是等比数列的，其实后面就有两个铜矿装进去，这种把戏，如果有可能就去挖掘。

算了，本 ID 不希望这里被监管，所以绝对不说具体股票了。而且大家也不能养成听消息的习惯，最终解决问题的，还是要技术过关。

扫地僧：大盘当天又回到了这次调整的起始位置，那么调整前的那个中枢 4040 点又是重点要参考的点位。见图 203。

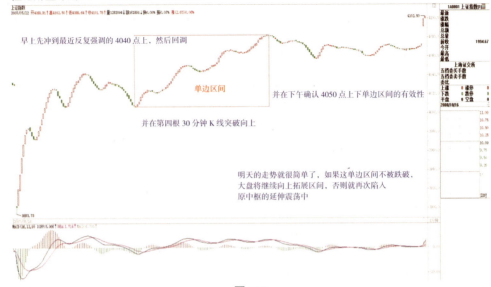

早上先冲到最近反复强调的 4040 点上，然后回调

单边区间

并在第四根 30 分钟 K 线突破向上

并在下午确认 4050 点上下单边区间的有效性

明天的走势就很简单了，如果这单边区间不被跌破，大盘将继续向上拓展区间，否则就再次陷入原中枢的延伸震荡中

图 203

2007 年 5 月 22 日

缠中说禅　2007-05-22　15：28：48

昨天说了，只要不跌破 4050 点的昨天单边区间，大盘就继续向上拓展。今天的大盘走得太技术了，全天基本就在磨那条最重要的 1/2 压力线，早上先冲到 4129 点这线的位置上，然后在上面来一个小多头陷阱，然后一路下来考验缺口支持，尾盘再拉回，是否感觉到其中的美感？明天，依然是该线与今天缺口间的震荡活动，然后再选择短线突破的方向，具体可参照今天开始形成小中枢的震荡与第三类买卖点选择。

大方面看，关于该 1/2 的震荡形式，依然继续选择中，虽然今天是历史上第一次突破该 1/2，但并不能绝对地否定第一种震荡形式的可能。当然，操作上并不需要预测，只需要看好短线的突破方向，看不懂的，就是 5 日、10 日线，不破就拿着，连短线的震荡都无须考虑。技术好的，可以继续用短线背驰做震荡，但一定要针对具体个股来，大盘只要平稳，个股行情将不断。

至于个股，本 ID 真不能说任何东西了，反正昨天本 ID 也没说什么，只是说了几句梦话，如果因为本 ID 的几句梦话，大家明白了点什么，那是大家够狡猾，和本 ID 可无关。本 ID 说而不说，不说而说，想抓本 ID 的把柄，可需要证据。

扫地僧：依然是围绕中枢震荡做分析。盘中一个顶背驰，一个底背驰，这就是短差的好机会。见图 204。

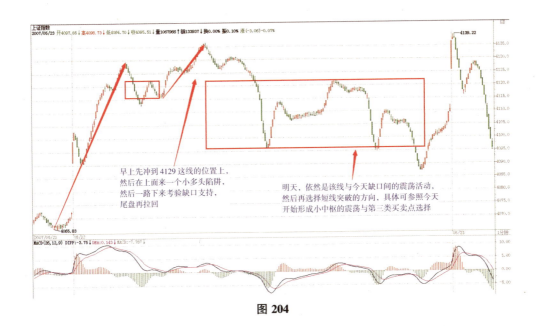

早上先冲到 4129 这线的位置上，
然后在上面来一个小多头陷阱，
然后一路下来考验缺口支持，
尾盘再拉回

明天，依然是该线与今天缺口间的震荡活动，
然后再选择短线突破的方向，具体可参照今天
开始形成小中枢的震荡与第三类买卖点选择

图 204

2007 年 5 月 23 日

缠中说禅　2007-05-23　15：33：27

今天大盘没什么可说的，一开盘就去再次考验昨天的缺口位置，然后回来。你只要看看 09：45 以及 10：45 这两个时间在 4129 点的表现，就知道大盘走势是有语言的，这么清楚的语言，要不要看懂。10：45 后在 4129 点横拉了七八分钟，然后就义无反顾地往上去了，这看懂了没有？当然，对 4129 点的突破，还需要确认等，但现在大盘的走势就十分简单了，看着 5 日线就可以。

扫地僧：4129 点是 1/2 线的位置，在 5 月 10 日的解盘中有详细提到如何而来。见图 205。

2007 年 5 月 24 日

缠中说禅　2007-05-24　01：37：31

虽然今天本 ID 见到什么股票都想当 AC 给揍扁，但如果你学了上面的课程连今天的图都看不明白，那自己也要揍扁自己了。10：00 的第一卖点与 11：15 的第二卖点，就和上面图上的 g0\g1 是一回事情，只是上面是 1 分钟以下级别的，而这是 1 分钟级别的。11：15~14：12，就是第三段，从而构成一个大的 5 分钟中枢，第三段是一个典型的趋势，两个中枢，最后一段在 1 分钟图上标准的 1 分钟以下级别背

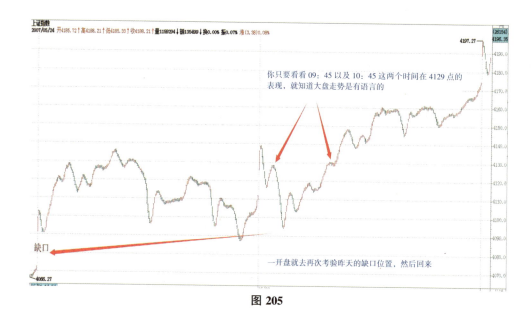

图 205

驰（看其中 MACD 的绿柱子面积），后面的拉回，就是对这 5 分钟中枢的震荡。就这么简单，看不明白的，对着今天的分时图，和上面的图，请好好研究。

明白了上面，明天的走势就太简单了，就是关于这中枢的震荡直到出现第三类买卖点，就这么简单，简单得像昨天首发就应该是克劳奇，但竟然没有，你说是不是某些人脑子进水了。至于大的走势，就还是 4129 点的 1/2 线问题，一定要震荡给站住才谈论向上发展，这是一个大前提。

11：16 没有形成盘整背驰：为什么一定要盘整背驰？那只是一种多数的情况。为什么不可以是小级别转大级别。而且参照第一段的中枢，刚好就回拉到相应的位置，而用前面 05221100 开始的一个大中枢的一个震荡，就更容易判别。图形是在一个系统里的，必须综合看下大级别的中枢关于当下走势的意义，才有全面的把握。当然，这暂时有点要求高，但必须努力才行。

10：00 的第一卖点与 11：15 的第二卖点，就和上面图上的 g0\g1 是一回事情，只是上面是 1 分钟以下级别的，而这是 1 分钟级别的：你站在 5 分钟级别的角度，一个 5 分钟中枢形成，必须是先一个 1 分钟向下，然后一个 1 分钟向上，不创新高或背驰，这就构成第二类卖点，这是昨天的课里有的。

今天连 5 日线都没碰到，这算什么跳水？技术不熟练的，就看 5 日线就可以。

多看点图，首先把今天的分时图留下来，这个图太典型了，把 1 分钟怎么演化成 5 分钟都表示出来了。

扫地僧：有一个细节，就是二卖的那段上涨内部没有盘整背驰却小转大转折下来了，这时候经验很重要，就是参考第一段的中枢位置，当反弹到第一段的中枢位置附近时，就要时刻注意走势是否要结束了。见图206、图207。

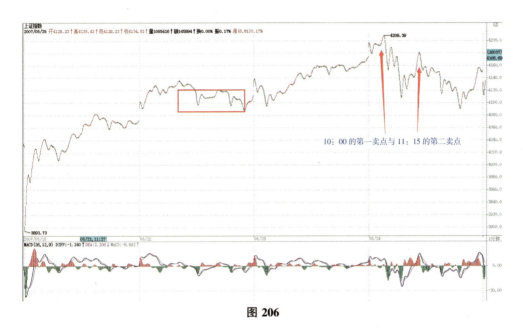

图 206

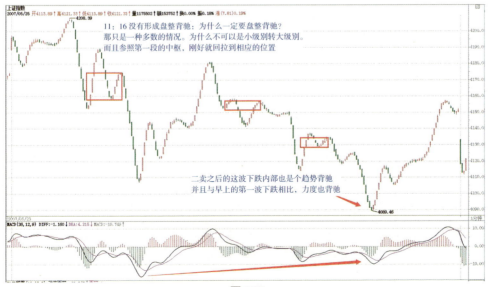

图 207

2007 年 5 月 25 日

缠中说禅　2007-05-25　15：41：14

今天大盘没什么可说的，就是在昨天那 5 分钟中枢上晃荡。周五，由于对周末消息面的犹疑，尾盘只能横着。下周依然只要看这中枢震荡直到第三类买卖点出现。大的方面，还是突破 4129 点的 1/2 线后的反抽确认活动，没什么特别的。下周很关键，因为涉及月线收盘，月线如果留下长上影，那么下个月一个弱走势盘整走势就很难避免。如果收光头阳线，那么后面继续强势的可能就很大了。

前面突破 3000 点时，有人问 5 浪如何如何，本 ID 回帖反问，为什么不能是 3 浪 3？当然，本 ID 的剧本是这样设计的，能否最终完成，这要看很多方面的配合，不是本 ID 一个人能完全决定的，但从春节前直播上 3000 点，到 319 一大早用"神州自有中天日，万国衣冠舞九韶"发总攻号令，这 3 之 3 的游戏，也算有点意思了。不是汉奸说 3 个月之内回 3000 点之下吗？那就让他在 3000 点下等着吧。

回想 319 在 3000 点之下的情况，后面大盘走成怎样，怎么都比那时候要上了一个大台阶，这个局面来之不易，大家是珍惜的。当然，管理层也不是一言堂的，所以，一切都是合力的结果，多一个人出力，才可能走出剧本所描画的蓝图。

扫地僧：见图 208、图 209。

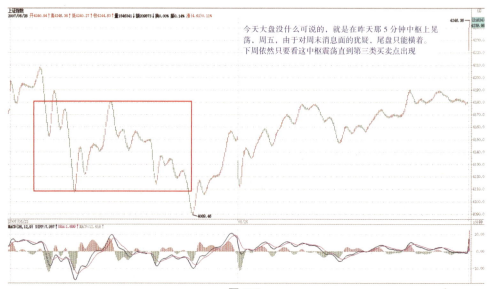

图 208

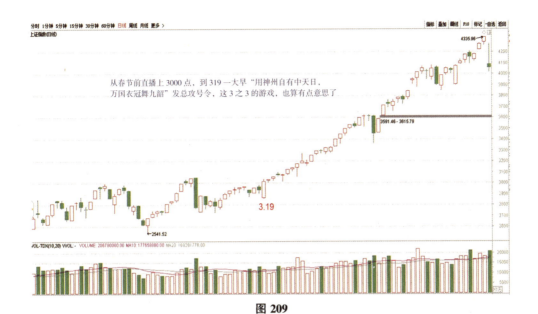

图 209

2007 年 5 月 28 日

缠中说禅 2007-05-28 08：12：41

周末没什么消息，憋了两天的能量在今天爆发，所以就搞出一个大缺口来，但其后的走势，并不是太强，依然只是一个平衡市，所以这缺口的吸引力以及该平衡市所构造的新的中枢的引力，使得后面三天的技术压力不可忽视。周四是月线收盘的位置，刚好也是缺口在技术上需要三天考验的时间，所以后面三天，多空的搏杀将极为惨烈。

从大的方面看，4129 点的 1/2 线在 6 月将上移到 4144 点，该线的突破在日线上的回试确认并不能完全保证周线、月线上的回试确认，从严格意义上来说，在月线上至少需要 3 个月才能确认该线的真正有效突破。这就像 1~3 月在 1/4 线时所呈现的走势一样。当然，最理想、最强的走势就是，5 月收光头阳线，6 月以下影线的方式是确认该线的突破，7 月继续长阳最终确认该突破的完全有效，但这只是最理想的情况，市场最终并不一定能走出来。

政策方面，关于操纵的条例，周末已经在报纸上有所曝光。说实话，这条例才是一个真正的狠招，其中有些规定，对市场的格局有严重的影响。在本 ID 看来，这才是这两年来市场上飘来的真正的第一朵黑云。只是现在市场中散户太多，一般反应比较迟钝，所以没什么感觉。由于该条例只是一个草案，所以还有

纠正的可能，下面，真正有意义的事情，就是对该条例进行无情打击，深入揭发，让该条例中严重危害市场的条款不能实施。

如果大盘本月不能收出光头阳线，该条款以及今后几天的一些政策面动态是主要的原因。但大家的心态要平和点，毕竟政策也是市场合力的一部分，他们也不容易，就原谅他们吧。

在某一级以上的，今天应该已经收到一些东西，具体的本 ID 不能说，内容当然也是和调控股市有关的，估计这几天就会出来了。但这些警示性的东西有多大作用，就看市场反应了，这也刚好配合了技术面上的要求。

扫地僧：当天缠师发表了《教你炒股票55——买之前戏，卖之高潮》，其中提到一个经验：有缺口当天，如果有新中枢产生，那么缺口和这个新中枢对走势的吸引力很强，一般 3 天内有回补缺口的动作。这也是邻近 530 大跌了，再有一个缺口出来，其实是一个衰竭性缺口。见图210、图211。

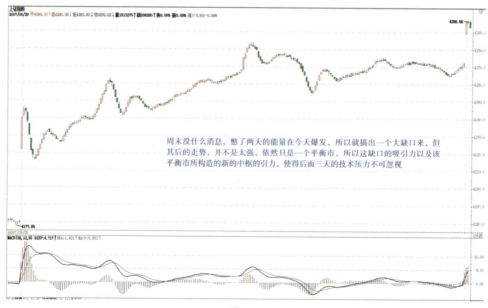

图 210

图 211

2007 年 5 月 29 日

缠中说禅　2007-05-29　08：16：51

先回顾一下历史，2001 年股市的历史大顶，就是在亿安科技那轰动市场、空前绝后的近 9 亿元罚单后引发的。当然，市场的最终反应有所迟缓，那是正常的。因为一个突然的事件，让市场有一个理解、反应的过程，是很正常的，别以为市场就能够最快速最充分反应的，市场往往特别迟钝。

离月线收盘还有两天，这两天极为关键，今天全天在昨天的中枢之上，因此技术上没有任何问题。今天走的是前三个 30K 的高低点都被打破的平衡市，明天要考验 4323 点早上高点的支持，如果不能有效跌破该位置，大盘就超强，跌破，则形成新的中枢，该中枢基本以 4300 点为中线，然后又是中枢震荡直到第三买卖点出现的游戏。

前面已经反复说过，本 ID 的剧本是 3 之 3，是否能最终成功，需要各方努力，这其中，是任何对市场有损害的东西，一定要及时全面地回击，例如昨天的解盘以及今天的文章，主要的目的就在此。如果人人都不说话，那么有些恶果就要种下。当以后品尝这些恶果时，就不要后悔当时为什么不一起努力把这恶种子给废了？市场是大家的，不是本 ID 一个人的，也不是管理层的，恶草就要拔，这样市场才可能如剧本般发展下去。

刚才看了看回帖,有人觉得本 ID 要逃跑,还看空。真不知道这些人的语文是怎么学的。本 ID 哪个字说要逃跑了,本 ID 说如果那东西成真了,本 ID 就不玩了,但那东西现在成真了?关键在于,那东西是否成真,是合力的结果,本 ID 的意思很明显,就是要一起来让那东西废了。本 ID 早上还担心有人理解错误,9:00 还专门上来加了红字的一句:"但无论如何,中国大牛市的格局是不会因此改变的,而荒谬的东西,也是不可能真正实施的。"

知道孔子为什么是孔子吗?有一条就是最重要的,明知不可为而为之,现在,根本不存在不可为的前提,为什么不一起努力?剧本写好了,也要人来演的。

扫地僧:见图 212。

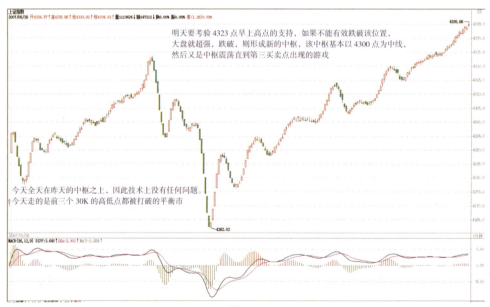

图 212

这是 530 前一天,从解盘的内容来看,缠师并没有从技术上看出 530 大跌的到来,这是因为此时虽然在 30 分钟上处于背驰段,但在这背驰段内部,并没有明显出现背驰。见图 213、图 214、图 215。

但是在离开这 5F 中枢的 1F 走势内部,却是个趋势背驰,只是在 29 日尾盘时这 1F 趋势的背驰段内部还没走完,530 开盘的大跌确认了这个 1F 的背驰。

530 大跌其实是由这个 30F 的
背驰引发的

图 213

5 月 25 日开始的这段走势
力度比中枢之前的走势力度大

图 214

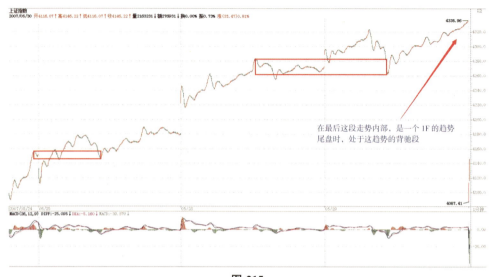

在最后这段走势内部，是一个 IF 的趋势
尾盘时，处于这趋势的背驰段

图 215

2007 年 5 月 30 日

缠中说禅　2007-05-30　15：38：29

从今天的走势，就知道为什么本 ID 的理论要分第一、第二、第三类买卖点。例如，像今天这种突然的事情，可能让第一类卖点给错过了，但第二类卖点是不会错过的。因此早上本 ID 专门提醒第二、第三类卖点走，实际图形上，如果你认不出 05300947 这个第二类卖点，或者知道没操作，那么学习就比较失败了，还要努力。本 ID 的理论是实战的，在第二类卖点走，即使不知道什么消息，和高位比也差不了多少，有些股票今天还新高，可以对照不同股票的图形感受一下第二类卖点在这种突发事件中的实用之处。

对一个操作者来说，不要这么多抱怨，第二类卖点不走，那就是节奏错误，那后面就没有资金等待买点。不过，市场的机会多了，经历一次这样的，也会得点经验。这 30 分钟的顶背驰压力，怎么都需要一个至少 1 分钟的底背驰才能有比较有力度的反弹，而且还要参考 5 分钟、30 分钟等的走势。真正的底部构筑，必须让这些级别的图形重新走出买点来。

长线看，本 ID 说那 1/2 线，还是对大盘有着极大的吸引力，深证对应的线在 13700 点，没有突破，因此，上证对该线的走势就更有指导性。5 月是 180 个月时间之窗的压力，同样构成了今后行情发展的最主要技术压力。目前的调整是针对 2 月 6 日 2541 点上来 1800 点上涨的，这是必须明确的。

从中枢的角度，一个 30 分钟顶背驰，按理论的要求，重新拉回 5 月 8 日到 5 月 21 日构成的 30 分钟中枢，因此，可以继续参照该中枢来考察今后的中枢，可以中枢震荡的观点进行。

对于短线有能力的，可以参照短线指标回补第二类卖点卖掉的股票，然后进行中枢震荡操作。本 ID 的所有观点，没有任何变化，就不多说了。

扫地僧：见图 216、图 217。

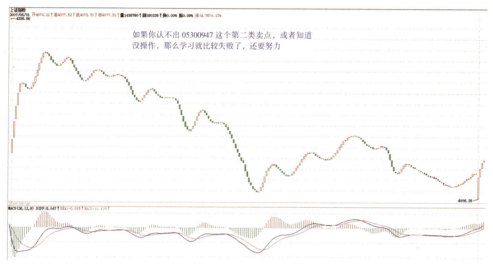

图 216

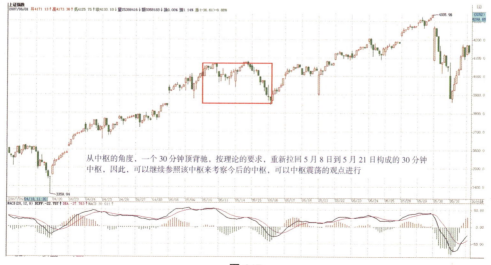

图 217

对当天更详细的解读，可以参考本人写的《缠论108课详解》一书中相关章节的内容。

2007 年 5 月 31 日

缠中说禅　2007-05-31　15：43：16

明白了上面的文章，今天的走势如果都不能把握，那就要继续加班学习了。昨天 4087~4122 点的中枢，今天一大早的上冲没有触及 4087 点，所以就构成了该中枢的第三类卖点。后面三波的下跌，与昨天的 B 段比，明显背驰，其内部，最后一波，在 1 分钟图上，绿柱子明显缩短，所以内部也背驰，根据区间套就可以当下定位 10：02 低点。这是本 ID 理论中最简单的技术，如果今天没有这样的分析，请好好研究补习。

后面的反弹，如本 ID 所指出的，第三类卖点后不形成趋势就构成更大中枢，所以现在原来的 1 分钟中枢已经扩张到 5 分钟中枢。区间是 4015~4122 点，后面就是该中枢的震荡直到第三类买卖点出现。就这么简单，一点难度都没有。

大方面看，本 ID 反复强调的 1/2 线，依然是最重要的位置，大盘的强弱，以此为标准。目前，该线刚好在这次大震荡的中间位置上，由此就知道该线的意义有多大。在 5 月初的文章里已经明确说过，该线至少要管大盘 3 个月，这观点不变。

今天的月线收盘，已经足够好了，至少上影线不太长，比最恶劣的倒 T 要好多了，因此下月，至少有了很大的画图回旋的余地。注意，最近的行情，又将以质优的一二线成份股为主，三线股一定要等到大盘基本稳定下来，才会慢慢恢复元气。但明天和周一，今天反弹比较弱的，会逐步表现，这和轮动是一个道理。

明天是周五，消息面又成了最大的心理压力，整个市场震荡要稳定下来，要等到下周了。当然，这种大幅震荡，就是本 ID 理论的天堂，在这里可以得到比单边更大的利润。注意，别以为本 ID 的理论只会震荡，而是该震荡的时候震荡，该单边的时候单边，这都不明白，就白学了。

扫地僧：见图 218。

图 218 的分析：早盘的上冲，与昨天尾盘的部分构成了一个向上的 E 段，那么 E 就是 ABC 这个中枢的三卖。而 F 下来后，要对比的是 CDE 这中枢前的下跌，也就是 B 段，把面积相加，是背驰的。而后面 G 的反弹以及后面的走势，使得原来下跌的 1F 中枢扩展出 5F 中枢，这个 5F 中枢的分解为：（ABC）+（DEF）+G 点之后，取括号内走势的高低点，则这个 5F 中枢的重合区域就是 C 的高低点，即（2915~2922 点）。

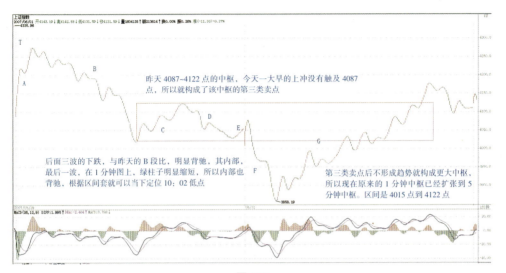

昨天 4087~4122 点的中枢，今天一大早的上冲没有触及 4087
点，所以就构成了该中枢的第三类卖点

后面三波的下跌，与昨天的 B 段比，明显背驰，其内部，
最后一波，在 1 分钟图上，绿柱子明显缩短，所以内部也
背驰，根据区间套就可以当下定位 10：02 低点

第三类卖点后不形成趋势就构成更大中枢，
所以现在原来的 1 分钟中枢已经扩张到 5
分钟中枢。区间是 4015 点到 4122 点

图 218

2007 年 6 月

2007 年 6 月 1 日

缠中说禅　2007-06-01　15：47：14

今天的走势就是［4015，4122］的中枢震荡，至少指数是不难看明白的。周五出现这样的走势很正常，各种心怀鬼胎的到处散播这消息、那消息，散户当然如惊弓之鸟了。但今天的走势，对今后是有利的。这次的问题并不在于国家公布了什么，而是其公布的手法，如此手法，必须得到严惩，一个最直接的压力必须让用这种恶劣手法的人承担一个骂名。周五开始，舆论将逐渐转向，一轮新的反思将开始，注意，管理层也不是一言堂。还要注意一点，这两天同时公布的是财政部国债的发行，所以，经过这次风险教训，应该能分流些人去买国债了。

不过散户确实需要有点教训，前段时间，不是有人叫嚣散户已经统治市场了？但跌两天，散户就蔫了。大资金永远都是市场的中流砥柱，没有大资金，没有这几天的聚会，像这几天北京股的走势能出现？看那些企图限制大资金的政策还出不出？有些大资金，那些管理层换了几茬了，依然屹立不倒，不断壮大，这些脑子进水的政策，除了害散户，能害得了谁？

但对于散户，这几天确实心理压力大了点，但这其实也没什么，本 ID 前面反复提到这样的典故：1996 年连续 3 天指数跌停，后来还创出新高。所以，那天公布消息，本 ID 一大早 7：00 不到就上来，告诉一定要在第二、第三类卖点卖掉，没卖的，那就算了，到今天还卖什么？大反弹是必然有的，以后的位置一定比这个位置高，关键是该走的时候，就不要有幻想。

注意，那种杀已经跌了 30%，去追买不跌反涨的所谓强势股，知道有补跌这种概念吗？在混乱的市场中，更应该专一。可以很理性地讨论这个问题，一只股票下跌 40%，第一次反弹回 20%，出一半或 2/3，下来再买回来，再一次反弹上去，基本走的位置，就和跌的时候差不多了，如果你现在有资金，在一只股票下跌 40% 时补仓。这只股票又不是什么被查庄股。那么，这种的操作基本风险很

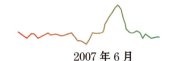
小，如果技术再好一点，看准一些买卖点，基本就等于高位走掉了。当然，以后再碰到这种情况，一定要在第二、第三类卖点出掉，那天，有多少人辜负了本ID 7：00 不到就上来发帖子？

缠中说禅 2007-06-01 15：47：30

其实，纯技术上，现在的大走势并不坏，6月的调整没什么可说的，本ID那1/2 线，现在也在 4144 点了，下面，这次上涨 1/3 的位置在 3734 点，这位置是第一支持位。没有特别的事情，这位置有很强支持。否则就要考验一半的位置，3434 点。但至少现在，没有任何看到该位置的理由。

从短线上看，还是 [4015，4122] 的中枢震荡，有技术的，继续按这震荡操作。下周最大的机会，就是暴跌个股的大反弹，特别注意那些下跌到年线、半年线等关键位置的个股，这些反弹的力度会厉害点。

大浪淘沙，能从容面对本周情况的，是你投资生涯重要的一课，好好珍惜、体会。

周末，腐败去吧。

扫地僧：指出下周最大的机会就是暴跌个股的大反弹，这一点很厉害，在 6 月 5 日（周二）时，很多个股都出现了大反弹，一般两周左右就有 50% 以上的收益。例如，菲达环保 600526、金晶科技 600586。见图 219~ 图 221。

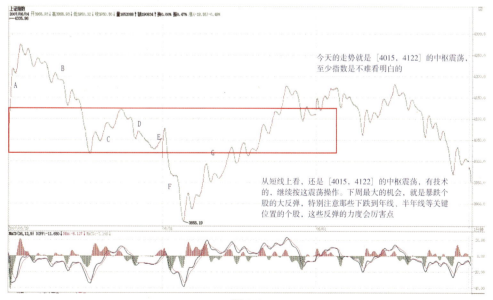

图 219

图 220

图 221

2007 年 6 月 4 日

缠中说禅　2007-06-04　07：53：44

上周五，在每日 3 点后都附录在当天文章《教你炒股票 57：当下图解分析再

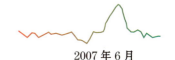

示范后的解盘》中，本 ID 明确指出："周五开始，舆论将逐渐转向，一轮新的反思将开始。"这几天舆论的发展，特别是周一几大重要传媒统一口径的文章都证明了本 ID 判断的正确。为什么本 ID 能如此判断，很简单，和管理层打了十几年交道，他们秉性还能不熟悉？当然，本 ID 也有所谓的消息来源，但本 ID 的判断还是早于消息的。消息，归根结底只是辅助与证明。不过，这鲜活的例子里却有着值得深思的地方。

扫地僧：继 530 刚刚提高印花税打压股市之后，大盘在 6 月 4 日当天又大跌 8% 以上，这时候又有救市的舆论出现，也是一种嘲讽吧。

虽然本 ID 在 5 月初已明确指出 "5 月，是 1429 点以来的 180 个月，360 个月的一半，一个极为重要敏感的时间之窗，其后，不发生点事情，显然是不可能的"，而且 4341 点，2 月 6 日 2541 点上来 1800 点本就构成强大的技术调整压力，但像 5 月 30 日这样依然重复十几年来用 "政策市" 对市场进行人为干预的做法，是值得商榷的。这再次表明，与资本市场发展阶段相适应的监管、调控体系依然未被建立。而没有成熟的监管、调控体系，没有成熟的市场管理者，就不会有真正成熟的市场与市场参与者。

本 ID 在 5 月初所指出的 1/2 线不仅有技术上的含义，还是新旧两种运行模式的分水岭，其中最重要方面就和监管、调控的模式能否与时俱进密切相关。如果说上市公司的业绩提升为市场的发展提供了足够的基本面支持，那么监管、调控模式的与时俱进，将为市场发展提供更大的基本面支持。从某种意义上讲，这才是市场最大的基本面。

而 5 月初给出的技术面分析依然有效，目前这 1/2 线已经上移到 4144 点，深证成份指数相应位置在 13700 点，能否最终有效站稳该线，是判断中期走势能否重新趋强的关键。在此之前，大盘走势将以震荡形式逐步消化技术面、政策面的压力。其中，目前在 3600 点附近的 5 月均线将是判断大盘能否正常调整的关键，只要该线不有效跌破，那么大盘的调整就在正常的范围内，否则大盘的调整时间将大为增加。由于六七月开始进入中期业绩主导时段，因此一二线的绩优成份股就有一定的基本面支持，这对指数的稳定具有关键作用。而三线题材股，将出现分化，只有那些有真正基本面好转支持的股票才会重新走强，而其余的股票，在一定的技术反弹后，大多数都将进入较大级别的调整中。

扫地僧：这里又有非常珍贵的经验，当大的调整来的时候，如果赶上中报、年报发布期，那么一二线的绩优成份股有基本面的支持，会对指数的稳定起到关键作用。而三线题材股会出分化，只有基本面真的好转的股票才会重新走强，其

他的在反弹后，大多数会进入较大级别的调整。

技术上，上面的文章已经说得很清楚，看5月均线，经过今天的下跌，该线已经到了3540点。从短线的角度，在该线附近的介入，问题不大。周末说一定注意补跌，不能买所谓抗跌的股票，今天，那些股票都下来了。现在，站在反弹的角度，一定只能介入那些跌幅在40%以上，已经跌到半年，最好是年线的股票，一旦大盘有所稳定，其反弹的力度会较大。

至于现在依然没走的，依然全仓的，现在走意义已经不大，不说什么技术，就算是看历史数据，以后肯定有比现在位置要好得多的位置。对于最不幸的满仓的朋友，目前一定要忍住，在第一次大反弹出现后，一定先把一半筹码先兑现出来，再找机会回补，这样才能把成本摊低。因为这样的走势后，中线的震荡不可避免，有资金才会有机会。

扫地僧：又有三个实战经验：

（1）当530这种暴跌发生后，一定不能买抗跌的股票，因为这是系统性风险，整个市场都在跌，抗跌的个股会有补跌的需求。

（2）做反弹一定只能介入跌幅在40%以上，跌到半年线，最好是跌到年线附近的股票，其反弹力度会较大。

（3）满仓没躲过大跌的，一定要忍住，在第一次大反弹出现后，一定先把一半筹码兑现出来，等下来后再找机会回补。

当然，在30日第二类卖点走掉的，仓位不重的，目前的任务是好好把握住本周必然出现的大反弹。注意，如果你技术不好，就要对超跌个股逐步买入，而且必须要有针对性，集中力量，在反弹中，如果还拿着几十只股票，那是操作不过来的。

扫地僧：快速的下跌必然对应快速的反弹，技术不好的，可以对超跌个股分批买入，但要集中力量买一只，而不是买N只。

具体点位，还是上文中说的，5月均线是一个关键的位置，跌破该位置，站在短线角度，将是空头陷阱，至于能不能跌破该位置，就看下面的短线背驰点出现在什么位置上，这是技术比较好的最主要参考位置。由于今天大盘股已经补跌，因此必须密切注意大盘动向。又由于目前30分钟呈现的走势，所以反弹最直接的效果，就是把30分钟的MACD拉回0轴，该0轴是反弹的最大压力。

这样的市场，是对所有市场参与者的考验，能经受住，也就成熟点了。有些经验是必须记住的：对下跌不能存有幻想，像30日这种第二类卖点，一定要走，否则就没有反手之力了。

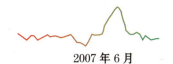

扫地僧：这个实战经验必须记住，对下跌不能有幻想！尤其是 530 这种突发性的下跌，第二类卖点一定要走，否则没有反手之力！图 222。

图 222

各位可能还会对如何去确定线段有很大疑惑，图上已经用数字标记了从 30 日开始的 1 分钟图上的线段。为什么这样标记？例如 14~15 带红绿箭头这一段为什么不是线段？这很简单，因为这段中的下—上—下—上—下中，没有任何的重合，也就是第二个上的终点没有触及第一个上的起点，这种图形和直接的一个下没有任何区别。而一个线段，除非是缺口，否则必须由至少上—下—上或下—上—下的三折组成，只要相邻的上或下不重合，则这个模式就可以一直延伸下去而依然还是一个线段。这里就不难明白 14~15 为什么只是一段线段了。

那么为什么 14~15 这线段不构成合适的买点，因为在下面的 MACD 辅助中，可以看出这一段的力度比前面所有的都大（这从黄白线就一目了然了），那当然不构成任何的 1 分钟以上的背驰，最多就是 1 分钟以下最小级别的背驰。在 15 下 MACD 小红箭头处，比较绿柱子的面积，就可以发现这个小的背驰，因此就有了 15~16 的反弹，该反弹在 14~15 最后一个上附近受阻，十分技术。

而站在 10~13 构成的 1 分钟中枢来看，15~16 这个反弹反而构成一个第三类卖点，本 ID 看了一下留言，有叫"CCTV"的人也看出这个是一个第三类卖点，但他的理由好像是这反弹没突破 7 这点，所以是第三类卖点，这是不对的。因为

如果是那一点，那对应的中枢就乱了。注意，第三类买卖点必须是次级别离开、次级别反抽，而且是针对该级别中最近的那个中枢，而以前也曾说过，对于一些快速变动的行情，往往第三类买卖点离开的距离会很远。

扫地僧：又一个经验，对于一些快速变动的行情，往往第三类买卖点离开的距离会很远。

从 16 开始的一段，有进入背驰段的可能，但由于明天的行情没有开始，所以如果明天突然加速下跌，就可以破坏这个可能，所以具体是否背驰成立，还要看明天走势的内部区间套的当下定位。如果出现背驰，那么一个反弹至少重新回到 15 这点上，这样就从 15 这点开始至少形成一个 1 分钟的中枢了。

而对于 1~10 这个 5 分钟中枢，该反弹如果不能重新回到 4015 点之上，那就会形成一个 5 分钟的第三类卖点。从目前的情况看，这种可能性又很大，所以这也预示着，今后几天，任何在 4000 点下的反弹，都会构成一个卖点并至少引发一个更大级别的中枢，甚至是新一轮的下跌，除非这反弹能重回 4000 点之上。显然，从中枢的分析中，可以很绝对地分析出今后一段走势的一些操作性质。

站在更大的层面上，大盘要重新站稳，就要形成一个较大级别的中枢，而从 10 开始，一个新的 5 分钟中枢都没形成，如果新的 5 分钟中枢最终和 1~10 这个 5 分钟中枢没有重合，那么就形成一个 5 分钟级别的下跌，则其后的压力就更大了，所以，那 CCTV 这个人也 "蒙" 对了一点，就是 7 这点有着极强的技术含义，如果一个 5 分钟背驰引发的反弹都能重回该点之上，那么大盘的走势就会有好转的可能，否则短线压力依然。

扫地僧：如果从 10 看作下跌的 1F 走势开始，那么 11~14 是一个中枢，16 是三卖，但 16 之后可能进入背驰段，这是用了走势的结合律，因为可以将下跌 1F 走势的开始放在 12，这样这个下跌 1F 走势就变成了趋势。此外，最后一句 "如果一个 5 分钟背驰引发的反弹都能重回该点之上，那么大盘的走势就会有好转的可能，否则短线压力依然"，这里说的 5 分钟背驰，其实就是指从 10 下来的这个 1 分钟的趋势背驰。见图 223。

2007 年 6 月 5 日

缠中说禅　2007-06-05　15：23：01

如果你还看不明白昨天说的背驰段，然后今天如何精确定位的，那就好好学习吧。19 段结束位置是 3404 点（为什么，如何当下去判断，好好研究好，这是真功夫），后面的走势，上面已经提及，下午走的是第 20 段，该段结束后，就进

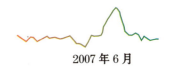

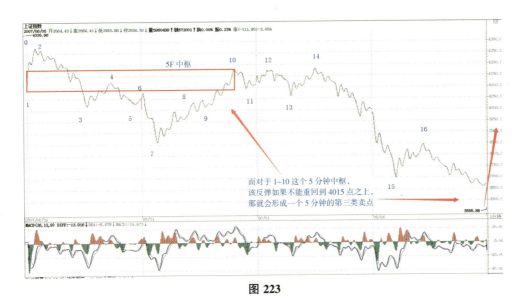

图 223

入上面说的中枢震荡中。明天的任务，就是看好这第 20 段的结束。

大走势，就是月线的 5 日均线，今天盘中假突破，而且还是 3434 点一般的位置，这不难看出来。

扫地僧：当时还没有讲到线段划分的标准，17~18 作为一段，并不是严格按照后面所讲的线段划分的标准。见图 224。

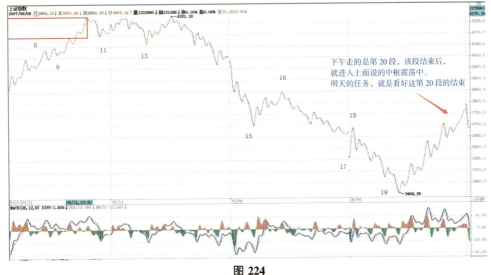

图 224

图 224 中，18~19 这段的力度看起来似乎比 16~17 这段的力度大，但是将它们所对应的 MACD 绿柱子面积相加就可以知道，18~19 所对应的 MACD 绿柱子面积远小于 16~17 所对应的绿柱子面积。见图 225。

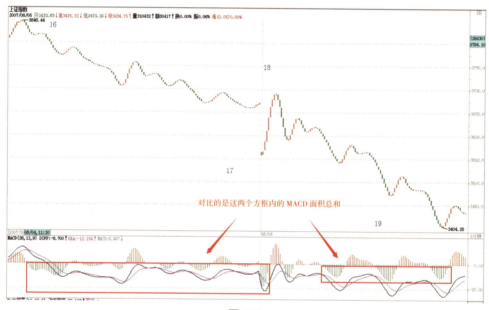

图 225

关注微信公众号"扫地僧读缠札记"，回复"历史数据"可以获得大盘 1 分钟和 5 分钟的历史 K 线数据。

2007 年 6 月 6 日

缠中说禅 2007-06-06 16：52：09

今天就是受制于 3858 点的第 7 那点，这在前两天的分析已经说到该点的技术意义，具体可以看当时的分析。深证强，看能否带动上证，目前，压力不在盘里，而是在盘外，斗争激烈，不能多说。现在，下面这中枢已经形成，就用中枢震荡看。

扫地僧：7 并不是第三类卖点的参考，但它是"530"的下跌是走趋势还是走盘整的区分点，所以具有重要的技术意义。见图 226。

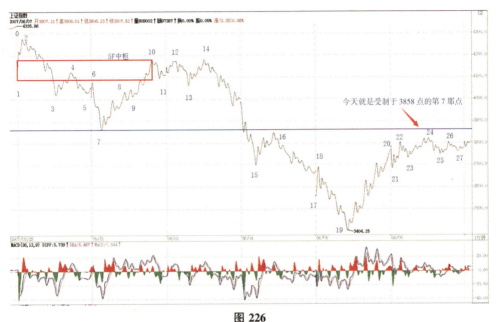

图 226

2007 年 6 月 7 日

缠中说禅　2007-06-07　15：04：21

3858 点的技术意义在今天表现无遗，突破就意味着一个大的中枢在形成，这样是大盘拨乱反正的第一步。因此，大盘就有了一个可以依赖的波动中心，但这个中心在形成中。4015 点是下一个位置，这位置如果不能突破，大盘还有严重变坏的可能，否则，大盘就有重新挑战 1/2 线甚至创新高的可能。

其他不能多说，马上要去看一个企业，明天主要看 3858 点能否站稳。

扫地僧：3858 点是 7 点的位置，4015 点是 3 点的位置。见图 227。

2007 年 6 月~11 日

缠中说禅　2007-06-11　20：50：14

今天的大盘走得很正常，周末没消息就是好消息，因此大盘当然要尝试对 4015 点进行攻击。前面说了，这一段都是深证带着上证走，前者的 1/2 线在 13700 点，这没碰到过，所以有空间。只要这节奏不变，大盘总体上就没大问题。现在，5 日线也成功拐头向上了，如果不会看短线走势的，就看 5 日线，不破就没问题。现在印花税太贵，短线不要太频繁，把操作级别放大点，人也轻松。

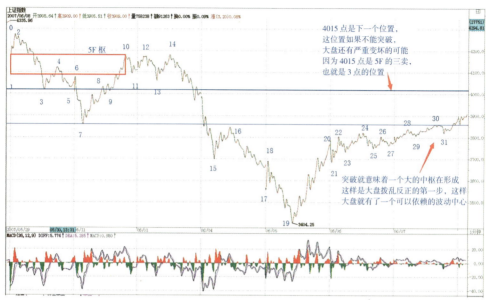

图 227

　　扫地僧：缠师由于出差，将两天的解盘放在一起说，走势就是逐步摆脱下方 5 分钟中枢开始走离开段。见图 228、图 229。

图 228

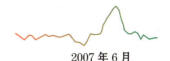
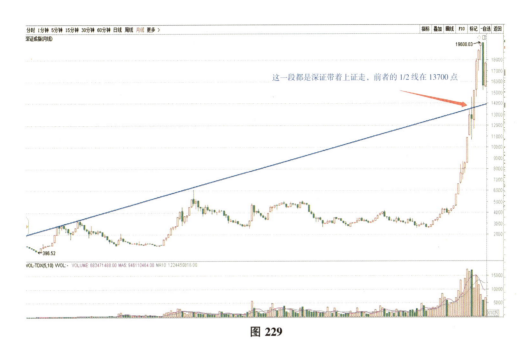

图 229

2007 年 6 月 12 日

缠中说禅　2007-06-12　15：46：25

今天的震荡都受不了的，就要好好补补心，买个猪心、牛心之类的回家啃啃。今天突破 4015 点后回抽 5 日线，技术上极端标准，现在是前面说的大盘拨乱反正走势的第二步，第三步就是 4144 点的 1/2 线，第四步是创新高。而深证是 13700 点，现在应该明白深证带着上证走的意义了。深证已经创新高，那么上证呢？当然，剧本能否一幕幕最终完成，必须依赖各方面的配合，如果再来一次半夜鬼哭狼嚎的，那只能再来一次悲惨世界，正如本 ID 上次说的，这样只能害散户，大资金砸狠，回补也狠，怎么会有事情？当然，现在谁还敢玩这样的夜半游戏，是要负历史责任的。

扫地僧：行情走到这里，最佳的分解如下图所示，具体原因，在 6 月 14 日的解盘中会有详细说明。见图 230。

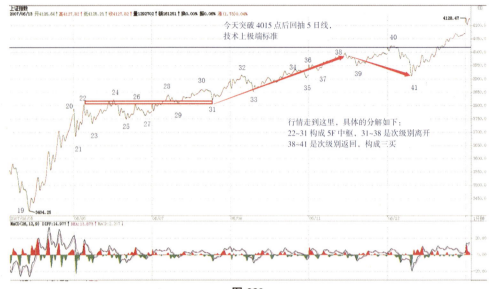

图 230

2007 年 6 月 13 日

缠中说禅 2007—06—13 15：49：07

今天是一个大换防，空翻多的，解套先出来的，这都是极为正常的。今天大盘的走势十分技术化，13700 点对于深证的吸引，4144 点在上午和下午都分别对上证起着作用，由于短线留下缺口，因此本周余下时间里，这缺口发挥着最重要的短线技术意义，后面的震荡难免。当然，站在纯技术的角度，这种震荡是必须的，没有一个充分的换防，行情要继续发展是不可能的。另外，心理面、政策面也需要考验，这也配合了技术的走势。

另外，特别要注意深证走势，如果深证在下周初还能站稳新高位置，将鼓励上证已经所有没有创新高的股票走出新高行情，因此，目前关键看深证成指能否在今后几天震荡中站稳，这在短线技术与心理上意义巨大。

对消息、政策要平和，关键是当技术上出问题时，一定要走。例如这次，30 日时，即使你有很重仓位，但一个第二类卖点，足以让你逃出来；然后在 5 日，一个标准的买点进入。这样下来，真要感谢这政策了。所以，关键不是政策如何，而是你的技术如何。政策只是合力的一部分，走势则是合力本身画出来的。

扫地僧：换防主要是有充分换手，调仓换股，把涨幅大的换成涨幅小的，多空在这里充分换手后，后续的行情发展才有动力。见图 231。

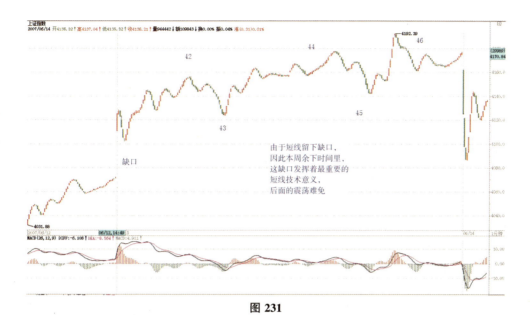

图 231

2007 年 6 月 14 日

扫地僧：以下解盘摘自《缠论 108 课详解》中的《教你炒股票 59——图解分析示范四》。见图 232~ 图 234。

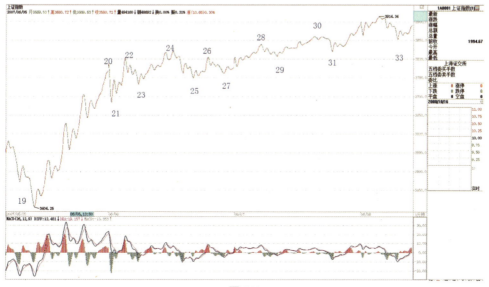

图 232

缠论解盘详解之一 （2006.11—2007.10）

图 233

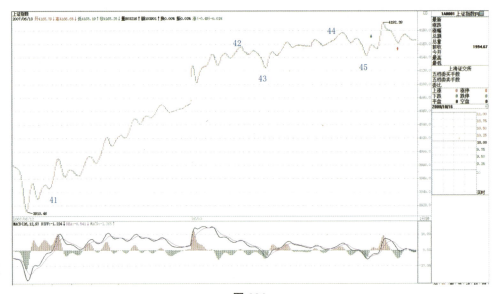

图 234

图 232 中，20~23 构成的 1 分钟中枢产生延续，29 是这中枢的第三类买点。

扫地僧：由于三买只能是针对最近的中枢，这里 29 点不能跌破 24 和 26 的较低者。

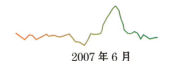

图 233 中，33 是 28~31，37 是 32~35 的 1 分钟中枢第三类买点。

图 234 中，由于红箭头处比绿箭头高，所以不能确定该线段已经完成。

扫地僧：这里不能确定该线段结束的原因有两个：一是由于红箭头比绿箭头高，这里没有笔中枢，这样的话，红箭头后面的向上笔力度虽然弱，但构不成标准的盘整背驰；二是红箭头后面的下跌笔没有跌破红箭头，而红箭头后第二个向上笔突破了红箭头后面第一个向上笔的高点，线段仍在延续。

还要看后面走势，由此可以知道如何去把握线段的结束：一般来说，线段的结束与大级别的走势段是一样的，在趋势中用背驰来确认，其他情况用盘整背驰来确认，如果有突发性事件，就要看第二类买卖点，其道理是一样的，只是所用到的级别特别小而已。而对于图三，后面的走势，与 42~45 的 1 分钟中枢相关，无非就是中枢震荡直到出现其第三类买卖点。

注意，在前面一课的 7-8-9 中，由于 8 下来的低点 3994.57 点与 7 中最后一个高点 3994.21 点极为相近，如果点数只用到个位的精度，两者就完全一样，所以在这种情况下可以看成是有重合的，因此可以分成三个线段。

扫地僧：先看图 235。

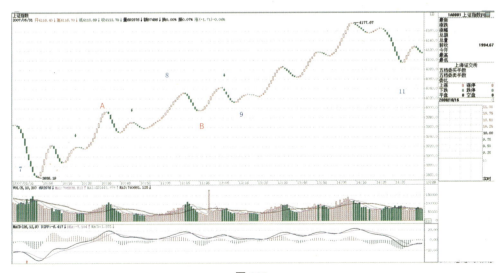

图 235

暂且将 7 后面的最后一个高点叫 A，8 后面的低点叫 B，如果 B 高于 A，则根据后面线段的标准定义，这属于特征序列的第二种情况，也就是特征序列的顶分型有缺口的情况了，这样如果算成段，就不能描述走势的强势了。

当然，如果精度要求到小数点后两位，那么这7-8-9其实可以看成是一个线段。一般来说，如果这两者如此相近，而且8中也带着明显的下一上一下，所以还是看成三线段比较好。当然，如何看，关系到你事先确认的精度，关键是统一去看，至于按哪种精度，都没有任何实质影响。

扫地僧：这里缠师花了一段话来解释8~9是否成段，其实也是变相地承认8~9不成段也是成立的，而且如果按照后面课程中对线段的标准定义，这里8~9是不成段的，但此时还未涉及线段的数学定义，再加上8~9是否成段对后面的走势分析不造成太大影响，所以就无所谓了。当时认为8~9成段的一个最主要的原因是可以把握9这个比较好的二买的位置，如果不成段，那么二买就到了11，那个位置显然是不利的。而且可以推测，后面线段的数学定义，应该是缠师为了有一个标准的统一的分解方法而现设计的，并非一开始就设计好的。

有人可能又要问，怎么总是说1分钟的图？其实，看什么图并不重要，从1分钟图看起，只不过意味着这分析的基础有一个1分钟图的精度前提，在这个前提下，当然要看1分钟的图，而这不影响对大级别的分析。例如，1~19，就构成一个5分钟的走势类型，而这走势，最终确认并没有形成两个5分钟的中枢，所以只能算是一个盘整。而从19开始到45，由于41低于32，所以这走势至少有一个5分钟的中枢，但这新的5分钟走势类型并没有最终完成。

扫地僧：补上前面缺失的包含有16~19的图，见图236。

图 236

这期间缠师由于出差，没有对 19 之前的走势进行详细的分析。现在我们来补充上：根据前面的课程指导，1~10 点是一个 5F 中枢，为了看起来清晰，可以将 1~14 看作 5F 中枢，由于 18 低于 15，因此 14~19 是离开这个中枢的 1 分钟趋势。此时可以看到没有盘整背驰，14~19 的力度明显最大。而从 14~19 的内部来看，18~19 这里的力度也要大于 16~17，只是在 18~19 内部有一个小背驰，因此 19 这里是一个小转大，根据前面小转大的处理方式，我们知道，19 起来的反弹重点参考 17 这个位置，而 20 直接站到了 18 之上，也就是说，当 19 有了一个内部的小级别背驰之后，一个线段的反弹就站到了 17~18 之上，此时就应该提防小转大的可能了，后面走到 24 时，此处的反弹已经升级为 1 分钟级别的了，那么此时要关注的则有两个重要点位 3 和 7，如果能上 7，则意味着 5F 中枢要升级（这隐含了一个前提就是从 19 起来的走势是一个 5F 级别的），如果这个 1F 级别走势结束时上不到 3，则是一个 5F 的三卖，那么后面问题的焦点就在于 19 起来的这个 1F 走势如何结束了。根据下段的分析，当走到 31 时，这个 1F 走势中枢就升级了，也就排除了三卖的问题。

对于 19~45 这个未完成的 5 分钟走势类型，可以进行仔细的研究。由于 29 比 24 低，则 22~31 也构成一个 5 分钟中枢，而该中枢，就对应着另一种分解。

扫地僧：由于 29 比 24 低，因此 20~29 可以分为，20~23、23~26、26~29 这 3 个 1F 走势，虽然 29 比 26 高了 0.91，但由于这是在 5F 级别的视角，作为次级别的 1F 走势内部是什么样子可以忽略的。当然，这么分解确实有些让人不舒服，那么后面的 31 低于 30，那么这个分解就可以变成一个看起来更舒服的分解方式：22~25、25~28、28~31，那么 22~31 就是这种分解方式的 5F 中枢，中枢区间是 24~29。

但无论如何分解，19~45 至少是一个未完成 5 分钟走势类型的结论不变。当然，站在这种分解下，41 就是 22~31 这 5 分钟中枢的第三类买点。

扫地僧：因为 38 是一个 ABC 盘整背驰，A=31~32，B=32~35，C=35~38，因此 31~38 是一个 1F 的离开，38~41 是 1F 的返回，从而构成 5F 三买。

因此，如果 41 开始的上升最终形成 5 分钟中枢后不与 22~31 这 5 分钟中枢重叠，那么这 19 开始的走势类型就是 5 分钟的上涨趋势了。

由上面的分析，对短线的走势就有一个明确的结论，只要关于 42~45 的 1 分钟中枢的震荡不出现第三类卖点，或者即使出现，但其后扩张的走势不触及 22~31 这 5 分钟中枢震荡区间，那么大盘的震荡就是强势的，即使最终形成 30 分钟以上级别中枢，也是至少是围绕 42~45 的 1 分钟中枢发展而来。否则，大盘将以

22~31 这 5 分钟中枢震荡区间为基础扩张出 30 分钟级别的中枢来，相应的走势就比较弱了。

　　扫地僧：这里的区别就在于这个 30F 级别的中枢的位置，一个是在 42~45 这里附近，靠上，一个是 22~31 这里，靠下。

　　而具体的操作，可以按照中枢震荡的手法，根据自己操作的级别，选择相应的中枢级别进行操作。

　　附录：

　　今天的走势没什么可讲的，昨天都已经描述得很清楚了。技术、心理、政策等压力，都需要在这里震荡消化。由于今天没完全补上缺口，因此该位置依然是短线的关键，当然，上面说的 42~45 的 1 分钟中枢，已经延伸 9 段，成为一个 5 分钟中枢了，后面具体的分析，在上面的文章里已经写了，就不再多说。深证受到 13700 点的吸引，短线，能否站稳该线对大盘走向有极大的引导作用。

　　扫地僧：当天发此文时是早晨 8 点多，而附录是收盘后对当天走势的补充，见图 237。

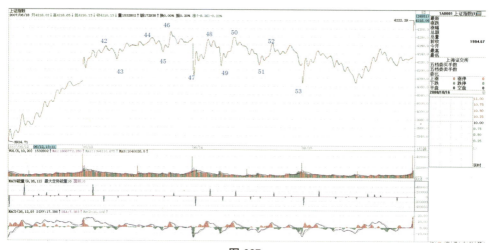

图 237

　　注意，在中枢震荡中，安全的做法应该是先卖后买、形成节奏。其实这问题很简单，从低位上来的筹码，当发现单边走势结束，进入较大级别震荡时，其标志就是出现顶背驰或盘整背驰，这就要求减磅，然后等震荡下来，出现底背驰或盘整背驰再回补，这样差价才出来，成本才下降。如果是先买后卖，那唯一可能就是在单边的时候，你的仓位不高，所以才会不卖股票也有资金，这其实是节奏

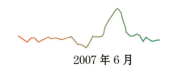

先错了的表现。

当然，这些都需要通过练习才能熟练。而且必须注意，一旦震荡的力度大于前面有可能形成第三类卖点时，就一定要停止回补，等待第三类卖点引发的下跌出现买点时再介入，很多人经常出问题，就是心里先假设一个可能的跌幅，觉得肯定跌不深，这都是大毛病。一定要养成只看图形操作的习惯。

扫地僧：一个简单的"不预测"，要想真正地做到还是很难的，交易最大的敌人就是自己。

还是那句话，无论是政策、心理、消息等，都是市场的分力，而走势是合力的结果，这才是问题的关键所在。

2007 年 6 月 15 日

缠中说禅　2007-06-15　15：30：42

今天的走势依然没什么可说的，把下面的缺口补了后，就继续中枢震荡，关键是都在等周末的消息面，其实，不管周末有什么消息，这两天都消化了。因此，尾盘重新冲上 4144 点，收在其下面不远的地方，也就是很正常的。目前，拨乱反正行情第三目标已经达到，后面将为第四目标的创新高而努力，当然，前提是先把 4144 点的 1/2 线给站稳了。

扫地僧：当天也形成了从底部上来的第二个 5F 中枢。见图 238、图 239。

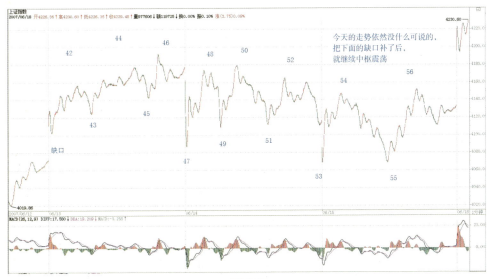

图 238

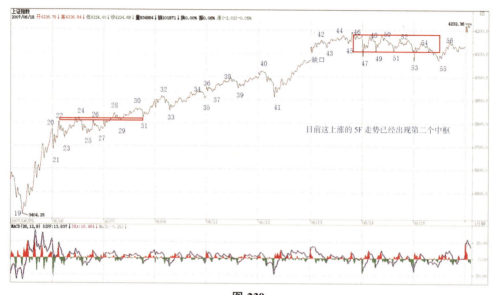

图 239

2007 年 6 月 18 日

缠中说禅　2007-06-18　15：16：38

4144 点站稳后，剧情就是去继续创新高的努力，因此今天的走势十分正常，不过是这种努力的一部分。由于今天留下缺口，因此后面几天就要震荡去确认这缺口的性质。短线震荡的判断，已经有很多次的经验了，所以不难把握。只要该震荡不出现 1 分钟的第三类卖点有效跌破 4224 点，那么就是强势震荡，否则，缺口被补的压力就大了。如果不会看的，可以看 5 日线。

扫地僧：下图中，55~60 是对最后一个 5F 中枢的次级别离开，60 开始要走对该 5F 中枢的返回，返回不破中枢就是三买。见图 240。

2007 年 6 月 19 日

扫地僧：以下解盘摘自《缠论 108 课详解》一书中《教你炒股票 60——图解分析示范五》。见图 241。

上一课刚好说到"红箭头处比绿箭头高，所以不能确定该线段已经完成，还要看后面走势，由此可以知道如何去把握线段的结束"。有人可能会问，为什么在这个位置不可以去预测、预期？因为市场自身并没有完成。但这里的未完成，是站在人观察的级别上说的，因为所谓的走势，首先是你观察的走势，没有离开

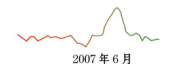
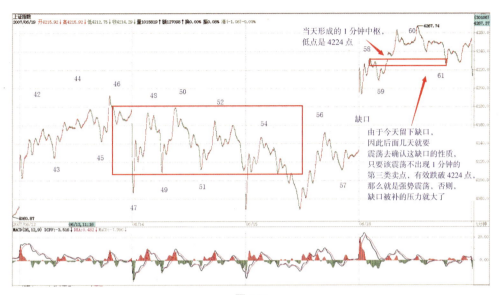

当天形成的 1 分钟中枢，
低点是 4224 点

缺口

由于今天留下缺口，
因此后面几天就要
震荡去确认这缺口的性质，
只要该震荡不出现 1 分钟的
第三类卖点，有效跌破 4224 点，
那么就是强势震荡，否则，
缺口被补的压力就大了

图 240

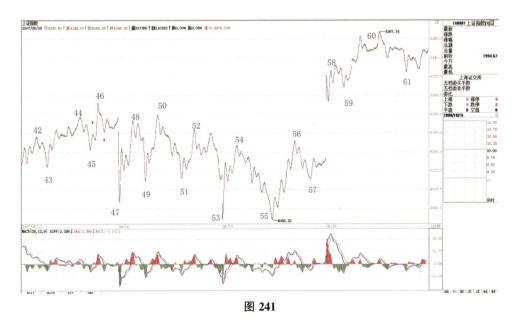

图 241

你的视线。不同倍数的显微镜下的世界是不同的，但市场操作的成本、交易通道、资金规模等限制了人观察并实际操作走势，所以必须确定一个最低级别的线段，把其下一切波动给抹平了。

扫地僧：缺口、包含关系的处理依据也是如此，把以下级别的一切波动给抹平了，原因就在于人的观察级别不可能无限小，而且我们用的软件也具有局限性，看图软件最小的一般都是 1 分钟图，那么自然就会把 1 分钟以内的交易都抹平，也就是说只要我们用 K 线图来看走势，都会在一定程度上将最真实的交易和走势做了模糊处理。

当然，根据严格的理论，用每笔成交当成最低级别，然后以此构筑线段。

扫地僧：这个每笔成交是每一单的成交，而不是走势图上的所谓的笔，以此构筑线段，也就是说，线段是构成最低级别中枢的次级别走势。

这样可以严格地分辨任何级别的走势，但这根本不具有操作性，特别现在交易成本增加，可操作的级别必然要增大，因此，一些可操作级别下的波动，必须要忽视。

从严格意义上来说，45~46 线段构成 43~44 线段的盘整背驰（注意，力度比较的是下面所有红柱子的面积之和），而细致分别线段以下级别，就知道 45~46 其实是一个小级别转大级别，而红箭头后第一次拉起不创新高，就可以出掉了，为什么，因为后面必然形成下—上—下的重叠结构，也就是有一个小中枢了，而线段以下级别的同级别操作，是不参与这类中枢的。当然，这是按最严格的，并没有太大操作意义的分析。而实际的操作中，大概真正有意义的操作，都至少是 1 分钟以下线段级别的。因此，在该图中，如果你是按 30 分钟级别操作的，46~47 的波动就可以不管，从 3404 点开始的反弹，一个标准的 5 分钟级别的上涨，因此你的持有就至少一直等待这 5 分钟级别的上涨出现背驰或突发破坏为止。

显然，46~55 是一个 5 分钟的中枢，55 跌破 53 后明显盘整背驰，各位也不难发现，如果把 55 当成第一类买点（严格来说，盘整背驰无所谓第一类买点，只是这样来类比），57 就是一个第二类买点

扫地僧：54~55 与 52~53 盘背的同时，52~55 还与 46~49 有盘背，所以 55 点是个区间套，其后至少走一个上涨的 1F 走势，因此才有 57 点是第二类买点之说。

55~60 是一个标准的线段级别的上涨，59~60 的背驰足够标准，看看下面 MACD 标准的黄白线回拉 0 轴，然后 60 新高，而柱子面积与黄白线高度都比前面不如，由此就知道了。因此，按照理论，60 后必然有调整回拉 58 之下，而实际上 61 就比 58 低，也就是说，58~61 形成一个新的 1 分钟中枢，该中枢是否扩展成 5 分钟的，以及上一个 5 分钟中枢的最高点，也就是 46，是否被重新跌破，都是今后走势的关键。如果 46 不再被触及，那就是超强走势，意味着 3404 点开始的 5 分钟上涨走势依然延续。

这里必须强调突发消息对市场走势以及操作的影响是不必过于在意的，本质

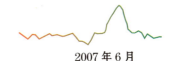

上，任何突发的消息，不过增加了一个市场预期的当下分力，因此，最终还是要看合力本身，或者说是市场走势本身。一般情况下，由于背驰的精确定位需要用区间套的方法，所以突发消息最不幸的，就是在这精确定位期间出现，例如这次530，就是这样。当然，这是一种小概率事件，更多情况，突发消息在背驰的精确定位后出现，这样突发消息对操作的影响就是 0 了。

扫地僧：因为背驰时已经操作了，突发消息对操作已经没有影响了，而且大多数时候这个突发消息会顺着你的操作方向起到加速的作用。

而对于那种最不幸的情况，用一个第二类卖点就足以应付，因此，突发消息出来后，在实际的操作中就不能放过这第二类卖点。不过要注意，并不是任何第二类卖点都需要反应的，这和级别有关，例如你是月线级别的，那这次所谓的大跌，看都不用看，爱跌不跌，随他去。即使你是 5 分钟级别操作的，如果某突发消息连一个 1 分钟的中枢都没破坏，只制造了 1 分钟以下级别的震荡，那么在所谓的第二类卖点，也是不用管的。原则很简单，任何消息都只是分力，关键是看对合力的影响，看他破坏了多大级别的走势，这一切都反映在实际走势中，看图作业就可以了。

注意，突发消息破坏的级别越大，越不一定等相应级别的第二类卖点。例如，一个向下缺口把一个日线级别的上涨给破坏了，那么，消息出来当天盘中的 1 分钟，甚至线段的第二类卖点，都是一个好的走人机会，如果要等日线级别的第二类卖点，可能就要等很长时间，而且点位甚至还比不上这一点，因为走势是逐步按级别生长出来的。

扫地僧：这和三买的道理是相通的，尤其在风险面前，宁可少利润，也不将自己置于风险上。

还有，级别只是区分可操作空间的，为什么按级别？因为级别大，操作空间通常情况下就大。但在快速变动的行情中，一个 5 分钟的走势类型就可以跌到50%，例如这次大跌，因此，一个这样的 5 分钟底背驰，其反弹的空间就比一般情况下 30 分钟级别的都大，这时候，即使你是按 30 分钟操作的，也可以按 5 分钟级别进入，而不必坐等 30 分钟买点了。

扫地僧：实战干货：当小级别出现大幅波动时，由于空间够，完全可以将级别放小一些，尤其是股票最后疯狂的加速期，如果等大级别的卖点就会错过很好的卖出时机。

今天的走势昨天已经说得很清楚，4224 点下不出现第三类卖点，就是强势震荡。今天的走势，显然符合这个要求。4224 点，就是上图 61 这位置，从 60 开始的 1 分钟中枢 [4224，4254]，今后两天就看这中枢的第三类买卖点。

扫地僧：看图 242。

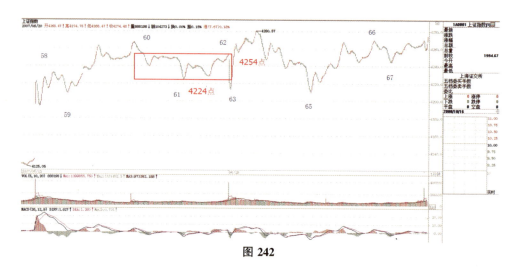

图 242

换言之，还和昨天说的一样，只要不在 4224 点下出现 1 分钟级别的第三类卖点，那就是强势，至于大盘要展开新一轮上攻，就要在 4254 点上出现 1 分钟级别的第三类买点，否则大盘就在该区间内继续中枢震荡延伸。

关于大盘的剧本不变，但个股之间显然会有分化，因此不能光看大盘，现在的股票，在技术上无非几类：①创新高后回试的，这可以用第三类买点来把握；②在前期高位下盘整蓄势的，这可以用小级别的第三类买点把握其突破，或在震荡低点介入；③反弹受阻拉平台整理的，这个第二同样处理，只是位置与前期高位有距离；④依然在底部构筑双底、头肩底之类图形的，这可以用第一、第二类买点把握。

扫地僧：实战干货：经过一波大幅下跌后，个股的表现有分化，只要大盘的走势依然良好，就可以将个股按照以上方式来进行分类，根据不同的类型制定不同的操作计划。

2007 年 6 月 20 日

缠中说禅　2007-06-20　15：36：32

今天走势十分正常，一个正常的中枢震荡，13：30 附近的背驰如果还不能当下看出，那么就要抓紧学习了。具体的分析，将在课程 61 里。如果当下没能分析出来的，请先自己分析一下，然后对照明早的课程，这样才能提高。

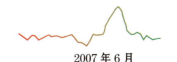
　　由于周一那缺口还在那里，因此成为行情发展的一个隐患，前面已经说过，只要震荡触及 4192 点附近的 46，那么中枢就将扩展。今天的走势已经触及该点，所以后面将是一个大的中枢震荡。短线还是看在 4224 点的 61，如果一个 1 分钟走势不能重新触及该点，就会形成一个 5 分钟的第三类卖点，那么震荡的区间就要往下扩展。如果能重新站稳 4224 点，那震荡依然是强势的。中线看，4144 点的 1/2 线十分关键，如果该线站不稳，那么大盘的调整级别就加大，否则就问题不大。不会看的，短线还是看 5 日线，中线看 5 周线，不破就问题　不大。

　　扫地僧：46~55 是第二个 5F 中枢，75 低于 46，因此中枢扩展出现。其实，这里最好的分解应该是 55~60 是离开第二个中枢的次级别，60~65 是返回，65 是三买，65~72 是离开，但与 55~60 构成了盘整背驰，而且 65~72 内部也是一个盘整背驰区间套，这样，72 就是一个 5F 趋势的多重区间套的背驰点。

　　但是缠师当时是以非同级别分解的角度来看，因为 60~69 也可以形成 5F 中枢，72 下来的走势还没完，此时看作 60~69 这个 5F 中枢与 46~55 这个 5F 中枢的扩展也是可以的。

　　但最后说如果一个 1 分钟走势反弹不能触及 61，就是 5 分钟的三卖，这点是令人不解的，如果算 60~69 这 5F 中枢区间，低点应该是 63（60~63、63~66、66~69 这三段最大的低点是 63）。见图 243。

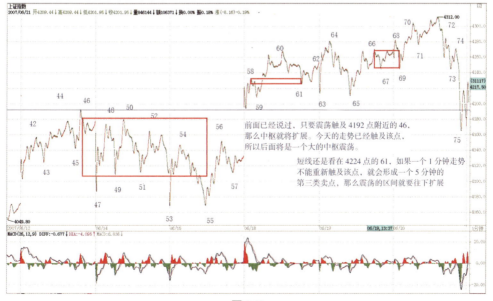

图 243

2007 年 6 月 21 日

扫地僧：以下解盘摘自《缠论 108 课详解》一书中《教你炒股票 61——区间套定位标准图解（分析示范六）》。见图 244。

图 244

要比较力度，发现背驰，首先要搞清楚是哪两段比较，其实，只要是围绕一中枢的两段走势都可以比较力度。显然，对于 60~65 这个 1 分钟中枢，55~60 与 65 开始的一段之间就可以比较。

扫地僧：注意，为什么是 60~65 这个中枢，而不是 60~63，最主要的原因是 62 小于 60，如果将中枢定在 62~65，比较的仍然是 55~60；而如果将中枢定为 60~63，那么 63 开始的走势分析与 65 开始的走势分析基本相同，都是在 71 出现三买，但从 65 开始的分析更清晰。

在实际操作中，65 开始的走势，由于没实际走出来，所以在和 55~60 比较时，都可以先假设是进入背驰段。而当走势实际走出来，一旦力度大于前者，那么就可以断定背驰段不成立，也就不会出现背驰。在没有证据否定背驰之前，就要观察从 65 开始的一段其内部结构中的背驰情况，这种方法可以逐次下去，这就是区间套的定位方法，这种方法，可以在当下精确地定位走势的转折点。

对于 65 开始背驰段的内部走势，当下走到 69 时，并不构成任何背驰，为什么？因为背驰如果没有创新高，是不存在的。所以，只有等 70 出现时，大盘才

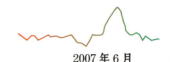

进入真正的背驰危险区。由于 69~70 段与 67~68 段比并没有盘整背驰，所以 70 并没有走的理由，除非你是按线段以下级别操作的。

扫地僧：这个解释有一些牵强了，如果按照这个逻辑，那么在 530 第二天的 7 位置也不应该有买入。个人认为真正的原因是在于区间套的级别不够，因为盘整背驰中，ABC 三段，B 和 C 的级别相同，那么站在 55~60 是 A，60~65 是 B，65 开始的走势是 C 的角度，ABC 的级别都够了，但从 65 开始的走势内部来看，65~66 是 A，66~69 是 B，69 开始的走势刚到 70，只有一段，此时是没有标准的盘整背驰，当然，走势走到 70 就完全可以转向，但此时只要有一段的下跌就还可以继续向上，而到 72 时，由于是多重区间套，其反转的级别自然要大，这才是主要原因。

而 71 构成对 66~69 这 1 分钟中枢的第三类买点。按照本 ID 的理论，其后无非只有两种情况，中枢级别扩展或者走出新的中枢上移。对后者，一个最基本的要求就是，从 71 这第三类买点开始的向上段不能出现盘整背驰，而在实际中，不难发现，71 开始的走势力度明显比不上 69~70 段，而对于 65~66 段，69 开始的走势力度也明显比不上，这从两者下面对应的 MACD 红柱子面积之和可以辅助判断。

因此，65 开始的走势是第一重背驰段，69 开始的是第二重背驰段，也就是 65 开始背驰的背驰段，而 71 开始的是第三重背驰段，也就是 65 开始背驰段的背驰段的背驰段，最后当下考察 71 开始的走势，从走势上红尖头以及 MACD 上红尖头可以当下知道，71 的内部背驰如出现，也就是第四重的背驰段出现了。由此可见，72 这个背驰点的精确定位，是由 65 开始背驰段的背驰段的背驰段的背驰段构成的，这就构成一个区间套的精确定位，这一切，都可以当下进行。

扫地僧：这个多重区间套的划分一定要反复推演下，在实战中特别有用，当然，前提是走势的分解是没问题的，这需要刻苦地练习。

对于实际的操作，72 四重背驰点出现后，卖是唯一的选择，而区别只在于卖多少。当然，如果是按 5 分钟级别以及以下级别操作的，当然就全卖了，因为后面至少会形成 5 分钟的中枢震荡，实际上，60~69 就是一个 5 分钟中枢。而对于大级别操作的，显然不可能因一个 5 分钟震荡而清仓，所以可以根据 5 分钟震荡可以容纳的数量进行对冲操作。小资金的利润率，在相同操作水平下，显然要远高于大资金的，例如像这样的卖点，小资金就可以全仓操作，大资金是不可能的。

如果说 72 的判断有点难度，需要知道区间套的精确定位，那么 74 的第二类卖点，就一点难度都没有了。唯一需要分辨的就是，这第二类卖点，同时又是一个 1 分钟中枢的第三类卖点，究竟哪个中枢？显然不是 70~73 这个，因为这里需要满足结合律。一个第三类买卖点，至少需要有 5 段次级别的，前三段构成中枢，第四段

离开中枢，第5段构成第三类买卖点。其实，这里的答案很简单，74是69~72这个中枢的第三类卖点。也就是说，74既是一个第二类卖点，又是一个第三类卖点，以前的课程已经说过，一旦出现第二、第三类买卖点同时出现的情况，往往后面的力度值得关注。实际上，74后面出现更大力度的下跌，这并没有任何奇怪的地方。

扫地僧：在实战中一定要对第二、第三买卖点重合的情况加以重视，这都是非常宝贵的实战经验。

对于60~69这个5分钟中枢，69的4244点是一个关键位置，如果在其下出现第三类卖点，那么走势至少将扩展成一个30分钟中枢，调整的幅度与压力就大了。而对于72开始的走势，73很重要，要重新走强，必须冲破73这一点，该点位置恰好也是4244点。因此，短线的4244点十分关键，重新站稳，则大盘将最多是5分钟中枢的延伸震荡，否则即使不演化成5分钟级别的下跌，也将扩展成30分钟级别的中枢震荡。

扫地僧：这个点位重要性的分析很有用，原则就是看中枢的级别如何升级，触碰到哪个位置时会触发扩展扩张的中枢升级。

如果在看过上面的课程，今天的走势都看不明白不会操作，那你大概要面临两种选择：①去和孔男人为伍；②洗心革面、好好学习。上面说到的4244点的技术意义，在今天走势中表露无遗，早上的杀跌补缺口，这次是一个明显的区间套底背驰定位，如果还看不明白，继续加倍努力学习或者放弃孔男人，自己选择吧。

扫地僧：如下图所示，72~77是个趋势，77是趋势背驰。见图245。

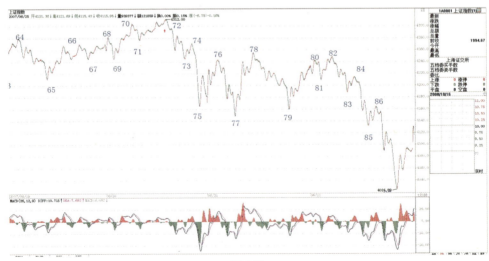

图 245

　　明天还是这个 4244 点，站稳就走强，否则继续 5 分钟的中枢震荡，并且要小心出现第三类卖点。明天又是周末，利空又准备满天飞，本 ID 早在前面说过，这里必须用震荡来化解技术、心理、政策的压力，如果整天还是周一看没消息就跳空，然后继续不断震荡等周五，然后周末等消息，这样轮回下去，是走不出坚定有力的行情的，所以关键还是心态，整个市场的心态必须在震荡中修复。

　　扫地僧：震荡就是在构筑中枢，中枢就代表着分歧，市场的心态必然是在分歧中逐渐修复的，一旦趋于一致，就是摆脱中枢走趋势的时候了。

　　今天最低 4147 点，和本 ID 反复说的 1/2 线 4144 点相差不远，中线关键还是看这线，不破就是强势。

2007 年 6 月 22 日

缠中说禅　2007-06-22　15：47：44

　　昨天说得很清楚了："明天还是这个 4244 点，站稳就走强，否则继续 5 分钟的中枢震荡，并且要小心出现第三类卖点。"今天的走势在 4244 点上精确地被再次压制，然后出现大幅度跳水，这些在今天走势的当下都很容易分析。81~82 的盘整背驰、84 的第二类卖点，后面走出一个线段的标准下跌，以红箭头所指微型中枢前后出现背驰，然后有 87 的转折，但这个转折，由于 86~87 没有背驰，所以，只能是线段下级别的，因此，并不能现在就确定该线段就走完了，除非重新突破 85 的 4131 点。

　　扫地僧：关于 4244 点的重要性，在 21 日的解盘里有说明，如图 246 所示：

　　对于 60~69 这个 5 分钟中枢，69 的 4244 点是一个关键位置，如果在其下出现第三类卖点，那么走势至少将扩展成一个 30 分钟中枢，调整的幅度与压力就大了。而对于 72 开始的走势，73 很重要，要重新走强，必须冲破 73 这一点，该点位置恰好也是 4244 点。因此，短线的 4244 点十分关键，重新站稳，则大盘将最多是 5 分钟中枢的延伸震荡，否则即使不演化成 5 分钟级别的下跌，也将扩展成 30 分钟级别的中枢震荡。见图 246。

　　4244 点是图中 69 和 73 的位置，69 是上一个 5F 中枢 60~69 的下沿，虽然 60~69 是上涨 5F 走势的中枢，但根据走势多义性，这个中枢也是最近的可以参考的最大级别的中枢，所以 69 这个中枢下沿具有很重要的参考作用。

　　73 是从高点 72 下来的第一个低点，或者说是第一个 1 分钟以下级别的中枢下沿，要想走强必须冲破这一点，之前的解盘里也有很多类似的情况，下跌的第一个中枢的位置是走强的必要关口。见图 247。

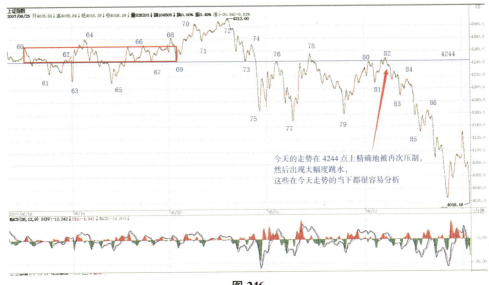

图 246

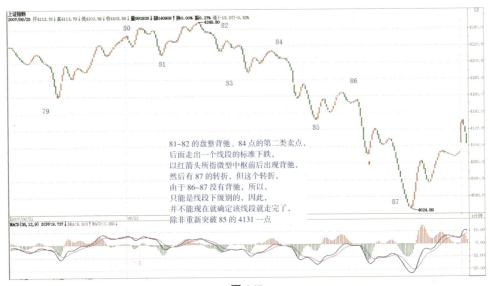

图 247

　　站在中枢的角度，75~84 这个 5 分钟中枢下边在 4188 点，如果后面的走势不能重新站上去，就要提防形成 5 分钟第三类卖点。而前面已经说过，现在的情况是 46~87 已经构成一个 30 分钟的中枢，短线的问题只是这中枢的第三段是否完成。其后就是该中枢的一个中枢震荡，该中枢区间在 [4067，4192]，该中枢要管大盘一段时间直到出现 30 分钟的第三类买卖点。

扫地僧：4188 点就是下图中的 83，该点的确定很简单，5F 中枢第一段的高低点是 75~78 的最高最低点，也就是 77~78，同理 78~81 的高低点是 78~79，81~84 的高低点是 82~83，取 77~78、78~79、82~83 的重合部分，就是 82~83，那么低点就是 83 点，也就是 4188 点。见图 248。

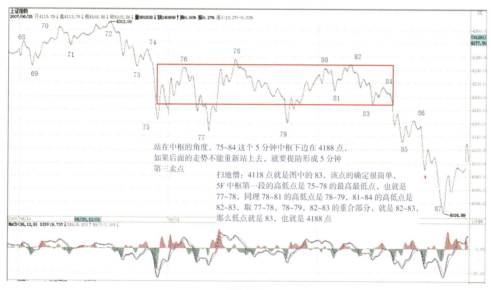

图 248

同理，这个 30 分钟的中枢区间就是 46~55、55~72、72~87 这三个走势的重合部分，也就是 46~55 这个区间，刚好是 ［4067，4192］。见图 249。

下周走势十分关键，由于关系到月线特别是季线的收盘，季线如果留出很长上影，则 7~9 月的行情压力都很大。所以，对于多方来说，下周的任务就是不让季线留下长上影。只要收在 4144 点的 1/2 线上，就是多方最大的胜利。本 ID 在 5 月初关于 4144 点的 1/2 线要管大盘至少 3 个月的断言，看来肯定是成立了。

扫地僧：今天这段解盘相当精彩，从 1 分钟级别到 30 分钟级别的联立分析，这也是多级别联立分析的一个经典案例！

2007 年 6 月 25 日

缠中说禅　2007-06-25　19：03：22

技术上，本 ID 在周五已经说得很清楚了，"因此，并不能现在就确定该线段就

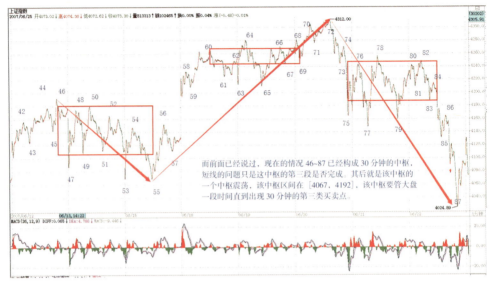

图 249

走完了，除非重新突破 85 的 4131 点。站在中枢的角度，75~84 这个 5 分钟中枢下边在 4188 点，如果后面的走势不能重新站上去，就要提防形成 5 分钟第三卖点"。今天的反抽，就像上周的 4244 点，极端精确地最高到 4131 点，这就是一个很明确的信号，后面的下跌理所当然。目前最关键的位置是 4025 点，该位置是新的 1 分钟中枢的下边，这位置不重新站住，大盘还要继续变坏。而 3982 点也是很重要的，如果能重新回到上面，那至少将演化成一个新的 5 分钟中枢。如果连上面这个最基本的条件都不能满足，那大盘就一定以线段的形式下移到形成一个新的 1 分钟中枢为止，至于这个位置是多少，没必要预测，当下用背驰的方法很容易判断。

扫地僧：4025 点是图中 87，也就是 87~90 这个新的 1F 中枢下沿 ZD，而 3982 点是 89，是这个 1F 中枢的 DD，后面的反弹如果能触及 89，则会扩展出新的 5F 中枢。否则就会在下方形成新的 1F 中枢。见图 250。

2007 年 6 月 26 日

缠中说禅 2007-06-26 00：20：58

今天的大盘，哦，对不起，应该是昨天的大盘，一点都没逃离昨天凌晨的解盘所画的圈。大盘就是以线段的形式下移到形成背驰后构成一个新的 1 分钟中枢，昨天说的 3982 点、4025 点依然是今天的最关键位置，相应的分析，依然和昨天一样。

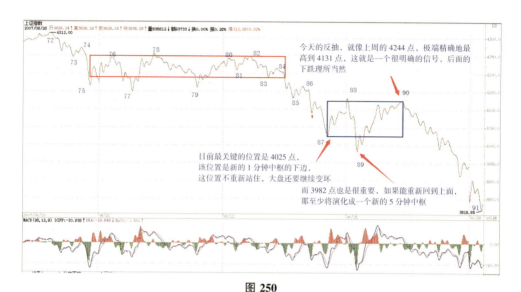

图 250

用大幅度震荡来清洗，消化政策等的压力，这是近期的策略，前面已经说过，现在依然如此。这是一个练习技术的好机会。本周站在中线角度十分关键，这在上周解盘中已经说过，月线、季线收盘，这对中线走势，有着一定的指导意义。

扫地僧：当天反弹没有触及 89，最终形成了这下跌的 1 分钟趋势的第二个中枢。见图 251。

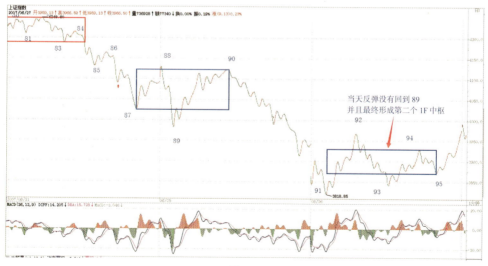

图 251

2007 年 6 月 27 日

缠中说禅 2007-06-27 15：29：56

今天一开盘就突破 3982 点，所以就奠定了全天的强势基础，后面的洗盘不过是突破 4000 点后的一次回洗，让不坚定分子最后下车，然后就展开一路的上攻。13：40 的回调刚好在这几天强调的 4025 点，这信号也太明显了。明天，下面看 4025 点能否继续站稳，上周强调，周一刚好被狙击的 4131 点能否继续构成阻力。周四，是一个爱震荡的日子，而对周末效应的恐惧，也让明天走势震荡难免。而站在新的 5 分钟中枢角度，后面的走势，在该中枢第三类买点出现前，都可暂时归于中枢震荡。不会看的，就看 4131 点，该点没被有效突破前，关键是站稳 5 日线，这是今后三天大盘的关键，就是 5 日线要站住，否则还要大幅度震荡。

中线，留给多头去修复季度 K 线的时间只有两天了，这两天很关键，本 ID 上周就说过，如果能收在 4144 点 1/2 线上是最理想的。两天，什么事都可能发生，尽力而为吧。

扫地僧：依旧是看中枢的上下沿能否站稳来看市场能否走好。见图 252、图 253。

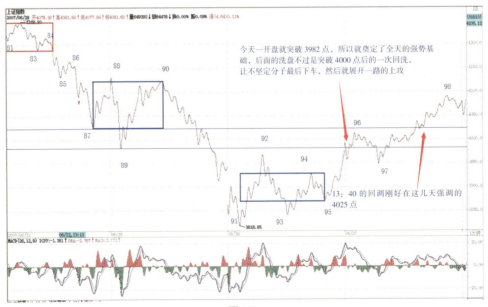

图 252

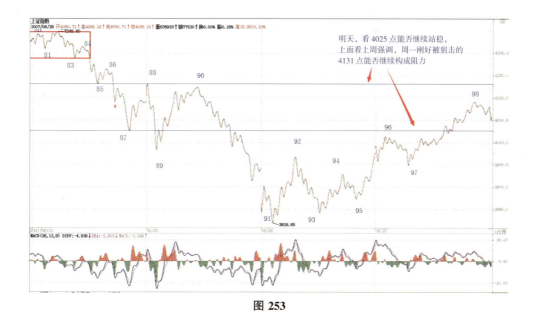

图 253

2007 年 6 月 28 日

缠中说禅　2007-06-28　15：53：15

大盘的中线走势，在前面 6 月 4 日的文章里已经明确说过"而 5 月初给出的技术面分析依然有效，目前这 1/2 线已经上移到 4144 点，深证成份指数相应位置在 13700 点，能否最终有效站稳该线，是判断中期走势是否重新趋强的关键。在此之前，大盘走势将以震荡形式逐步消化技术面、政策面的压力。其中，目前在 3600 点附近的 5 月均线将是判断大盘是否正常调整的关键，只要该线不有效跌破，那么大盘的调整在正常的范围内，否则大盘的调整时间将大为增加"。本月的走势，基本就是在这 5 月均线与 1/2 线之间的震荡，而 7 月，这个判断依然成立，但要密切注意突破的方向，因为 7 月时，5 月均线将上移，空间压缩，最迟 8 月初就要选择突破方向了。之前，就是大玩震荡，狠拉狠砸，把利润给洗出来，把差价打出来。

今天的大盘，冲不破昨天给出的 4131 点，调整就成了必然。然后又跌破 4025 点，所以调整就加大了，这在盘中都很容易判断出来。实际操作，特别对待震荡行情，就是要敢卖敢买，该卖一定要卖，反而买却不一定，特别对技术有点问题的，仓位可以控制好。当然，技术没问题的，这里就是天堂，一定要记住本 ID 的多次忠告：股票都是废纸，只有能弄出差价来才是抽血，否则上涨下跌不过

是坐电梯，和你有什么关系？而要弄差价，用中枢震荡的手法，就是最好的，这需要刻苦的学习和练习。

把图弄上来花了点时间，图中 100 的顶背驰都看不出来的，102 的第二类卖点看不出的，都要抓紧学习。102 后面的 103 在收盘时还没走完，只要 102 走完，就是要出现线段里的底背驰。而下面箭头位置，就是大盘短线的压力所在，特别是最下面一个，必须站稳，否则大盘就是最弱走势，至少要等待出现 1 分钟以上级别的背驰才有介入价值。

扫地僧：图中 100 是 95 开始的一个趋势背驰，102 是二卖，都被 88 也就是4131 点压制，然后跌破中枢下沿 87，也就是 4025 点，103~104 的一段反弹也是被 4025 点压制，非常技术，这些都是市场走弱的表现。见图 254。

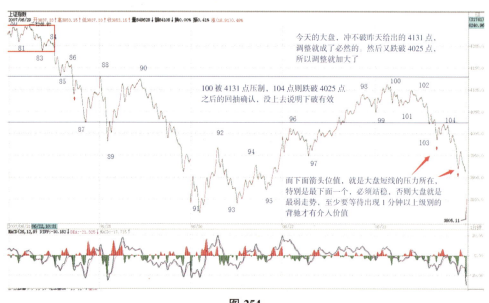

图 254

2007 年 6 月 29 日

缠中说禅 2007-06-29 08：54：40

昨天解盘中已经说到，如果图中红箭头所指位置不能突破，那么大盘就是最弱走势，今天，大盘盘中的反弹就刚好被这位置 3919 点所压制，一点都不差，这就如同前面的 4244 点、4131 点等一样，都是极端精确的。谁告诉你本 ID 理论没有预测功能的，只是预测都是无聊玩意，没必要浪费时间。关键还是当下的操作。

今天 105 的背驰十分简单，但由于前面没有明确的 1 分钟中枢，所以这种背驰一般都只构成盘中的意义，昨天已经说过，只有 1 分钟以上级别的背驰才有参与意义。目前交易成本这么贵，又不是 T+0，所以不熟练的，一定不能参与一些大级别的活动，太小的，估计只能用在权证或特别强势的股票上。但技术好的除外。今天，这样的震荡可以又吸出不少的血。

扫地僧：105 的背驰并不是 104~105 与 102~103 比较，而是早盘那个反弹前后进行对比，是一个段内背驰。见图 255。

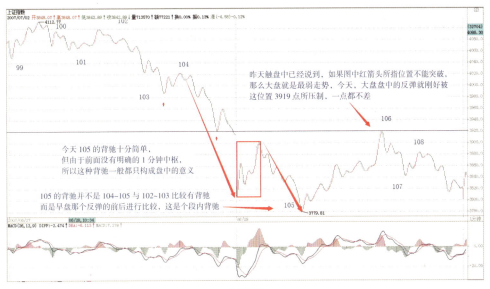

图 255

由于季线有 500 点的上影，所以该上影将一路压制 7~9 月的走势，本 ID 的那条 1/2 线，下月将上移到 4159 点，在站稳该线之前，大盘不可能展开像样的行情，只能如本 ID 6 月 4 日文章所说的一样，就是一个大震荡。下月的关键是 5 月均线，如果不破，那么大盘还有机会走三角形的整理，否则，一个平台形是不可避免的。本 ID 在 6 月 5 日反弹时已经明确说过，这个反弹最终不可能演化成 V 形，现在看来，最强的是三角形，其次是平台形，所谓平台形，就是要再次考验 6 月 5 日的低点。

当然，现在大盘依然存在走三角形的可能，下周是关键，5 月均线不能有效跌破，而好的介入时机，还是至少是 1 分钟以上级别的背驰，反弹的压力，3919 点以及最重要的是 5 周均线。对于技术不好的，对震荡行情没把握的，在 5 周均线

重新站稳之前，都可以不参与任何活动，多读点本 ID 的帖子更好。但是，像技术好的，如同本 ID 般经常要活动一下才舒服的，就可以在震荡行情中大吸其血。

扫地僧：大盘 6 月的关键是 5 月均线是 3567 点，在下周 7 月 6 日出现了低点，刚好是 3563 点，仅相差 4 点，这样大盘就形成了三角形中枢。见图 256、图 257。

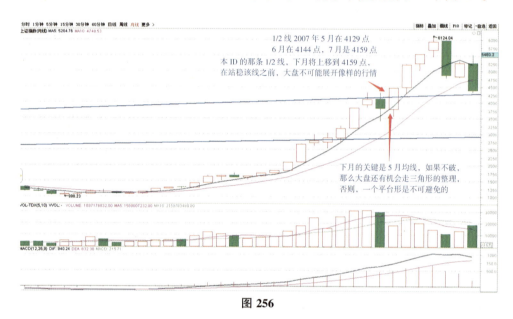

图 256

图 257

230

2007 年 7 月

2007 年 7 月 2 日

缠中说禅 2007-07-02 15：32：58

今天的走势，简直是标准教科书，连这都看不明白，你要严重补课了。图中110 的线段里的小顶背驰，111 的小底背驰，都是极端标准的。111，看不明白的，看看 MACD 里那两个红箭头指着的绿柱子面积比。如果还有人问，为什么前面的不是，就一定要把分型、笔、线段那课以及 63 那课好好看看了。图中红箭头处，趁着现在 1 分钟图还能看到，请去好好研究那为什么是一笔，那底分型是怎么构成的，这都有最严格的标准。见图 258。

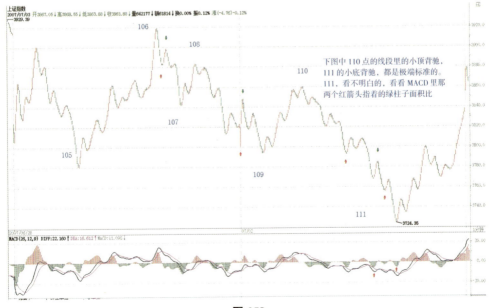

图 258

至于 110~111。红箭头那两个为什么不是最终精确定位的背驰点？这都是些以前就应该解决的简单问题。像第一个红箭头位置，第一次略微跌破 109 那位置，这时候把已经出现的面积和前面 108~109 的对应面积之和比，已经十分接近，也就是说 110~111，刚起跌，这力度已经和前面的 108~109 差不多，这恰好说明这一段的力度是很强的，不但不可能是对 108~109 背驰，而且站在中枢震荡的角度，这种力度，一定是小级别转大级别以时间换空间或与更大力度的对比产生的背驰才能化解的。后面这种情况，在这个实际的图形中，就是与前面 104~105 的下跌力度比。110~111 这段，相比较的是 104~105 这段，中间的震荡中枢，是 105 到 110 这个。因此，这里根本不存在与 108~109 对比的问题。站在 105~107 这个中枢的角度，110 虽然不构成第三类卖点，但也极为接近，这种对中枢的离开，力度一般都很大，所以就算你搞不清楚和哪段比，也至少要等这段的结构被破坏，才有介入的可能，而后面，上—下—上的两次反抽，根本就没有破坏其结构，因此后面的破位下跌就是天经地义的。

扫地僧：109~110 内部很明显是一个趋势背驰。110~111 这线段里，第一个红箭头处是一个中枢，第二个红箭头处是第二个中枢，看起来第二个红箭头那个向上笔和绿箭头那个向上笔没有重合，但实际上其整数位是相同的，缠师前几天也刚说过不考虑小数点后的数字，整数位相同就可以认为是重合，故这是两个中枢，下面 MACD 第一个红箭头对应的绿柱子就是第二个中枢之前的走势，第二个红箭头对应的绿柱子就是背驰段，相比较就有了背驰。

至于走势，没什么可说的，就是震荡，这里是本 ID 理论的天堂，如果说单边势傻瓜都能赚钱，那么这种市场，就不是一般人能把握的了。能把握，就有了一个好的吸血机器，练习好了，那算有点模样。具体的中枢分析，本 ID 不准备说了，有这么明确的线段划分，按照递归定义，答案不难得到，如果这都不练习一下，那就没法学了。大的技术位，和周五说的没什么不同，唯一需要补充的，就是图中 107 这一点，如果能站稳，至少这中枢震荡是有保证的，上面还是 3919 点是第一压力，现在，等于成了一颈线位置了。再上面，就是 5 周均线的位置。大图上说，今天是受到 5 月均线的支持产生的反弹，这线最重要，三角形还是平台形，就看这 5 月均线是否有效跌破了。

扫地僧：3919 点就是图中 106 的位置，这是第二个中枢的波动上沿（GG）。但首先还是先站稳中枢下沿 107 的位置，也就是中枢的 ZD。见图 259。

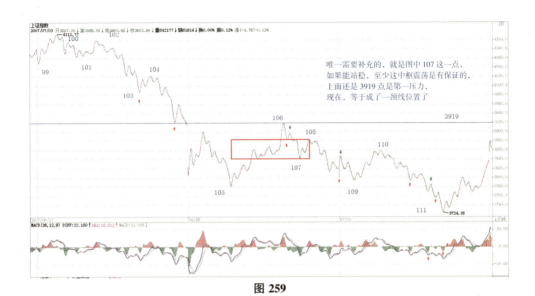

唯一需要补充的，就是图中 107 这一点，
如果能站稳，至少这中枢震荡是有保证的，
上面还是 3919 点是第一压力，
现在，等于成了一颈线位置了

图 259

2007 年 7 月 3 日

缠中说禅　2007-07-03　15：30：02

今天的大盘，就是在这 N 天反复强调的 3919 点颈线下进行的蓄势，现在，图形上头肩底的雏形已经基本按剧本构造完毕，但如果颈线突破不了，那还是白搞。现在，人心涣散，谋事能成的概率，当然没有前面的多了。现在，剧本中最好的情节，就是走三角形，这次上去是 D 段。但这次的把握性比上次 B 段那次要差，剧本只能按每天一步步演，下面最关键的是颈线的突破与回抽确认，但现在人气涣散，最主要是现在有些人，不断放暗枪，特别那些等额度的，肯定不想上，希望走平台形，因此不断捣乱。而走三角形的，又不一定很团结，只能见一步走一步，但本 ID 会尽力的，能走到哪里算哪里。

扫地僧：确实，一个头肩底的雏形已经出来了，见图 260。

缠师希望走三角形，也就是 7 月 2 日的 111 就是这波调整的低点，三角形三段是 ABC，那么从 111 开始走 D 段，而汉奸希望走平台形，也就是回到上次调整的低点 3400 点附近。见图 261。

2007 年 7 月 4 日

缠中说禅　2007-07-04　15：45：01

技术没什么可说的，颈线不能放量突破，图形自然受到破坏，大盘最坏的情

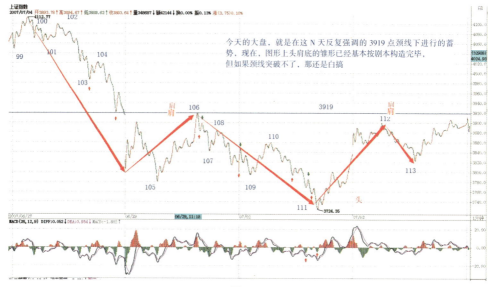

图 260

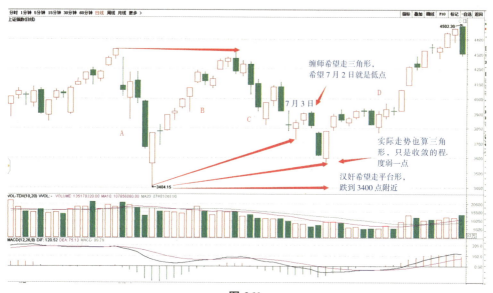

图 261

况，就是进入缩量阴跌，散户的对策，本 ID 已经多次说过了，如果你没有技术、没有资金实力，那就半仓甚至空仓去当顺民，等待抗战胜利的机会然后再出来。

扫地僧：图中 116 是个标准的盘整背驰，120 是个 1 分钟三卖，加上 3919 点不能突破，下跌就顺理成章。见图 262。

图 262

2007 年 7 月 5 日

凭空接坠石，依然开弓没有回头箭（2007-07-05　15：43：43）

所有的战役都不是一天能完成的，现在，进行的是一项不可能完成的任务，谁都知道，技术上周线刚破位，所以，技术指标与大的环境都不可能让这样的任务完成，但本 ID 既然这样选择了，就义无反顾。今天，是指标股被全面打压的一天。上下午两次的介入，同样 50 点的反弹，都以失败告终，但开弓没有回头箭，抗战必须坚持而且继续坚持，每一次的狙击，都是一次拉锯与消耗。没有正面的狙击，游击战争是开展不起来的。看看今天中石化等放出的量就知道了，虽然这是凭空接坠石，但必须接。而且，这也是以后需要的一些基本筹码。

今天的能量消耗不大，只属于试盘阶段，现在重点在三大领域，就是整体上市、大重组、中小成长股，这是与指数无关的。技术上，必须依靠年线，那些没有回到年线的股票，都不足以支持。但，这样的战役，靠一方力量是不足以完成的，像今天的两次反抽，最后都是因为没有呼应而夭折。但是明知道失败也要干，对技术指标上的战术准备，这两次反弹也是必要的。

但战争有其规律，不能莽撞，技术上，所有的因素都有利于汉奸与等额度

的，但所有技术都是合力的结果，本 ID 站出来，而且将继续义无反顾地干下去，就是要改变合力。这合力是由每个人组成的，这是一场成功率只有 1% 的战争，每多一分努力，都是值得的。而改变合力，最终都反映在某级别的买点上，本 ID 就是要在逐步的分级抵抗中，把大级别的买点构造出来，这是今后一段时间的任务。

扫地僧：平空接坠石，是缠师最壮烈、最牛的一次，也生动地直播了一次大资金如何逐步改变走势，构造出大级别的买点。上下午两次的介入是想构造出一个 1F 级别的中枢。见图 263。

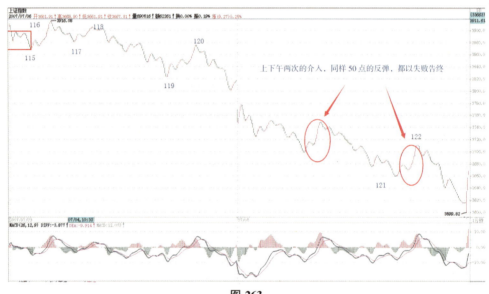

图 263

从技术上看，当时处于离开这 30 分钟中枢的走势中，如果任由它大跌，那么就会破坏盘背的可能了，接坠石的目的也是为了让这个背驰段赶紧结束，使得大级别的盘背成立。见图 264。

2007 年 7 月 6 日

缠中说禅　2007-07-06　15：50：50

具体的盘中事情，各位就没必要知道了，各位只需要知道结果。而结果是什么，已经永远刻在中国证券历史的 K 线图上。当然，如果要学技术，要当猎鲸者的，请好好去研究一下，从昨天凭空接坠石的两波反抽，到今天早上一开始的急拉，到后面的下跌，是如何构筑一个良好的技术反攻图形的。例如，可以看看 5

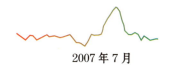
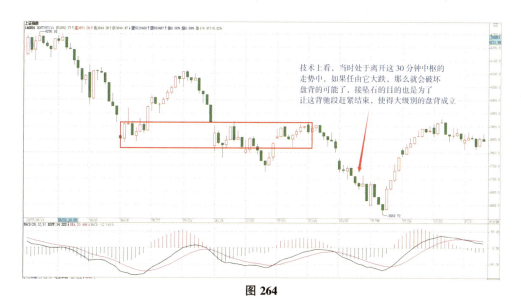

技术上看，当时处于离开这 30 分钟中枢的走势中，如果任由它大跌，那么就会破坏盘背的可能了，接坠石的目的也是为了让这背驰段赶紧结束，使得大级别的盘背成立

图 264

分钟图，是如何用钱把这个底背驰给构造出来的。本 ID 也不能违反本人的理论，就像牛顿也不能让苹果尽往天上飞一样。

扫地僧：昨天两波反抽，到今天早上一开始的急拉，刚好构筑了下跌的 1F 走势中枢，并且让 5 分钟的 MACD 黄白线刚好回抽 0 轴，其后的下跌就是勇敢地顶出底背驰，用钱构造底背驰，关键在于如何构造中枢并且围绕中枢做出背驰。见图 265。

从昨天凭空接坠石的两波反抽

到今天早上一开始的急拉，到后面的下跌

5 分钟上，刚好使得 MACD 黄白线回抽 0 轴，之后的下跌顶出背驰买点

图 265

市场走势是合力的结果，市场不是本 ID 一个人的，本 ID 这一方的力量也不可能就是合力本身。目前市场走势，存在三种选择，而每一种选择对应着不同的多方能量要求，依次如下：

（1）三角形调整。这种走势，要求的多方能量最大，具体走势分析，从 530 开始，大盘完成了三角形的前三段，目前正走三角形的向上第四段。这种走势要成立，前提就是要重新有效突破 3919 点的颈线，否则，如果没有足够能量达到这一点，大盘的三角形形态最终不可能成立。

（2）平台形调整。不能重新站稳 3919 点，然后再逐步积聚空方能量，再次考验 3400 点低位，最强的平台形可以在 3400 点上完成，而一般地，将跌破 3400 点形成空头陷阱，极限位置可以达到 2800 点附近。

（3）大平台形调整。这种情况下，大盘的调整时间将大幅度增加，也就是说第二种的平台形成后，形成一个大的反弹段后重新进入跌势，整个调整就是针对 1000 点上来的两年行情的大调整，极限位置，可以达到 2100 点附近。

前两种调整，时间都不会太长，最快的情况下，7 月就可以完成调整。而后一种情况，调整至少延续半年。注意，市场的任何走势都是当下形成的，并没有任何上帝规定现在就要选择哪一种调整方式，市场最终走势是合力的结果，所以，本 ID 上周的努力，并不是毫无用处的，所谓绝地反击，就是要在最合适的时机四两拨千斤，用分力去改变合力，让合力按更好的选择去选择。

扫地僧：图 266~268，就是对这三种选择的图示。

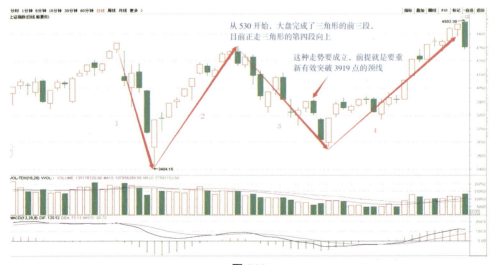

图 266

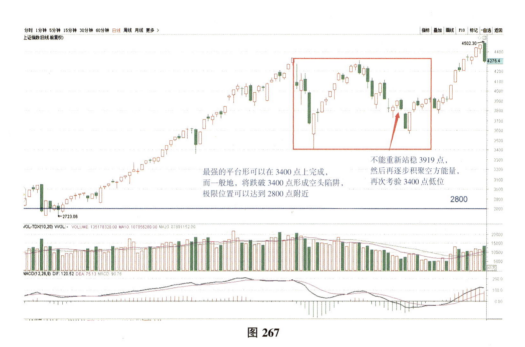

图 267

图 268

缠论解盘详解之一 (2006.11—2007.10)

2007 年 7 月 9 日

缠中说禅　2007-07-09　15：35：37

大决战的第一目标，今天已经达到，就是用比下跌更低级别、更猛烈的方式重新回到前面 3900 点下的中枢里。只要回到该中枢里，一切都可以下回分解了，多空都将有一个喘息的时间去思考下一步的走法。

由于现在是打仗时期，本 ID 的分段就不要放上来了，免得汉奸鬼子从中揣测本 ID 的意图。但根据本 ID 前面给的分型、笔、段的原则，其实并不难解决。昨天的大盘长中短走势略说，已经把大盘的长中短走势按纯理论分析得十分清楚了，各位根据实际走势，不难发现最终合力选择的结果。

本 ID 这分力，当然是要选择第一种走法，而且三角形这个选择，本 ID 也不是现在才说的，这也是上周出手的主要技术理由。当然，由于本 ID 现在是身在此山中，所以多说也没用。

扫地僧：用更小级别更猛烈的方式回到上方中枢，后面就更加进退自如，因为如果是比较大级别的走势回去，那么下一个下跌走势的级别也大，会给多方带来更大压力。见图 269。

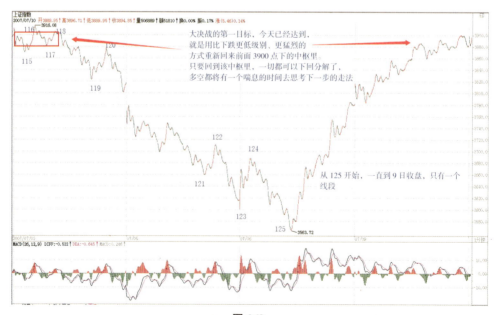

图 269

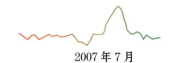
2007 年 7 月 10 日

缠中说禅　2007-07-10　15：43：11

今天的调整如期而至，这点在昨天已经说了。这种调整，无论多头空头，都是需要的，所以可以说是众望所归。今天由于金融股的超好业绩，引发大盘瞬间突破 3919 点，这并没有改变该位置的强大压制作用。

现在本 ID 与汉奸鬼子的分歧在于，这个 3919 点颈线下的头肩底是否能形成。所以，真正的鏖战还在后面。当然，其实最后是什么图形并不重要，最终都要归结到 3919 点颈线的有效突破，如果这一点达不到，其他一切都没意义。

扫地僧：见图 270、图 271。

图 270

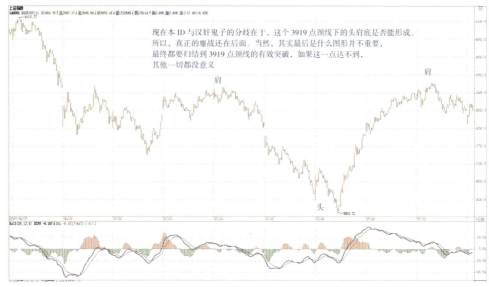

图 271

2007 年 7 月 11 日

缠中说禅 2007-07-11 15:41:38

昨天说了，真正的鏖战还在后面，今天，是一个地量，却是多空间一场残酷的无量鏖战，其他大多数的市场参与者都采取观望的态度。有点像古代战场上，对敌双方的主将在那里大战三百回合，周围 N 万人在那里观战，一旦一方取对方首级，后面就可以掩杀过来，来次大胜了。

当然，股票市场还要复杂点，有时候对方可能是九头虫，砍一个又冒一个出来，所以需要极端的耐心，不要期望一次搞定。今天的无量与震荡幅度极端收窄，只不过意味着更大规模的、在更广空间上的对攻战的开始。

扫地僧：股票市场里，对方攻击的板块可能是多个，砸完一个又砸一个。当无量与震荡幅度收窄时，说明双方在酝酿更大规模的战斗。

这是一场中国资本市场的斯大林格勒保卫战，对其残酷性要有最充分的准备。

中短线来说，3919 点不能有效突破站稳，那么多方的中短线战略就没有得到真正的胜利；中长线来说，目前在 4159 点的 1/2 线不被有效突破站稳，多方的中长线战略也只能是空想，所以，对于多方来说，胜利还很遥远，还需要加倍的努力。1%的可能，也要付出 100%的努力。

扫地僧：中短线还是看肩部 3919 点。见图 272。

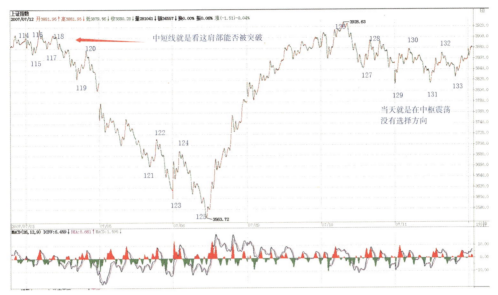

图 272

2007 年 7 月 12 日

缠中说禅　2007-07-12　15：38：28

看完今天的走势，各位重新去看 N 天前的"凭空接坠石"，依然开弓没有回头箭，大概都有别样感觉了。今天，坠石化为星球大战中的光剑，挥舞出雄兵亿万，直指 3919 点颈线，关于这光剑的道具，前面的帖子里也提过了。

当然，昨天说的更大规模、更广空间上的多空对攻战，今天不过是开始，后面的困难，还是想多点，准备充足点，毕竟现在，技术指标没被完全修复，人气还没被有效聚拢，后面的路还长着。"路漫漫其修远兮，吾将上下而求索。"

这里的老人都知道，本 ID 把中国的牛市分为三阶段，第一阶段是成份股行情，而这个第一阶段的行情还远未结束，站在 20 年以上大牛市的角度，现在不过是第一阶段成份股行情中的一个小修正，没什么大不了的。所以，在第一阶段行情中，任何一波有实际意义的行情，都必须有成份股的加盟，否则都是白搞。中期业绩开始后，大家会发现如昨晚文章中说的，中国最好的 300 只股票的投资价值已经被大大低估了。

扫地僧：缠师在 7 月 5 日接坠石的中国石化，当天上涨 6.85%，见图 273。

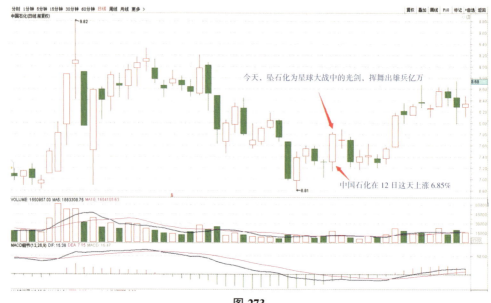

图 273

2007 年 7 月 13 日

缠中说禅　2007-07-13　15：36：38

大盘今天，在这么恶劣的环境下，还是对颈线进行了试盘，现在最大的问题，还是人气的聚拢，这需要反复的震荡才能完成，而对中国股票投资价值的再认识，是新一轮行情能否展开的理念基础，中期业绩的逐步公布，会让更多人认清中国股票的投资价值。当然，一些理论上的工作，还需要各方去努力。下周，由于有宏观数据的公布，让行情的发展存在变数，但这都不是核心的问题，关键是要有新理念，有新理念，才有新行情，一切不过是唯心所造，而这心，在投资市场中就是理念。

个股方面，还是一直强调的那两类，中低价位的一类，都处在换庄或筹码收集的过程，所以短线不一定会有火爆表现，而沪深 300，由于有长线资金一直关照，所以会有轮动表现，先让成份股轮动起来，然后延伸到大盘，一旦这个良性循环能形成，一切关于资金、人气的担心都无须担心了。路还很长，慢慢走吧。

扫地僧：实战经验，中低价的处在换庄或者筹码收集的过程，短线不一定有火爆表现。见图 274。

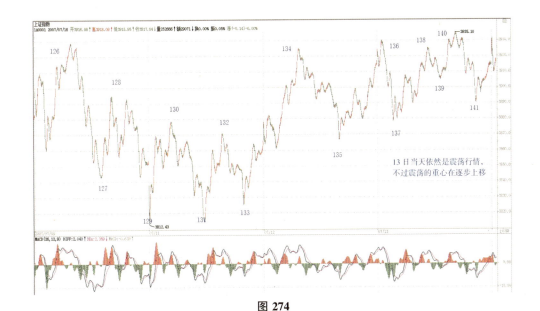

图 274

2007 年 7 月 16 日

缠中说禅　2007-07-16　15：43：17

上周五已经说了，由于本周有宏观数据的公布，让行情的发展存在变数，而周末所有的消息面，都对该数据有着最不利的版本，这时候，硬顶在颈线上，已经变得毫无意义，只能让有生力量被无谓地消耗。这些数据，从本质上说，只是为了让靴子落下，目前，地球人都知道的那几条利空，如果不落地，只能让行情的发展变得不可控制，无论多空，这一步都是必须要退的。

现在，确实是一个多空大对决的阶段，本 ID 已经很明确地说，从纯技术的角度，空头占据绝对优势，而从宏观面的角度，空头在短期上也占据绝对优势，这也就是为什么本 ID 一直强调路长着的原因。现在，就是要有不断的阻击战、阵地战、突击战，不断消耗空方的力量，通过在不同空间的震荡来让筹码与人气得到梳理。这是一个残酷而漫长的过程。

本周，借助宏观面数据的发布，空方的能量已经并继续会得到大力释放，而如何借力打力，用最小的消耗去消化空方能力的宣泄，是短线摆在多方面前最重要的课题。而今天的走势，也正是该解决方案中必不可少的一步。

明天有可能到深圳出一次差，具体还没定好，如果走得太急来不及解盘，请原谅，有时间会补上的。对于散户的操作原则，本 ID 已经反复说过多次了，不

用关心走势的合力是如何构成的，只要关系合力所画出的轨迹，看图操作，不要受任何的影响。而对于中短线操作的、技术又不好的投资者，在5周均线重新站稳之前，没必须参与市场的买入。而对于中长线的投资者，继续可以利用市场下跌的机会，震荡式对前面提到的两类股票进行中长线的建仓。

扫地僧：既然消息面不利，就没必要硬顶，退一步也可以接受。见图275。

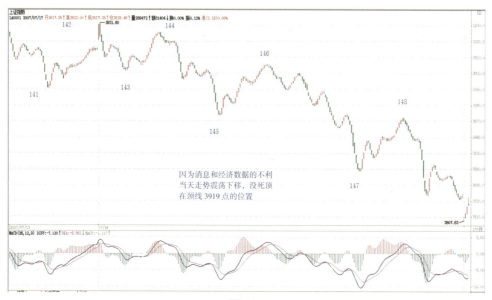

图 275

2007 年 7 月 17 日

缠中说禅　2007-07-17　15：40：05

昨天晚上才临时决定不出差了，而大盘也在昨天的一退后，给自己留出了再进的空间。本 ID 在前面已经反复说过，现在就是要在震荡中把人气汇聚。市场，最重要的就是人气，只要有人气，其他都不是问题。人气汇聚，人心修复，这就是多方在技术与基本面极端不利的条件下，唯一能干的事情。而技术，都是合力的结果，只要人气改变，合力自然就变，技术面就会改变过来。

各位大概已经发现，在昨天和今天的一退一进间，MACD 已经金叉了。当然，这金叉需要确认，但至少让完全不利于多头的技术面有了一线生机。为了这一线生机，付出的努力太惨烈了。

目前，所有的中短期均线都缠绕在 3900 点上下，这在技术上就完全具备了变盘的条件。现在，可谓万事俱备，只欠东风，而这东风，就是某些利空的兑现。现在，市场就需要某些利空的兑现来让靴子落地，让空头整天忽悠的那些火星人都知道的利空去兑现。兑现了，就不是事了，而人气与走势，就可以形成有利多方的正反馈了，一旦这个正反馈形成，空头就可以一边凉快去了。

当然，正如本 ID 一直强调的，现在的一切，都有利于空头，多方现在的努力，只是无中生有，逆势而为，其困难可想而知，路还很长，但只要走了，只要有人走了，路，总有一天会走出来的。至于政策面，一旦走势与人气回来，政策面也是可以改变的，政策不过是合力的一部分，政策，不是天上掉下来的，也脱离不了现实。

所以，现在多方从事的，是一项大的系统工程，要在技术、人气、心理、政策等方面，把本来完全有利于空头的局面彻底扭转。正若本 ID 一早所说，只要有 1% 的可能，就要付出 100% 的努力。

扫地僧：人气汇聚，人心修复，这就是多方在技术与基本面极端不利的条件下，唯一能干的事情。而技术，都是合力的结果，只要人气改变，合力自然就变，技术面就会改变过来。见图 276。

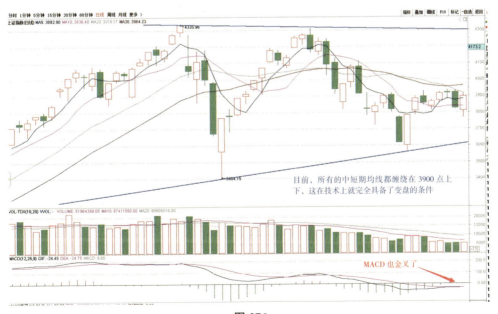

图 276

17 日低点是一个小转大，指数又回到了颈线 3919 点位置附近。见图 277。

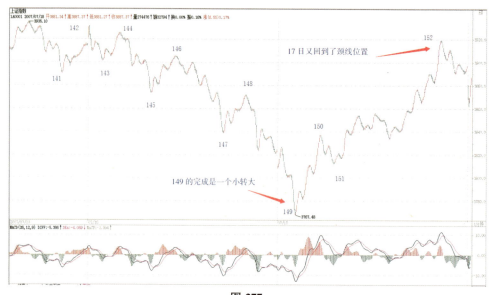

图 277

2007 年 7 月 18 日

缠中说禅　2007-07-18　15：47：50

前几天，本 ID 写了"无论多空，都必须要退的一步"，今天却要写"无论多空，都必须要进的一步"。这一进一退间，正好说明了本 ID 所说的路之艰难。而今天的走势，就是现在多空对战的一个最好演绎。

由于在多方的反复努力下，昨天在技术面上出现日 MACD 的金叉，使得今天的突破成了必然。现在，不妨让本 ID 换了身份，如果本 ID 是空头，本 ID 要狙击多方的进攻，最简单的就是先让一步，利用 4000 点和 60 日线的心理屏障，通过震荡，破坏日 MACD 的金叉信号，最终让金叉变死叉，如果本 ID 是空头，一定是这样干。否则，在技术面金叉情况下一味在 3919 点颈线下打压，只能让多方高兴，空头最不利的，当然就是在技术面转向多方时在低位损失打压的筹码。

而对于本 ID 的多方立场，如果不利用技术上的金叉信号进行颈线的突破，那前面的震荡都白搞了，因此，突破是必须的。至于突破是否有效，这是后话，突上去再说。而突上去后，对于多方，需要对 3919 点的颈线进行反抽，而空方，需要出手打压制造假突破。因此，下午的回落，同样是多空双方都愿意看到的。细心的投资者一定发现，下午回落的最低点，刚好是本 ID 在 N 周前就开始反复强调的 3919 点。

现在，对于短线走势，消息面有着决定性的意义，在技术上，对颈线突破后需要三天的回抽确认，而刚好本周的最后两天和下周第一天是消息面上最大的动荡期，技术与消息，在这里产生完美的碰撞。

本 ID 虽然站在多方立场上进行战略部署、战术安排，但对空头的所有伎俩，当然也分析得底朝天。站在大的角度，本 ID 也可以分析一下空头可以采取的最好策略，就是同样搞三角形，但这三角形和本 ID 为代表的多方要搞的不同，对于本 ID 来说，现在是三角形的第四段，而对于空头来说，现在是它们的三角形的第三段，就是这三、四之争，将构成后面技术上的最大分歧。多方搞的三角形，最后是要往上突破的，而空头搞的，是要往下突破的。

今天，一个多空共同合力下走出的完美图形，而明天开始，这种一致将被打破，而关键之处，就在消息面的配合。个股方面，今天成份股的轮动有了新的发展，但还没把人气充分激发，更多的股票里的人都采取观望态度，甚至有些还采取借机逃跑的策略，这都是正常的。天上打架，没打出结果，下面的当然只能这样了。一旦天上打架有了结果，地下的自然就有了方向。主力、庄家的资金，也是分级别的。

对于散户来说，本 ID 已经说得很明确了，在有效站稳目前在 4159 点的 1/2 线之前，都以震荡行情看待，按自己的级别，顶背驰出，底背驰买，这样就不会左右挨巴掌。

扫地僧：成份股是大资金打架的地方，所谓的天上打架就是指这个，当成份股打架结果出来了，其他个股才会选择方向。见图 278、图 279。

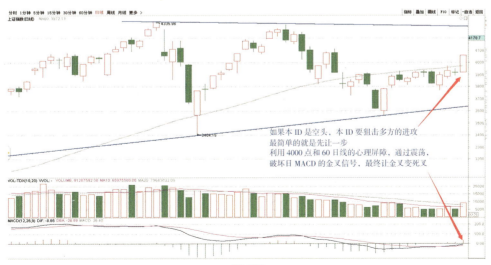

图 278

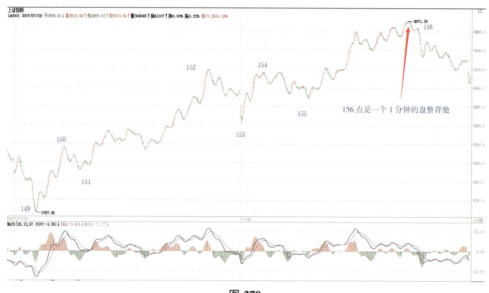

图 279

2007 年 7 月 19 日

缠中说禅　2007-07-19　15：29：28

但，就算在这样一个日子里，汉奸鬼子还没罢休。看看尾盘最后十来分钟的窄幅波动，斗争一直到最后 1 秒。有时候，真觉得这种事情有点无聊，至于吗，汉奸鬼子们？最后几分钟不晃悠一下，你们会死呀？当然，这也是可以理解的，换着本 ID 当空头，只会更残忍。

扫地僧：156 是上涨 1 分钟走势盘整背驰点，之后在 19 日当天又走出了 161 这个下跌 1 分钟卖走势的盘整背驰买点。见图 280。

2007 年 7 月 20 日

缠中说禅　2007-07-20　21：33：08

在车上和各位打招呼，今天的走势无须多说，今天的消息也说得太多，该来的都来了，你还需要什么？

当然，空头没有完全打死，本 ID 需要痛打落水狗，因为本 ID 知道，有些狗不打死，就要咬人，如此而已。

一切不用多说，本 ID 喜欢干，不喜欢说。干的已经成为历史，永远 K 线了，如此而已。

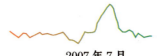

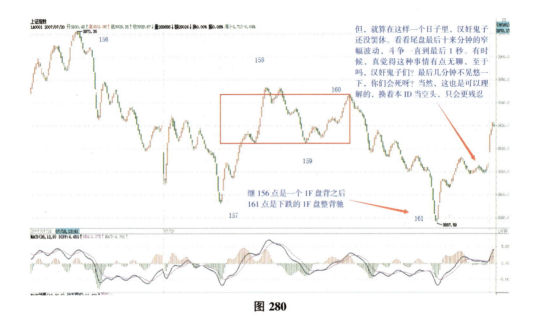

图 280

周末，"腐败"去吧，本 ID 还要忙，今晚的黄油蟹不错，可惜没有菊花酒。

扫地僧：20 日这天是一根大阳线，直接突破了 4000 点，全天一路上涨，几乎没有回头，将压制了大盘半个月的颈线轻松突破。见图 281、图 282。

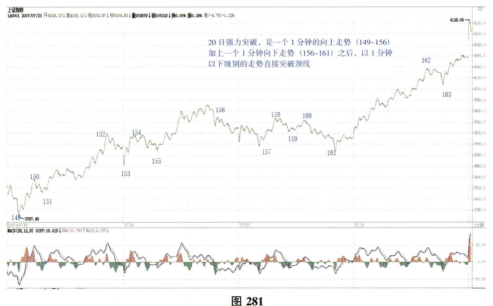

图 281

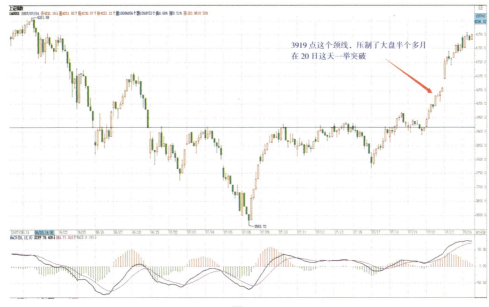

3919 点这个颈线、压制了大盘半个多月
在 20 日这天一举突破

图 282

2007 年 7 月 23 日

缠中说禅　2007-07-23　15：25：57

其实今天的走势，没什么可说的，周末，本 ID 在这里已经明确说了，要痛打落水狗。有些狗般的思维不是说要低开吗？不是说有回补的机会吗？当然，本 ID 尊重这种思维。但按本 ID 痛打落水狗的思维，就是没有低开，没有回补的机会。要回补可以，当轿夫吧！

当然，这里说的是那些在 3600 点下狂砸诸如中石化等要把多方弄死去舔他们主子的洋狗，这次激战，在这里全程直播了，就像春节前后那次，最后，一阵打狗棒下，星火正燎原。本 ID 在开战时就说了，本 ID 只点火，本 ID 不当解放军，但一旦星火燎原，解放军自然就来。好了，本 ID 该干的已经干了，后面，就看有多少草可以燎原了。对于多方来说，现在已进退自如。对于本 ID，拂身白云外，回首大江横，点火事了，谁爱当火炬手就当去吧。

技术上，4159 点的 1/2 线将决定整个中线走势。

扫地僧：最艰难的时期已经过去，现在是可以享受被抬轿的时候了。见图 283。

图 283

2007 年 7 月 24 日

缠中说禅   2007-07-24   08：54：22

昨天其实没什么可说的，技术上碰到前面两个高点连线，站在本 ID 三角形整理的最低要求上，昨天的回落理所当然。本 ID 前面说了，现在至少对本 ID 来说早已进退自如，所以要花多点时间在别的地方。本 ID 最低的要求就是三角形的第四段，昨天碰到前两高点连线，就完全达到本 ID 的要求，所以本 ID 完全不会再作为。也就是说，如果大盘出现比三角形更好的走势，例如从这里直接突破，对于本 ID 来说是锦上添花，本 ID 乐于坐轿子。如果大盘继续按三角形走，出现一个回调的第 5 段，那么即使大盘重新回到目前位于 3700 点下的两低点连线，本 ID 也是可以接受的，大不了到时候本 ID 再出手。

本 ID 这次出手的目的在出手时已经公开说了，就是不让汉奸鬼子买到便宜的筹码，不让他们平台形的阴谋得逞，现在已经完全达到。本 ID 的行动，只针对汉奸、鬼子，不当解放军，这也是一大早说了的。而本 ID 目前的资金、筹码配置，在这两天已经完全调配到符合这种两者皆可的程度。这点，在周一收盘时，本 ID 已经明确说了"对于本 ID，拂身白云外，回首大江横，点火事了，谁爱当火炬手就当去吧"。

站在纯技术的角度，4159 点的 1/2 线是关键，现在的火炬手们，如果有能力

扛住该线，那么大盘将继续创新高，否则就去补缺口，考验 4000 点支持，甚至考验下面两低点连线。由于本 ID 现在已经退居二线，只坐轿子不冲锋，所以以后可以多说技术的问题，分段也可以提供了。当然，前提是本 ID 有时间。

　　扫地僧：此时分析应该将中枢移到 166~169，因为这样可以使得 161~166 是一个标准趋势，166~169 是趋势背驰后形成的更大级别盘整，172 是个盘整背驰的卖点，其内部的 MACD 很标准。见图 284。

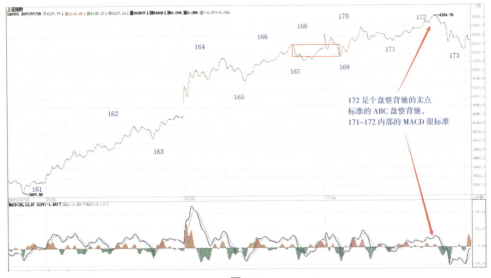

图 284

2007 年 7 月 25 日

缠中说禅　2007-07-25　18：31：21

　　今天，各路火炬手们都很兴奋，本 ID 坐轿子，当然要表扬一下抬轿子的。站在纯技术的角度，4159 点站稳后，就攻击前期高位，这在昨天和早上都说了。当然，现在的上攻有点急，但被压抑了许久的多头力量，尽情释放一次，也是无可厚非的。

　　技术上，4335 点是否明天突破，其实一点意义都没有，早一天、晚一天并不重要，重要的是突破后，在适当的回抽确认后，能释放出更大的能量。否则，就要面临假突破的风险。所以现在在技术上，主要面对这个问题，一旦确认假突破不成立，那么大盘就会走出一段坚定有力的行情；否则，大盘依然有考验 4000点的可能。是否假突破，是今后两周行情演化的关键点。

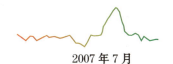

本 ID 今天早上已经宣告，本 ID 现在在轿子上，所以绝对不出力了，只会享受本 ID 应该享受的成果。别人想羡慕也没用，本 ID 前段时间冒着枪林弹雨换来的成果，当然要好好享受，否则本 ID 怎么能不断壮大？怎么能在下次出手时更强劲有力？所有如本 ID 般以抗击外敌为使命的资金的壮大，就是对汉奸鬼子最大的打击，这没什么可说的。

个股方面，本 ID 前面已经反复说过，先成份股。这几天成份股轮番表演，就是本 ID 前面说的轮动。目前各路诸侯纷纷上场，互相配合良好，也就是所谓的星火燎原了。至于非成份股，肯定会轮动到的，特别是有题材、基本面支持的，更会有中长线价值。

基本面上，现在最大的努力方向，就是争取单边印花税，全世界，只有中国香港、中国上海、中国深圳、澳大利亚等少数几个市场有双边印花税。现在，深沪交易所难道不应该和国际接轨？这次，国际接轨应该成为保护国人利益的武器。那种老让国人不爽的国际接轨已经太多，早该来一次能让国人爽的国际接轨了。

不管什么面，一切都是合力，没有任何上帝，一切都在合力之中，即使没有回报，但该努力的必须努力，3600 点汉奸鬼子叫嚣平台形时如此，现在亦如此。明天，本 ID 就回北京了，估计又是最后一班飞机，后天才能在北京和各位相见。

扫地僧：印花税改成单边是在 2008 年 9 月 19 日才落地。当天震荡出了一个5 分钟中枢 166~175。见图 285、图 286。

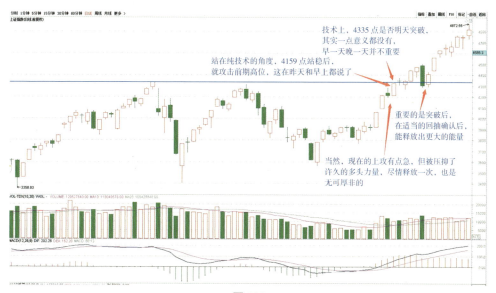

图 285

图 286

2007 年 7 月 26 日

缠中说禅　2007-07-26　08：01：59

大盘无分歧地创新高，才会导致真正的分歧。前天说了，现在最大的分歧就在于真假突破。但无论是否突破，突破后的调整、回抽、确认等是必然要发生的。站在周线的角度，无非四种。一是本周的上影线调整。二是下周的周 K 线调整。前者是弱的，后者是强的。三是一种更强的，就是下周继续拉长阳，中间有日的跳水洗盘，再下周才真调整。四是强力夹空，连收 N 根周阳，全部调整以日线完成。

一切都由市场合力决定，只要按本 ID 的理论当下去判断市场的选择就可以。例如，今天就面临第一种情况是否出现的选择，这由今天当下的走势可以判断。从管理层的角度，如果出现第三、第四种走势，那么基本面上可能变化，例如单边印花等，就会受到更大阻力。站在对股市中长线健康的角度，本 ID 反对后两种走势。当然，本 ID 只是市场分力之一，而且，本 ID 现在轿子坐得舒服，因此这种反对最多是口头上的，如果有哪些无聊的火炬手们一定要搞第三、第四种，本 ID 站在短线利益的角度，确实也没理由反对。本 ID 唯一可以干的，就是等这些疯狂抬轿子的火炬手抬到没力气时，一棍子把他们打晕，给他们上上市场风险课，配合一下管理层的风险教育。

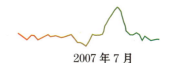

至于第一、第二种，本 ID 都可以接受，说实在话，本 ID 更喜欢上下震荡，越震荡，差价越多，单边其实没什么意思。站在纯技术的角度，目前的 5 日线是判断能否直接真突破的关键，一旦在下周初之前 5 日线上移到目前位置指数依然不能脱离目前区间，那么大盘重新回跌的机会就不可避免了。

归纳上述，第二种走势是最有利于多头的，而第一种走势，则给空头一个喘息的机会。至于第三、第四种走势，那是纯粹找死，为本 ID 做嫁衣裳。当然，这世界上想死的人很多，本 ID 当然也不讨厌这些死都这么有性格的。

对于本 ID 来说，前两天已经宣布退居二线，所以当下只会按市场的选择来选择自己的操作，而不会主动去引导市场的方向。3700 点上，市场爱干什么，什么资金干的，本 ID 都可以接受。

个股方面，成份股的拉升轮动后，如果没有其他股票的呼应，大盘走势不会太健康，所以各位要看这轮动是否能蔓延，如果不行，那么大盘的走势就要变局。现在的节奏就是一二三，等三线都轮动到了，就看一线是否能重新启动，不行，大盘就要休息了。

扫地僧：182 是离开 5 分钟中枢的次级别走势盘背卖点。见图 287、图 288。

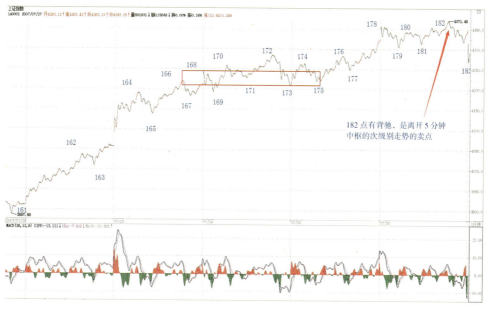

图 287

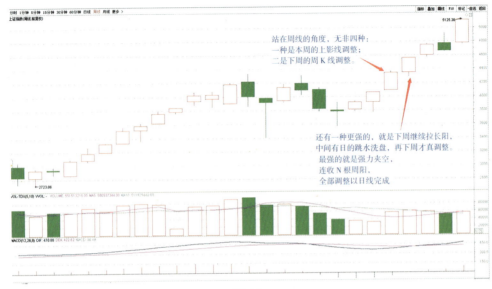

图 288

2007 年 7 月 27 日

缠中说禅　2007-07-27　23：09：24

收盘就开始补腐败课，刚回，明天还要继续腐败，周末这两天闲不了。早上说了，对于多头来说，最好是第二种。今天，在外围股市大跌下，能走成这样，各路火炬手是出力了，搞得本 ID 都有点怪不好意思的。当然，这也只是口头上，本 ID 赚钱坐轿子，从来都是心安理得，没什么不好意思的。

由于各路火炬手很多在 4000 点以上逐步重新介入，所以现在火炬手变举重选手的机会大增，下周初就看这些举重选手举杠铃的能力了。举住了，自然更大面积的空翻多，否则，就假突破引发一轮雪崩。本 ID 没有举杠铃的爱好，倒是如果某些人举不住，本 ID 顺势踢上两脚的兴趣更大。当然，如果各路举重选手都能更高更快更强一把，那本 ID 也乐意在轿子上多晃悠晃悠。

可能有人又要骂本 ID 卑鄙无耻，为什么光点火不举杠铃，一直冲上去。本 ID 脑子里还没有水太多，只爱点火，不举杠铃。而且本 ID 已经多次说过，只要在 3700 点上，大盘怎么走，本 ID 都没意见。现在，那些在 3600 点还鬼哭狼嚎的，突然都成了多头首脑，都在宣称自己以前多么英明神武，多么先知先觉。本 ID 只干，这些无聊的帽子，谁想戴就去套上吧。

除非大盘有能力以最强劲的动力一口气走到 6000~8000 点，否则，这一段，在日 MACD 没突破前期高位之前，本 ID 只能认为现在是处在背驰段中，对于本 ID 来说，除非背驰段被破坏，否则一切就处在区间套的精确定位过程中。而要避免背驰段，就需要对日线的 MACD 走势进行周密的控制，这对于本 ID 当然不是一个问题，但对于那些众多举重选手，能否最终完成，本 ID 会在轿子上好好看着，一旦他们弄不好，本 ID 就会狠狠踢他们两脚，给个教训让这群面首长点见识。

扫地僧：大盘最终是直接冲到了 6124 点，只有日线上的调整。见图 289。

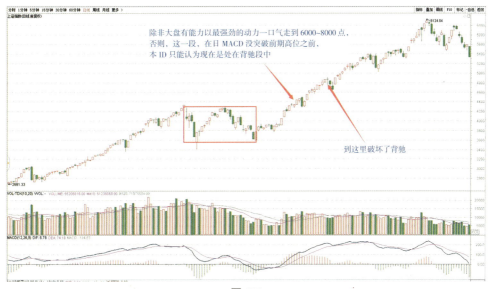

图 289

对于散户来说，一旦行情展开，就一定要按照行情自身的规律，喊口号不是操作，股票是用来操作而不是用来喊口号的。如果大盘能保持基本在前期两高位连线上进行震荡整理，那么就将走强，否则就要面对假突破后的猛烈清理。

由于今天没有出现早上分析的第一种走势，因此，后面可以选择的就只能是第二、第三、第四种了。而其中的第二种，下周线无非三种：长阴线、十字星或小阴小阳、带长上影的 K 线。而其中，只有长阴线这种是有巨大风险的。因此，只要看住 5 日线或前期两高点连线，只要这些线能守住，长阴线是不可能的。而相应的走势，都可以持股或用部分筹码进行中枢震荡的操作来处理。

总之，下周初走势十分关键，如果先扬后抑，一旦再次上攻失败或 15 分钟以上短线背驰，将引发一次有力度的调整，反而先抑后扬能使得走势更轻松点。个股方面，今天热点开始向非成份股蔓延，这是比较好的现象，如果这现象能维持，那么大盘即使调整，后面的行情也会有可期待的地方，否则就要小心了。

扫地僧：后面确实选择的是先扬后抑，8 月 2 日出现了一次有力度的调整。见图 290。当天，182 是一卖后，185 是 5F 中枢的三买。见图 291。

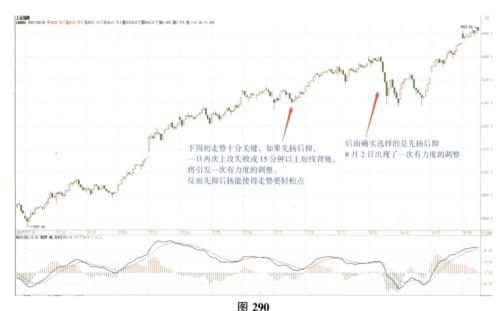

图 290

图 291

2007 年 7 月 30 日

缠中说禅　2007-07-30　15：19：35

上周说得很清楚，只要现在的举杠铃者能顶住，空翻多就更多了。昨晚伊拉克的精神大概也给了举杠铃者一点血性，所以今天，这群人动用所有力量，最终把该顶住的顶住了。

市场就是这样的一个生物链，本 ID 这种第一拨进去的，等着 4000 点进去的抬，而 4000 点进去的，顶住 4300 点，自然有新一拨人进来。所以，现在 4000 点进来的也进退自如了，当然，如本 ID 者，就更自如了，上面已经有了两层保护膜。

但上周说得很清楚，本周周线上是选择第二还是第三种走势，是一个关键，如果是选择第二种，那么周线上将有长上影，而选择第三种，调整也会以日线形式产生。所以，正如周末说的，先扬后抑，后面的调整压力就大了，今天的走势，就为后面酝酿震荡。

月线上，明天是收盘，所以，站在第三拨 4300 点进来资金的角度，一个十字星是最理想的。而对于第二拨 4000 点进来的，一个阴线也是可以接受的，只要不破 4335 点就可以。当然，对于本 ID 这种 3600 点进来的，大阴线也无妨，不过又提供一个短差机会而已。因此，明天开始的三天，就是 4300 点进来与 4000点进来两拨资金的游戏，本 ID 继续看戏，偶尔三国演义一把。

个股方面，今天轮动可以，但地产等有调整压力。目前，关键看成份股里未启动的，和有题材的成份股能否跟上。换言之，就是 4300 点进来的一批，能否坚决顶住，他们顶住，前两波也不会故意害他们，因为他们顶住，就有第四波进来，要害，也害那第 N 波的。当然，这 N 是可以等于 3 的。

扫地僧：30 日这天，全天大幅上涨，也是 185 这 5 分钟三买后的正常表现，市场选择了先扬后抑。见图 292。

2007 年 7 月 31 日

完美的震荡制造完美的月线收盘（2007-07-31　16：03：53）

今天，有没有消息都要震荡，反而因为消息的出现，使得震荡中市场各方的心理都比较平稳。盘中的最大一次跳水，刚好去回试确认 4335 点的突破，为什么？因为 4300 点刚进来的，要护住他们的成本线，而今天的消息，刚好给了他们这个机会。由于今天又是月线的收盘日，所以前面两拨人也没理由去砸坏这图

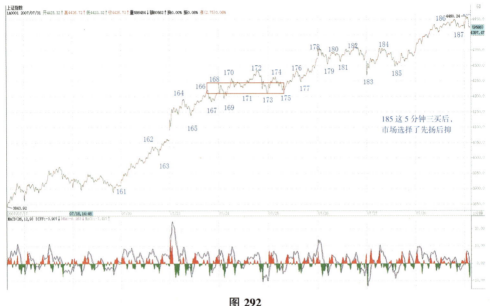

图 292

形。毕竟，三拨人，前后时间不同。但至少在做多这点上，暂时还是利益一致的，一个好看的月线，当然对三者来说都是必须的。

扫地僧：不同位置进去的人，想法自然不同，但在单边做多的市场里，上涨才能赚钱，所以大家在做多这点上暂时是利益一致。

有了月线，那么 8 月的走势，无非就是长阴线、十字星、长阳线等几种。纯技术的角度，本月 K 线的一半位置刚好和 1/2 线的位置差不多，也就是说，这月 K 线的确立，使得 1/2 线的突破有了极大的保障，虽然不能说万无一失，但至少对于多头，特别对于前面两拨进去的人来说，已经有了中线运作的第一道防线。短线，还是看 4300 点进去这一拨，他们最大的愿望，当然是快速拉离目前位置，所以短线做多意愿最大的就是这一拨人。3600 点这拨人，当然乐见其成，4000 点那拨人，也不会有太大分歧。

但是，基本面上依然有不明朗的地方，国家对目前经济形势的判断，依然有可变的地方，这构成影响今后走势最重要的因素。因此，大盘能否把去年 8 月后的走势复制一次，基本面上还有着极大的不确定因素。这因素，不是哪一拨人可以控制的，那是一个合力的结果，当然，一切都确定了，这市场也太不好玩了，不确定，才有美丽与奇迹可言。

技术上，其实十分简单。前面几次的单边势，都是基本以 5 日线为支持，基

本上，在单边势里，没有 3 天是收在 5 日线之下的。因此，如果不会看太复杂图形的，5 日线，或者中线的 5 周均线，就是最简单的判断指标。如果震荡连 5 日线都不破，那还怕什么？日线上，可以先以背驰段看待，然后根据后面的走势去确认背驰段是否有效。短线，4500 点附近如果太快通过，就会为以后的走势埋下技术隐患。本周走势，如果继续长阳，将使得可能的基本面变化埋下政策隐患。但现在急功近利者太多，而本 ID 也不想浪费筹码进行太严厉的调控。因为本 ID 并不介意这次真搞成一个背驰段，现在本 ID 的策略，就是尽量不作为，让各路举重选手自己表现去。

个股方面，还是早晨说的两条主线，成份股和超跌股，那些从年线或半年线上来的超跌股，也慢慢把形态走好，一旦大盘中线上升完全确立，那么都会轮动走出行情。但问题的关键是，这个确立依然不完全，所以超跌股的短线表现依然不充分。

一句话，太急功近利，就会把大盘给害了，目前大盘的关键是要走得扎实点。而 8 月中上旬，基本面上也将有一个中长线的定调，具体到时候就知道，现在还没有结果，这才是必须关注的地方。

扫地僧：实战经验：单边市里，没有 3 天是收在 5 日均线之下的。31 日当天出现了一个 1 分钟的三买。见图 293。

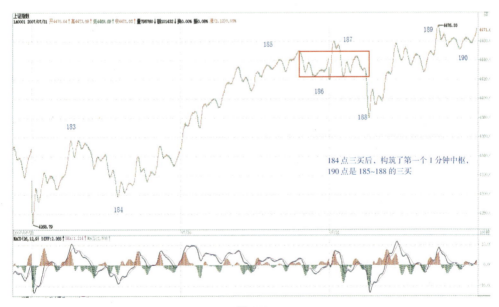

184 点三买后，构筑了第一个 1 分钟中枢，
190 点是 185~188 的三买

图 293

　　站在 5 分钟上来看，处于 5F 三买后的一个 1F 上涨走势中，但围绕这 5 分钟中枢的前后走势力度还有背驰，161~166 的力度更大。见图 294。

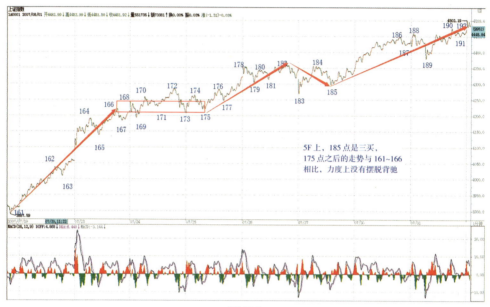

图 294

2007 年 8 月

2007 年 8 月 1 日

该来的调整，必须且及时 (2007-08-01 15：33：01)

本周的 K 线，本 ID 在上周已经明确说过，希望是带上影的第二种情况，否则急功近利，只能害了最终的行情。今天的调整，使得这长上影的小阴线已初显。后面两天，关键是第三拨人的做多决心了，强烈回收上去，则还有走出第三种情况，也就是中阳周线的可能。但这种走势，确实有点急功近利，反正，本 ID 是绝对不出这手的。本 ID 早已经说了，震荡，对本 ID 只是一个先卖后买的短差机会。在这里等 5 周均线上来，更稳健。

技术上，今天的低点并没有跌破前面两高点连线，所以调整在合理的范围内，该线在 4260 点附近，目前 10 日线也在该位置，因此是否有效跌破该线是一个大盘调整强弱的重要指标。一旦有效跌破，上周 K 线留下的缺口将面临考验。对于第三拨人，该线是他们的生命线，当然，对于前两拨，其实无所谓，就看第三拨人表演吧。

由于今天跌破 5 日线，因此后面的反抽如果不能上 5 日线，则大盘的调整将加大，能重新上去，那就将重新挑战 4500 点。即使能突破 4500 点，最好能反复震荡，否则，将引起昨天所说的 8 月中上旬基本面上的重大不稳定因素。还是昨天那句话，不要急功近利，要爱护市场本身。

大的技术上，日线上的背驰段依然成立，如本 ID 般第一拨进来的，一定不能在这个位置加码，而是用先卖后买打差价的策略，通过震荡把成本降低，万一大盘真不能突破 4500 点走出多头陷阱，到时候砸起盘来也更爽。大家好好去看看，现在叫嚣冲多少多少点的人，在 3600 点的时候，是不是那些吼着要跌破多少多少点的。行情是合力的，一步一步走出来的，预测都是忽悠，按照正确的策略去操作才是一切。

如果能看明白线段、中枢、走势类型等的，现在这种行情是最好操作的。注意，节奏一定是先卖后买，卖错了不怕，如果大盘真能突破 4500 点，很多中低价股都会大幅启动的，还怕买不到好股票？不杀跌、不追涨，按照买卖点来。各

位看看今天的高点，是一个 15 分钟级别的背驰引发的，里面的区间套极端完美，可以仔细研究。由于现在 60 分钟并没有进入背驰段，因此，不能说日线的背驰段已经被定位。只能看成是一个 15 分钟卖点引发的。本周注意 15 分钟以上级别的卖点，这在上周已经提醒，如果没看懂，请好好继续学习。

扫地僧：当天的调整其实在技术上也是很轻松可以判断出来的，192 是个标准的 ABC 式盘背，其中 A=183~186，B=186~189，C=189~192，然后是一个五段趋势下跌，197 是趋势背驰一买。见图 295。

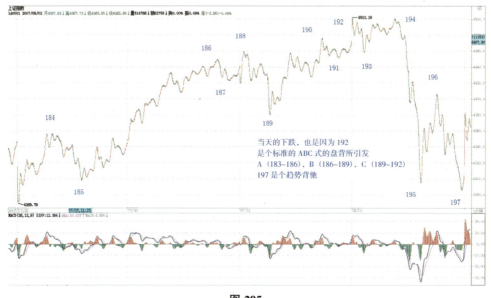

图 295

2007 年 8 月 2 日

明天才是大盘短线的关键 （2007-08-02　16：06：21）

今天，没跌破昨天本 ID 所说的前期两高点连线以及 10 日线，所以出现反弹就理所当然了，加上外围因素的影响，也给第三拨进来的人壮了胆。今天，也收在昨天特别强调的 5 日线上，但这并不意味着大盘就平安无事了。大盘在 6 月 20~21 日，也走出过类似的 K 线组合，而且时间上也是周三、周四，而周五的下跌，就使得一轮大调整得以确立。当然，一般来说，历史不会简单重复。这只是要提醒，今天的走势其实并不重要，关键是明天，考虑到周末消息面的因素，这个时间还要延伸到下周一。也就是说，下周一前能否确认重新站住 5 日线，将是短线大盘走势的关键所在。

对于新进的第三拨人，他们不想就此站上 N 个月的岗，必须要在这里奋力一搏。现在，比 6 月 20~21 日有很多有利的条件，技术上，MACD 形态好多了，下面有前期两高点的连线，而上周的周线缺口，技术上有三周不补就以后再补的惯例。也就是说，新进来的一拨人，只要能顶住三周，至少可以把某些中线资金给忽悠进来了。因此，对于这拨人来说，别无选择地，必须守住前期高点连线，重新站稳 5 日线。

扫地僧：缠师参考的技术点还有均线、缺口、K 线组合形态、MACD 形态以及趋势压力线，这些都是实战中对缠论比较有帮助的辅助技术点。见图 296。

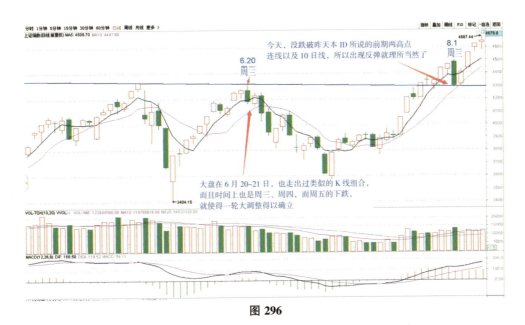

图 296

但是，这拨人也有可能最终毁了市场，为什么？这拨人如果急功近利地迅速突破 4500 点，引发大量新资金涌入，那么上半年的单边行情将不可避免。但目前国家对经济的总体判断与相应的对策，都在一个敏感时期，如此走势，必然导致目前对多头有利的舆论、政策环境发生极为不利的变动。目前，比印花税还要严厉的，就是关于交易制度、规则的改变，如果谁最终乱搞，把这东西给搞出来了，那么，才是真正恶劣的事情。

扫地僧：缠师对 315 国债事件记忆犹新，而且在 2007 年 3 月 27 日，证监会内部发布了《证券市场操纵行为认定指引（试行）》，这里面就涉及了有关交易制度、规则的改变。

所以，虽然多头目前有能力快速突破 4500 点，但一个稳健的走势依然是必要的。在 4500 点附近进行合理的震荡，将对市场长远的发展有好处。甚至在 4000~4500 点进行一个长时间的大箱体震荡，也比又掀起一场连续 N 根周 K 线长阳的运动要强。

首先，市场往往不会按照理智的方式进行，市场往往就是醉生梦死疯一回，那么，对于如本 ID 一样第一拨进来的，一定要采取这样的策略，就是绝对不增仓，因为在 3600 点开始都买够了，现在还买是脑子水太多的表现。其次，采取保持仓位先卖后买打差价的策略，这样成本降低，就永远立于不败之地。最后，一定不要听任何人忽悠马上要冲多少多少，冲是别人的事情，我们的事情就是坐轿子，你有本事把轿子抬到华山顶上，我们也没意见，但只要有人抬不动，就一定要一脚把轿子给踹了。

个股方面，成份股继续打冲锋，一旦确认周线突破成立，二三线股会跟上的。下面给出这次下来的一个分段。红绿箭头给出的是黄白线或柱子面积等的对比，看看就知道这些买卖点是完全可以当下判断的。现在，一个 1 分钟中枢已经形成，短线走势，就看这中枢的演化，一切当下判断。

这两天，北京的雨可露了面了，本 ID 也不想出去腐败了，免得哪座桥又搞一个 N 米深的水库回不了家。

今天可以回答各位问题到 17∶00。

扫地僧：当天就是一个下跌趋势背驰之后的震荡。见图 297。

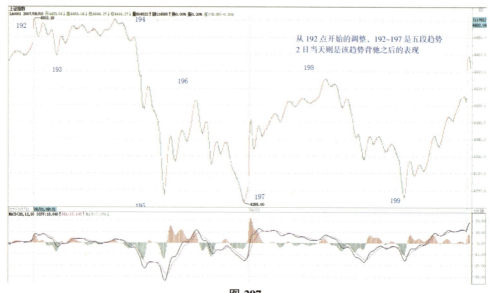

图 297

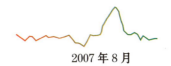

2007 年 8 月 3 日

醉生梦死疯一回游戏正式开始 （2007-08-03　15：57：58）

坐轿子的感觉确实不错，坐在轿子上看沿路风景，别有一番情趣。下面，是关于坐轿子上华山的第一天日记。这个日记，将有 N 日 N 章。

今天大盘的跳空高开，就使得 6 月 20 前后的 K 线组合不可能出现。昨天已经说过"市场往往不会按照理智的方式进行，市场往往就是醉生梦死疯一回"，站在第三拨人的立场上，尽快远离 4300 点，吸引第四拨人进来，本来就是急切的事，至于后面将引发什么，他们当然无所谓，而前两拨人就更无所谓。一般来说，越到后面的第 N 拨，其成分将越来越杂乱，如果说第一拨人的成分是最纯净的，到后来，就三教九流，什么都有了。

今天的大盘开始迎来第四拨人里的先头部队，周末如果没有什么太大的坏消息，那么，第四拨人里的主力部队将在下周大面积进入。这拨人的成分将比第三拨更杂，有前三拨中中途开小差的逃兵，有看所谓周线突破有效进入的技术人士，有卖外卖而现在回家开店的，更大面积的是那些被钱烧得发慌的各路男女等，醉生梦死疯一回游戏正式开始。

对于前三拨进来的人，从现在开始，最后埋单的是谁，是 N 等于几，已经不重要，关键是如何把这个游戏玩得长一点。但这个时间并没有什么上帝去规定，一个合力的结果下，从下周一开始，这个游戏的时间 T 开始计算，T 从 0 开始，向着尽可能大的数进发。这就如同玩电子游戏，去预测在第几关结束是脑子有水的表现。

也正如玩游戏，关键是操作的策略，而不是去预测游戏在第几关结束。目前的操作也一样，预测都是无聊把戏，关键是有精密的操作。而操作是针对不同人的，如同玩游戏，高手和低手当然不是同一玩法。

对于低手，本 ID 反复说过最基本的操作策略，就是短线看 5 日线，中线看 5 周线，长线看 5 月线，只要不有效跌破，相应的操作就不用了，持股看着就可以。何谓有效跌破？就是跌破后反抽上不来，这种反抽当然和对应级别有关，例如一个月线的跌破，至少要看下个月反抽的情况，而不是看一日。

对于大资金以及散户里的中高手，就是要利用震荡机会降低成本，一路上涨，一路把成本降下来但持仓数量不变。这样，你的仓位就自然随着大盘的上涨下降，也就是钱越来越多，但筹码没少。这样，是既回避大盘可能的突发非系统风险，又能完全把握市场利润的有效方法。

对于散户里的高手，就要充分利用大盘震荡中板块的轮动机会，获取市场最大的机会。

有人可能问，做不到高手怎么办？那就做低手，持股都不会，大盘晃悠一下就鸡飞狗跳的，那还炒什么股票，让股票炒你就行了。

昨天已经说了，"个股方面，成份股继续打冲锋，一旦确认周线突破成立，二三线股会跟上的"。这个结论继续有效，而且，只要第四拨资金能被忽悠进来，那些已经消除业绩风险的二三线股，以及有题材的股票将大肆表现。例如，你没看到这两天，本 ID 已经大肆引诱各位到北京旅游了吗？注意，题材股的操作，一定不要追高，过了这个村，还有那个店，天天都有新机会，不管谁的股票，都不必追高。

股票都是废纸，一个好的策略与心态，能让你把废纸变黄金。

技术上，把今天的分段放上来，还搞不清楚的，请好好学习。例如图中的 7，这是什么？是下面那 1 分钟中枢的什么？这么标准的图形，都看不明白，那请把 ID 的课程重新读去。

扫地僧：6 月 20 日那次，后面是阴线跌破了均线，而这次是高开高走，方向完全相反。见图 298。

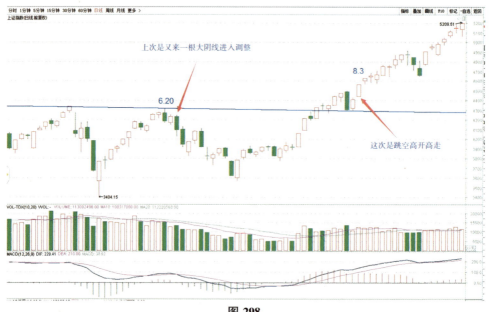

图 298

缠师时隔好几天后才又重新开始画线段，标号从 1 开始，下图是对应本人的分段标号，为了方便，以后将延续缠师的分段标号。关注微信公众号"扫地僧读缠札记"，回复"历史数据"可以获得大盘 1 分钟和 5 分钟的历史 K 线数据。见图 299。

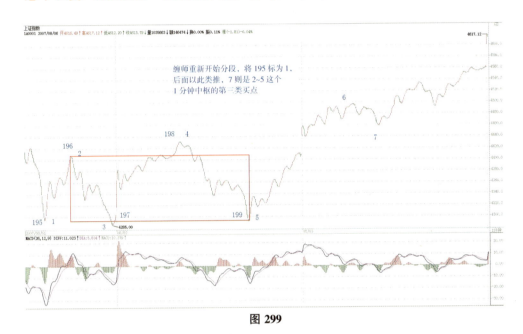

图 299

2007 年 8 月 6 日

成份股行情的泡沫化阶段正式开始（2007-08-06 15：58：43）

正如这次在 3600 点突击时，本 ID 写了满江红，上次突破 3000 点的总攻行情，本 ID 在 3 月 19 日写了"神州自有中天日，万国衣冠舞九韶"，回头一看，都是很有时间的。在 3 月 19 日那篇文章里，本 ID 宣称"在总市值超越 GDP 之前谈论股市的泡沫是可笑的，在中国股市总市值超越其 GDP 之前，第一阶段行情不会结束"。现在，这个目标已经达到，中国股市的总市值已经达到 GDP 了。本 ID 在文章里很明确指出，第一阶段"行情最主要体现在以权重股为代表的成份股上"。但，今天这样一个日子里，本 ID 必须宣布，成份股行情的泡沫化阶段正式开始。

GDP，就是整个股市市值波动的中枢，前面是恢复性上涨，恢复到这个中枢上来。而从今天开始，将是远离该中枢的泡沫化阶段。一般来说，泡沫化阶段的行情，将逐步走向全面疯狂，大笨象们都可以跳出小步舞，疯狂的上涨将如瘟疫般蔓延。这个阶段，可以很短暂，也可以延续相当时间。可以远离中枢 30%，也

可以远离 300%，但最后的结果都是唯一的，回跌到中枢处。

扫地僧：股市市值波动中枢就是 GDP，也就是股市市值是以 GDP 来锚定的。而且这天缠师也明确了，目前的上涨就是泡沫阶段，已经出现非理性，或者说已经进入背驰段。

所有如本 ID 般正在轿子上享受的，首先要在思想上明确这波行情的性质，但不用慌张，能在泡沫中安心享受，在泡沫最后一刻一脚把泡沫踢破，本来就是投机的好境界，好好享受，好好利用，别浪费了疯狂轿夫们的力气。

一般在这种泡沫化阶段，本 ID 的原则是只坐轿子不动手。本 ID 握有大量中字头的大盘股票，基本每一个中字带头的成份股票都有，这在 3600 点的时候，本 ID 专门说过的，等这泡沫化达到高潮时，这些都是很好的踢破泡沫的种子好选择。其他就是原来的那十几、二十只成本为 0 的，这是作为所谓的二三线股配置的。这些股票，反而有些会长线继续关注，因为第二阶段的成长股行情中，有些会成为种子选手。本 ID 的仓位都是按 20 年的思路而建立的，对有些股票，本 ID 绝对要搞他 20 年以上。

短线走势，看看图就很明白，8~9 形成的线段，和下面 6~7 形成的线段上类上涨走势，当然，这个走势可以延续下去，直到形成新的 1 分钟中枢，但前提是后面的上攻不形成类背驰，否则，将至少在目前位置形成一个 1 分钟级别的中枢震荡。是否背驰，就是明后两天关注的重点。一旦背驰形成，那么一个大的震荡不可避免。

个股方面，成份股的冲锋依然会继续，但二三线股的行情将逐步升温。今天最大的问题是，周末第三拨人的宣传能力太差，确实是乌合之众，其他方面资源太少，使得被忽悠的第四拨人的进入还没达到应有的程度，因此，这几天第三拨人如何在忽悠方面表演，可以继续看戏。如果第四拨人的进入速度太慢，那么大盘必然要背驰而震荡。目前外围股市腥风血雨，如果这两天能止，一定是第三、第四拨人最大的利好，那就等着吧。

思考题：看这线段中的类背驰，是用 1 分钟图上的 MACD 还是 5 分钟图上的 MACD 辅助判断方便？

扫地僧：这个思考题的答案是很简单，显然是 5 分钟图上的 MACD 辅助判断更方便，因为每段走势对应的 MACD 面积基本只有一块，不用像 1 分钟上那样，还要把好几片 MACD 面积相加后来对比。见图 300、图 301。

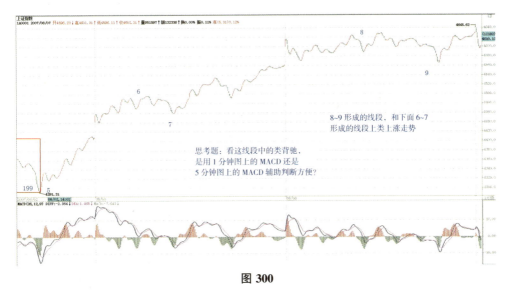

8~9 形成的线段，和下面 6~7
形成的线段上类上涨走势

思考题：看这线段中的类背驰，
是用 1 分钟图上的 MACD 还是
5 分钟图上的 MACD 辅助判断方便？

图 300

这是对应的 5 分钟图，可以看到
还是在 5 分钟图上看背驰方便，
因为每段走势对应的 MACD 基本
只有一片，而不需要把好几片，
MACD 面积相加

图 301

2007 年 8 月 7 日

缠中说禅　2007-08-07　22：18：38

对不起，现在才发帖子，今天其他内容的帖子没法写，只能说说今天的大盘。

显然，8~11 已经极为标准地形成 1 分钟中枢，11~13 可以看成该中枢的一个延伸。而 13~14 这个对中枢离开后形成 14~15 的回抽，构成 1 分钟中枢的类第三

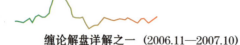

类买点（严格来说，一个线段是不能构成买点的，只能是一个类买点，因为在这种理论前提下，1分钟中枢是最小级别，而最小级别的走势，必须至少包含一个1分钟中枢，因此说1分钟的第三类买点，只是类比地把线段当成了1分钟的次级别，但这只是类比说法，在严格的理论上，不能这样认为）。

扫地僧：1分钟以下级别只是类买点，因为1分钟级别是最小级别，所有的走势及买卖点都是从最小级别上逐步递归上来的，所以最小级别以下级别的买卖点只能是类买卖点，是类比的说法，严格上不算是递归出来的买卖点。所以，操作的级别也不要太小。

由于收盘，使得16开始的17段走势是否完成，无从判断，因此，明天一大早的走势就是决定该线段结束的位置，如果在图中10之下（也就是4645点下），那么将成一个5分钟的中枢（8~11）+（11~14）+（14~17）。

注意，一般来说，由于第三类买点后并不必然导致上涨的延续，而是还有第二种选择，就是形成更大级别，也就是5分钟级别的中枢，而一般来说，在走势上，第一个中枢的第三类买点能形成上涨的概率比第二个中枢的要大多了，对于上涨中第二个中枢以后的第三类买点，其后形成上涨继续的概率越来越小，也就是说，这些第三类买点的参与价值越来越小。站在实质操作上，在第一个中枢已经买了，根本没必要等到第二个中枢的第三类买点才介入，那是脑子反应慢的表现。

因此，无论明天开盘后那线段走成怎样，连超短线的介入价值都不高，典型的刀口舔血，明天开始，要关注的反而是因迎奥运一周年而延迟的震荡只是延迟了，但延迟不等于消除了，该发生的一定要发生，昨天留下的两点缺口，也构成技术的吸引力，因此，对于实际操作来说，如何应付好这震荡才是首要关注的事情。当然，不排除明天出于某种原因有护盘力量使得这震荡被减震了，但周四、周五依然有极大的可能补回来。技术上，4500点突破后，还没有一次有力度的震荡去确认突破的有效。一般来说，这种程序是少不了的，人为因素，最多用时间换空间，但能否实现，那还两说呢。

扫地僧：三买后要么导致上涨延续，要么形成更大级别中枢，第一个中枢的三买形成上涨的概率最大，所以第一个中枢的三买最具有操作价值。见图302、图303。

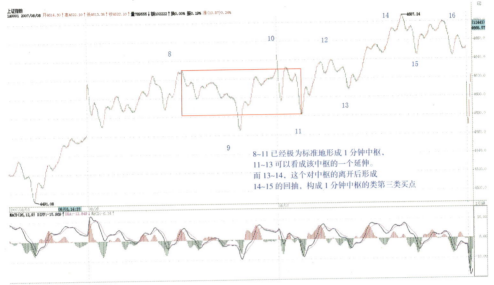

8~11 已经极为标准地形成 1 分钟中枢，
11~13 可以看成该中枢的一个延伸。
而 13~14，这个对中枢的离开后形成
14~15 的回抽，构成 1 分钟中枢的类第三类买点

图 302

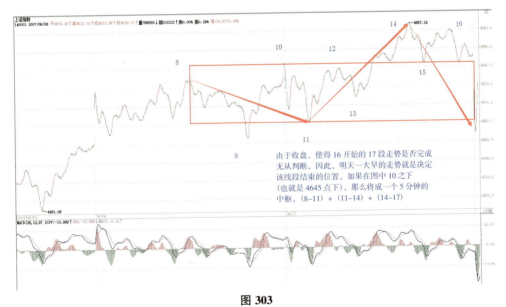

由于收盘，使得 16 开始的 17 段走势是否完成
无从判断，因此，明天一大早的走势就是决定
该线段结束的位置，如果在图中 10 之下
（也就是 4645 点下），那么将成一个 5 分钟的
中枢，(8~11) + (11~14) + (14~17)

图 303

2007 年 8 月 8 日

当工行都发疯后，轿夫们还有什么把戏？（2007-08-08　15：44：40）

今天的震荡，已经在昨天说明了。而且，昨天还特别强调某种护盘力量出现

275

的可能。但这种力量，并没有改变震荡的本质，只是让这种震荡更具有迷惑性。

震荡的位置，昨天也说了，就是那差两点未补的缺口，今天两次的下跳都在上面受到特别关照。如果这都能把人晃晕，那就请抓紧学习和调整心态了。显然，从图中可以看出，昨天说的5分钟中枢确立后，这中枢的震荡将一直维持到出现其第三类买卖点之后，具体的分析太幼儿园，就不说了。

目前在4600点上下的这个5分钟中枢震荡，对应的是4300点那个，也就是说，3900点上来，已经出现第二个5分钟中枢，因此，该5分钟的上涨类型是可以确立了。但正如昨天所说，一般第二个以后中枢的第三类买点，即使出现，最后演化成更大级别中枢震荡的概率也逐步增加。因此，在操作上一定要坚持以下原则：在第三类买卖点出现之前，必须先卖后买，一旦出现第三类卖点，则坚决等待更大级别中枢出现或下跌完成后才再介入。

当然，没这个技术的，看5日、5周、5月均线。短线上，后三天是关键，因为5日线已经逐步上来，如果在目前位置不能有效向上，那跌破5日线，向5周线靠拢寻求支持就是理所当然了。

现在，对于第四拨人来说，一个现实的问题是，当工行都发疯以后，还有什么可折腾的？一个最简单的，就是继续把汽车、交通、能源等最近没折腾的也折腾一遍，然后继续原来折腾的轮动再搞一波，把第五批也给诱骗进来。那时候，比本ID前面说的大笨象要跳小步舞还要厉害的是大笨象都变小笨鸟，飞得满天都是了。

当然，这只是第四拨人的如意算盘，能否打响，就走着瞧了。我们只需要坚持前面的买卖原则，边把成本降下来，边耐心看轿夫的表演。至于没这技术的，就看着均线把股票拿住。

扫地僧：提到了一个实战技巧，上涨趋势中，当5日均线上来时，如果不能有效继续加速上涨，那么往往会跌破5日均线向10日均线或者5周线寻求支撑。见图304、图305。

2007年8月9日

顶住明天，第四拨人才可能解脱（2007-08-09　16：04：24）

昨天说，工行发疯后，第四拨人只能继续轮动板块把第五拨人蒙骗进来。今天，板块轮动再次展开，当然，本ID已经给这轮行情定了一个性，就是成份股的泡沫化行情，最终，大笨象要跳小步舞，甚至都要变小笨鸟飞得满天都是，行情的发展继续按这个性质不断展开。至于哪天才会泡沫爆破，无须预测，市场自

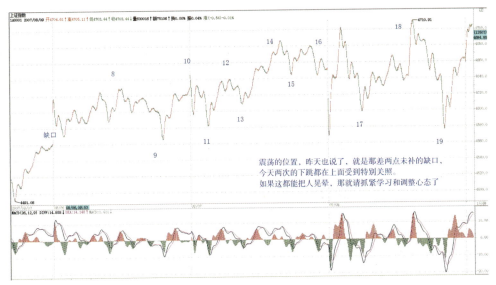

震荡的位置，昨天也说了，就是那差两点未补的缺口，
今天两次的下跳都在上面受到特别关照。
如果这都能把人晃晕，那就请抓紧学习和调整心态了

图 304

目前在 4600 点上下的这个 5 分钟中枢震荡，
对应的是 4300 点那个，也就是说，
3900 点上来、已经出现第二个 5 分钟中枢，
因此，该 5 分钟的上涨类型是可以确立了

图 305

然给出。

走势上，图中 20~21 是 14~17 的 1 分钟中枢一个类第三类买点，站在 8~17 这个 5 分钟中枢的角度，明天是否能形成第三类买点就极端重要了（注意，图形一收放，图中数字会走，本 ID 今天才发现这个问题，昨天图中的 17 位置移动

了，今天这个位置才是对的，其实，这个根据定义就很容易发现，17 后向上的中间有一个 X，就是因为这不构成一笔，因此，18 必须到目前的位置才满足至少三笔的要求）。

因此，今天的题目是针对此而说的，只要能顶住明天，形成这个 5 分钟中枢的第三类买点，然后再拜托周末没有大的消息，再给两天时间大肆宣传，下周一，新的资金才会有机会补充进来。今天成交量的萎缩，使得第四拨人的努力有不靠谱的地方，因此，明天的第三类买点至关重要，一旦出现跌回 8~17 的中枢，那么这群人当举重手的可能性就根本无须探讨了。

看不明白上面的，本 ID 已经给出最简单的方法，就是短线看 5 日线，这就可以让你安心持股了。技术高的获取更高的利润，这是天经地义的。复杂的不会，那就玩简单的，千万别吃夹生饭。会就会，不会就学到会，没学会之前，就先用简单的方法操作。对于已经学会的各位，也应该养成好习惯，就是边看盘，边把段给分了，这样操作起来，就一目了然了。这包括大盘和自己操作的个股。

扫地僧：好的习惯是边看盘边把段给分了，分解分析走势是当下进行的。见图 306。

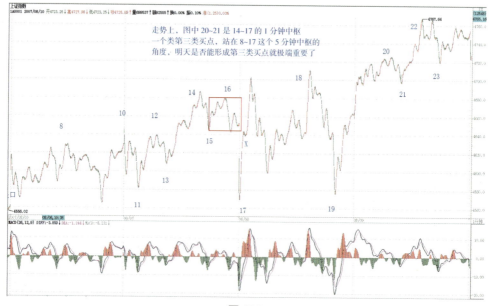

图 306

注意：本 ID 说了只坐轿子，但没有任何地方，本 ID 曾经说要看空。本 ID 之所以能在市场中生存十几年而不断壮大，唯一秘诀就是底部之后只坐轿子。本 ID 的方法很简单，就是留了机动的资金后，把仓位打到最大，然后不断在出现中枢震荡时，保持仓位把差价搞出来。一般情况下，到一段行情顶部的时候，本 ID 原来的仓位都要下降到 70%~75%，注意，筹码不丢失，只是钱多出来，所以仓位自然下来了。这样，无论发生什么，本 ID 都是大赢了。

扫地僧：这段话信息量比较大，第一，留部分机动资金，剩下的全买成股票，这个前提也是对要买的标的做了充分的准备，包括基本面和比价，一旦定好了要做这只股票，就直接重仓，然后利用中枢震荡搞差价。第二，缠师说过，一般机动资金为 10%~30%，大一卖点时机动资金能占到 30%，股票持仓 70%，以初始资金 100 万元为例，刚开始 10 万元作为机动资金，90 万元是股票持仓，到一段行情顶部时，假设股票上涨一倍，如果没有做差价的话，总资产是 90 × 2+10=190 万元，股票仓位为 90 × 2/190=94.73%，如果按照缠师所说，在筹码不变的前提下，股票持仓下降到 70%，那么总资产应该是 90 × 2/70%=257 万元，此时机动资金为 257－90 × 2=77 万元，也就是说，通过做差价，额外做出了 67 万元的利润，由于做差价的最大仓位只有 30%，那么这 67 万元的利润，也就是做差价最大仓位 30 万元本金的两倍多，由此可见，利用中枢震荡做差价是非常重要的，其利润空间不比单边市要差。

在市场中，关键是能长期保持盈利，本 ID 从来没见过喜欢当轿夫的最终能活下来的。谁爱当轿夫谁就当去，本 ID 依然如故。而且本 ID 还特不厚道，还要经常批评轿夫的姿势不美、动作恶心。例如，本 ID 今天就要批评轿夫们，本 ID 其他中字头的都不错，就是中石化、中国银行有点蔫，连新高都没创。哪位轿夫有力气的，也来一把吧。另外，抬中铝的，动作优美点，今天走得特恶心，搞了一个双针出来；潍柴动力的轿夫，手脚麻利点，反正都要上 100 元的，就别摆太多姿势了；中国国航，也比较丑陋，连南航都比不上。

股票，要有放松的心态，轿子都不会坐，那就当抬轿的，或者当饺子给人吃了吧。

今天可以回答问题到 17：00。

[匿名] 与你同行　2007-08-09　16：14：41
老师，股指狂升，很多股票价格却不动，反而跌怎么理解？

缠中说禅　2007-08-09　16：18：21
这太正常了，上半年二三线股涨的时候，大盘成份股也没怎么动，风水轮流转。

从今天开始，可以慢慢关注沪深 300 中的大盘 50 会慢慢扩散出去。当然，还可以关注大盘 50 中没怎么动的，没动的都会轮一遍的，前提是有一定级别的买点。

扫地僧：一般都是大盘权重股先冲关，起带头作用，然后逐步扩散到其他板块和个股。

[匿名] 恒灵　2007-08-09　16：17：25

缠主，我看大盘图一直有顶背却不下跌，是不是我看错了？

缠中说禅　2007-08-09　16：21：19

MACD 是辅助，首先要把走势给分清楚，否则又怎么知道是哪段和哪段比？这次上来这一段，可以先看成是 5 分钟级别的背驰段，如果背驰成立，就至少重新跌回 4600 点上下中枢，最迟在周一前就有结果。也就是说，这个背驰段是否成立的结果。

扫地僧：见图 307。

可以先看成是 5 分钟级别的背驰段，如果背驰成立，就至少重新跌回 4600 点上下中枢

图 307

小丸子　2007-08-09　16：20：10

走势上，下图中 20~21 是 14~17 的 1 分钟中枢一个类第三类买点。

请问 20~21 怎么不是 16~19 这个 1 分钟中枢的三买。

缠中说禅　2007-08-09　16：47：46

也可以是，只是看成 14~17，后面的就是中枢延伸。

扫地僧：在这个案例中，14~17 的中枢高点与 16~19 的中枢高点一样，都是 16 这个点，所以不影响，如果 16 高于 21，14 低于 21，那么就不能是 16~19 这个中枢了，因为 21 跌破了 16~19 这个中枢的高点，并不能形成三买，此时只能是 14~17 这个中枢。见图 308。

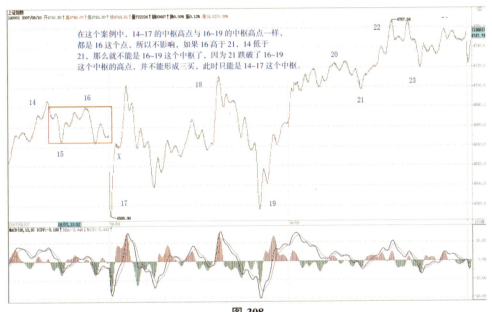

图 308

[匿名] 大道　2007-08-09　16：49：13

女王好，目前学习您的线段理论后，对大盘的走势略微入了一点门了。但头疼的是，资金却始终在低位，原因就是始终找不准板块的节奏，您能对板块的轮动或如何发现市场的热点指点一二吗，谢谢女王，盼复。

缠中说禅　2007-08-09　16：54：02

板块轮动是蔓延开来的，有一个核心。例如，这次的核心就是大盘 50，然后蔓延到 300，然后是二三线，这个过程在进行中。至于能否完成，那就需要很多因素了，例如政策面能否支持这么长时间。

扫地僧：也就是说，板块轮动能否蔓延开，是不确定的，是需要很多因素的配合。

2007 年 8 月 10 日

热点在震荡中蔓延（2007-08-10　15：56：27）

昨天已经给了第四拨人一个任务，就是顶住。可以这样说，在外围环境如此恶劣之下，这总算顶住了。当然，站在本 ID 不厚道的角度，会说他们姿势不够优美。周末消息面，就决定这拨人的短线命运。

技术上，今天 5 分钟的第三类买点并没有被制造出来，因此依然只能归于中枢震荡的范畴。下周一，能否制造此买点，将决定短线大盘的上攻力度与强度。当然，偷懒的、看不懂的，就继续 5 日线，这确实是懒人的懒招数。

扫地僧：8~17 这 5F 中枢的高点 ZG 是 10，当天震荡的低点 27 低于 10，所以没有 5F 的三买，只能看作是该 5F 中枢震荡。见图 309。

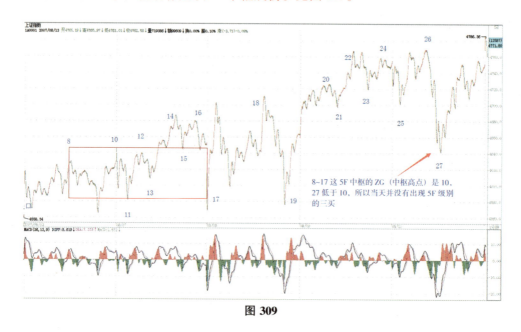

8~17 这 5F 中枢的 ZG（中枢高点）是 10，27 低于 10，所以当天并没有出现 5F 级别的三买

图 309

个股方面，昨天在回答问题时说了，现在是从大盘 50 到 300 的热点蔓延，如果这蔓延能成功，那么大盘的热度还会增加。今天，这迹象已经开始。更重要的是，今天 ST 大面积启动，也表明短线的投机资金开始蠢动起来，因此，下周的热点蔓延能否成功，是决定行情延续时间的关键。

个股方面，中字头继续是本 ID 的主力。对那些不启动的中字头，轿夫都应该像 777 学习。本 ID 昨天那一通骂还是有点作用的，看看今天的中铝、中国国航，但国航确实恶心，跟着南航后面跑。算了，大周末的，就不想骂人了。其他股票，等大盘炒热后，会逐步补涨。

一到周末，本 ID 就对股票反胃。各位腐败去吧。

最后，附带说说 8 月大盘的走势。7 月大盘站住了 5 月均线并突破了 4159 点的 1/2 线，目前该线已经上移到 4174 点，而 5 月均线也上移到 4170 点附近，并且 7 月长阳的一半位置在 4136 点，因此，4150 点附近成了大盘中线能否保持强势的最重要位置。只要能有效站稳该位置，那么大盘的整体走势就能保持向上拓展空间的能力，否则将引发大盘周线指标的走坏，至少要重新陷入新的大震荡中。

但即使大盘能保持强势，本月也一定要注意大盘过分冲高所隐含的月 K 线上影杀伤力。8 月是宏观政策理清思路的关键时间，这方面的变动将对大盘走势起着决定作用。此外，外围股市的走势也会对大盘走势产生影响。全球化社会里，没有哪个股市是可以与世隔绝的。个股方面，一二线成份股的行情依然会延续，但要注意升幅过大后的短线震荡风险，而当业绩风险释放后，二三线题材股会找到重新活跃的动力。

扫地僧：这段话里有几个实战经验：

（1）5 月均线，长阳月线的一半位置和长期趋势线都是中线要参考的位置。

（2）如果几个技术点所指向的关键位置相差不远，那么这个关键位置就是重要的观察点。

（3）三线题材股，在业绩风险释放之后才会找到重新活跃的动力，通俗点说就是当年报、半年报发布之后的空档期，三线股往往才会逐步活跃。

2007 年 8 月 13 日

热点，如期蔓延中（2007-08-13　15：38：41）

上周末说了，热点会逐步蔓延，从 50~300 到二三线，今天，300 中已经骚动不断，而二三线也已经有不少按捺不住蠢蠢欲动了。今天唯一不完美的，就是第三类买点还没有走出来，所以，明天的走势依然有变数。最简单的，还是看 5 日线。

从 4200 点上来的走势，从下图就可以看到，一种走势类型划分已经逐步明朗。1~14 是一个 1 分钟的上涨走势，14~27 是一个 5 分钟的中枢，27~32 是对该 5 分钟中枢的离开，该离开与回抽依然没有完成，就看明后两天的发展。如果能形成第三类买点，那么其后就看是否形成背驰性走势，否则，就要在 14~27 的区间形成 30 分钟的中枢了。下面是分段图，各位研究去吧，有一个谈判在 16：00，先下，再见。

扫地僧：注意，此时走势的划分发生了变化，中枢从 8~17 变成了 14~27，原因有两个：

（1）这样划分看起来更清晰，14：00 是个 1 分钟的盘背点，14~19 这个 1F 下比 8~11 这个 1F 下更清晰自然。

（2）8~17 是最初的 5F 中枢，之后 17~22 是离开，22~27 是返回，由于回到了中枢内，所以 17~22 和 22~27 都是 5F 的中枢震荡，此时将 14~27 看作 5F 中枢也没问题，这可以参考 8 月 9 日的解盘。见图 310。

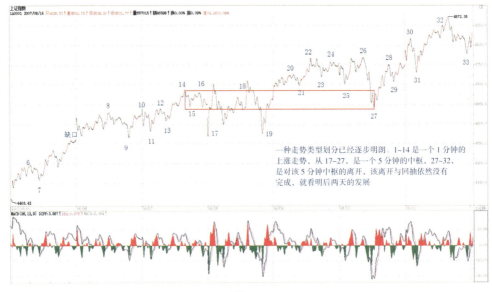

图 310

2007 年 8 月 14 日

热点蔓延，阳光下没有新鲜事（2007-08-14　15：49：37）

当然，没有阳光下也同样没有新鲜事。今天的走势，唯一的特点，就是没有新鲜事。从上周起，本 ID 不断强调热点开始蔓延，今天，这热点已经开始燎原。

50~300 到二三线，本 ID 已经给股票的热点蔓延画出了线路图，现在，不过是按着线路图的一种演绎，正所谓阳光下没有新鲜事。

今天，14~27 这 5 分钟中枢的第三类买点 35 也总算给憋出来了（偶尔看到有问为什么不是九段？九段可延伸成 5 分钟中枢，可不等于 5 分钟中枢就一定是九段，这么简单的逻辑关系可别搞糊涂了）。

5 分钟第三类买点后，只有两个选择：①继续上涨直到形成新的 5 分钟中枢；②在目前位置附近形成大一级别的 30 分钟中枢。

扫地僧：14~27 是 5F 中枢，27~32 是次级别离开，32~35 是次级别返回，构成该中枢三买。见图 311。

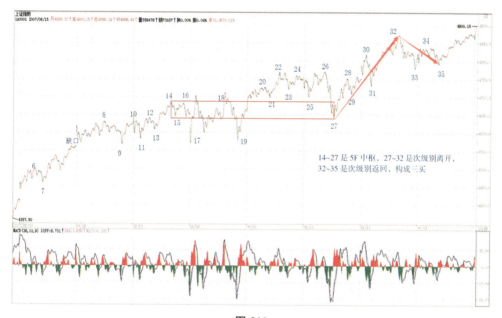

图 311

现在，关键是热点的蔓延持续，只要这没问题，一切都好办。

站在日线角度，提两个思考题：

（1）目前日线的背驰段解除没有？提示，关键是哪段和哪段比，连相比的对象都没分清楚，还谈什么背驰段？更不用说什么精确定位了。

（2）4174 点的 1/2 突破后，下一条真正的压力线在哪里？

扫地僧：日线的背驰段没解除，对比见图 312。

8 月 22 日的解盘里提到，突破 1/2 线之后，下一个压力线是 2/3 线，然后是 3/4 线，2/3 线计算如下：1429+183×30×2/3=5089 点。

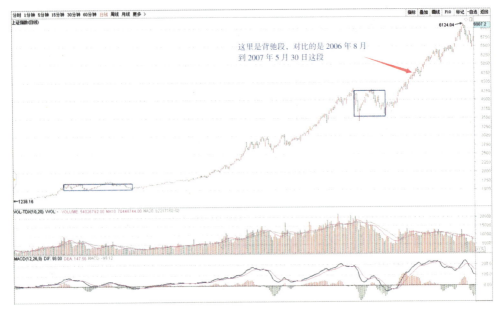

这里是背驰段，对比的是 2006 年 8 月
到 2007 年 5 月 30 日这段

图 312

2007 年 8 月 15 日

缠中说禅   2007-08-15   15：49：33

最近，外围市场鬼哭狼嚎的，弄得全世界的鳄鱼都痛哭流涕。中国市场震荡一下，也很应该。技术上，昨天已经很明确说了，现在，或者继续上涨直到出现新的 5 分钟中枢，或者就在这里形成一个 30 分钟中枢，除此之外，别无选择。

扫地僧：8 月 15 日美股已经跌了不少，所以是鬼哭狼嚎的。见图 313。

今天早上冲高后，一个 1 分钟级别的背驰就出现，整个 1 分钟的上涨，是下图中的从 17~38，两个 1 分钟的中枢，37 是对最后一个 1 分钟中枢 32~35 的第三类买点。因此，该上涨极端完美，背驰的 MACD 辅助判断，看 5 分钟图更为明显（各位请自己去看，这里的贴图只有 200 的额度，本 ID 不能浪费太多空间。在 5 分钟图中，看对应 1 分钟图中的走势去比较力度）。这是一个标准的走势，十分教科书。

后面的震荡十分正常了。现在，从 8 开始走势的一种划分也自然当下给出了，就是 8~17 是一个 5 分钟中枢，然后 17~38 是一个 1 分钟级别上涨。而从 32 开始，一个 5 分钟中枢的雏形也出现，极短线走势，就看这 32 开始走势的演化情况。

图 313

扫地僧：这天的走势分解又有了变化，5F 中枢又变成了 8~17，那么从下图可以看出次级别走势划分成了 17~22、22~27、27~32、32~35、35~38，这五个 1 分钟走势构成了五段类上涨趋势。见图 314。

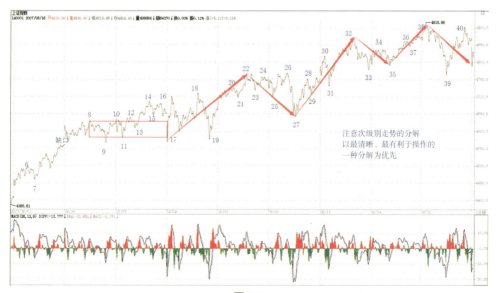

图 314

具体的走势分解可以参考《缠论 108 课详解》一书中的第 70 课的解读。

2007 年 8 月 16 日

缠中说禅　2007-08-16　15：41：56

大盘走势上，16 这点如果跌破，那么，形成 30 分钟中枢震荡就是唯一选择了，换言之，4700 点如果不破，还有在目前位置形成新的 5 分钟震荡可能，也就是原来的 5 分钟上涨走势依然能维持。因此，短线调整级别的大小，就看这 4700 点。

这关键要看美国还要鬼哭狼嚎几天了。说实在，本 ID 是宁愿中国这边 30 分钟甚至日线震荡，也希望看到美国哭个 368 天。

今天心情大好，看到美国暴跌就开心，虽然会让汉奸不爽，但汉奸不爽的事情，本 ID 最愿意干。

今天回答问题到 17：00，因为开心。

注意，下图中的 46 并不百分百确定，因为如果明天大幅度高开，那就要改变了，这只是大致标记上。

扫地僧：16 这点如果跌破，那么，形成 30 分钟中枢震荡就是唯一选择了，因为 16 是 8~17 这 5F 中枢的波动高点，如果跌破它，那么 32 开始的第二个 5F 中枢就触及上一个 5F 中枢高点，从而扩展出 30F 中枢。见图 315。

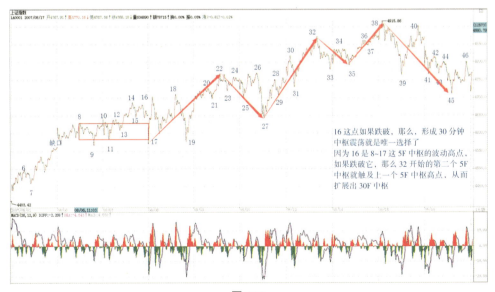

图 315

2007 年 8 月 17 日

缠中说禅 2007-08-17 15：58：48

技术上，30 分钟中枢震荡已经成立，这没什么可说的，在前面已经反复说到这种情况的边界条件。图就不用贴了，今天的分段太简单，周一一起贴，这样可以节省一个图的上传量，这里的总量只有 200 兆，用不了几天。

扫地僧：因为当天跌破了图中 16 这个点，两个 5 分钟中枢的波动区间重合，扩张出 30 分钟中枢。见图 316。

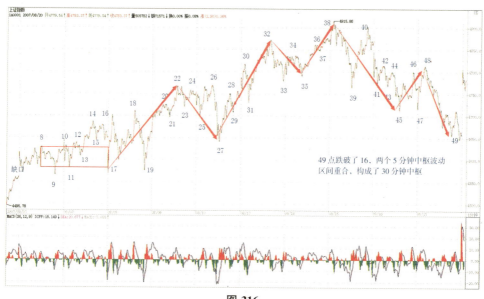

图 316

2007 年 8 月 20 日

缠中说禅 2007-08-20 15：48：47

至于大盘的中短走势，在上周五已经明确说过，"可以肯定地说，本周全球的恶劣走势，会引发各国金融当局的强力介入，因此，一个有力的反弹的出现，是很正常的，至于之前是否要制造空头陷阱，那并不重要"。其后的走势，基本如此，在同一文章里，已经说了，最重要的是反弹后的走势，需要关注的是相关政策的有效性，一旦救市政策失效，引发全球资本市场更大规模的杀跌，并不是什么天方夜谭。

　　回到上证指数，从纯技术的角度，下图里的 8~49 可以看成是一个 30 分钟中枢，但更可以看成是对于 8~17 这个 5 分钟中枢，17~38 的 1 分钟走势 5 分钟背驰后，必须有一个回拉至少回到 8~17 这个 5 分钟中枢里。显然，49 已经跌破 14，

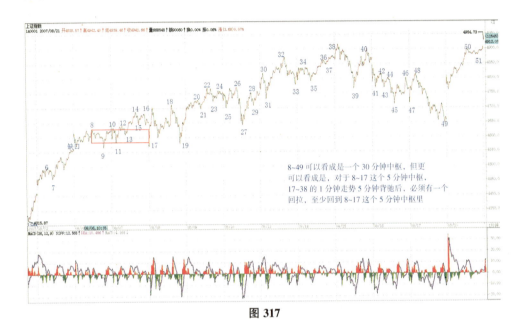

8~49 可以看成是一个 30 分钟中枢，但更可以看成是，对于 8~17 这个 5 分钟中枢，17~38 的 1 分钟走势 5 分钟背驰后，必须有一个回拉，至少回到 8~17 这个 5 分钟中枢里

图 317

17~38 对比的是 8 之前的走势，从图中看 17~38 所对应的三个 MACD 面积之和也比 8 之前那个 MACD 面积小，所以背驰

图 318

十分完美地演绎了本 ID 的理论。超短线的角度，根据走势的多义性，可以把后面的走势先看成是 32~41 这个 5 分钟中枢的一个震荡，要往上突破，就要出现第三类买点，否则，别看今天涨了 248 点，依然只是中枢震荡。

扫地僧：5 分钟背驰指的是 17~38 与 8 之前的走势对比，在 15 分钟图里看更清晰，17~38 所对应的 3 个 MACD 面积之和也没有 8 之前的 MACD 面积大，背驰出现。见图 317、图 318。

多义性的角度，还可以看作是 32~41 这 5F 的中枢震荡。见图 319。

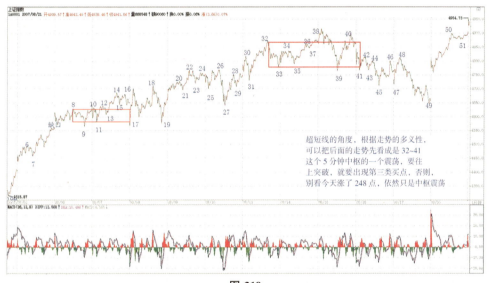

超短线的角度，根据走势的多义性，可以把后面的走势先看成是 32~41 这个 5 分钟中枢的一个震荡，要往上突破，就要出现第三类买点，否则，别看今天涨了 248 点，依然只是中枢震荡

图 319

2007 年 8 月 21 日

缠中说禅 2007-08-21 15：59：25

昨天说了，现在在技术上，就是要先形成 5 分钟的第三类买点，然后是 30 分钟第三类买点，这才能最终确认突破的有效，在这之前，都只能看成了一个中枢震荡。

今天留下的缺口，构成短线的技术关键，而上方的真正压力，并不是什么 5000 点，而是 2/3 线，目前在 5089 点，这在前面曾以问题的形式给各位说过了。突破 1/2 线，上一条就是 2/3 线，这涉及预测，但有比较大的经验值保证，但本 ID 为了彻底反对预测，所以只以问题的形式和各位讲，就是不希望让各位先入为主，影响当下的判断，那才是真功夫。

预测这种东西，不过是按一个模子照套，傻子似的干活而已。2/3 线后就 3/4 线，目前在哪里，傻子都能干活出来，所以预测都是傻子似的干活，还是不要提了。

扫地僧：当天留下的缺口是在 5F 中枢上方的，所以是短线的技术关键，因为一旦不回补，是中继缺口的可能性非常大。见图 320。

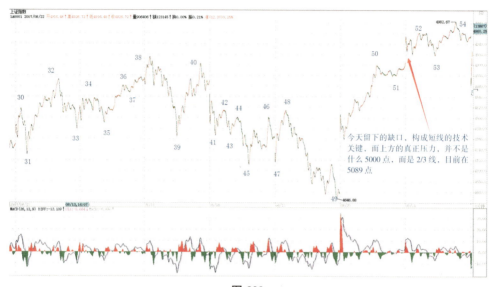

图 320

2007 年 8 月 22 日

缠中说禅　2007-08-22　08：37：19

目前，技术上的条件没有任何变化，日线上，背驰段依然成立去等待最后的确认或破坏；短线，30 分钟的中枢震荡依然；超短线，最后一个 5 分钟的中枢震荡依然。按照这些技术界限，与自己的操作级别，不难根据当下的走势去选择自己的操作。

对于技术学习不好的，就看 5 日线、5 周线，不要为市场的消息所动，只看市场最终的反应，这是一个最基本的素质。

扫地僧：大部分人听到一条消息之后的思维是：因为这个消息，市场将会怎样。而专业投资者的基本素质是不管消息如何，只看市场最终的反应。

至于今天的走势，无非就是强中弱三种：

（1）直接平开或者高开，不补昨天缺口，继续上攻，一旦出现这种走势，证明市场选择了这样的合力，因此，只要继续看着。不过这种状态，必须密切注意是否还有新的组合拳，一旦还有，就要注意 2/3 线与基本面产生的共振。

（2）补昨天缺口后在附近震荡，这种走势，是一种平衡状态，就要看后面基本面的变化去选择突破方向。

（3）直接跳空向下，形成岛型反转，这是最恶劣形态，短线的压力大，至少要再次考验 8~17 那个中枢。

其实，这些分类界限，都无须预测，让市场自己去选择，根据市场的选择去反应。另外，一定要注意自己的操作级别，如果你是月线操作，那就看 5 月线，没有效跌破之前，都可以少管，任何的波动都可以当戏看。

另外，美国股市在如期反弹后续的发展，是决定今后走势的一个重要分力，这种因素在前面反复说过了。这可能比加息、组合拳都要根本，毕竟，管理层的加息、组合拳都要参考这方面的因素综合给出。

扫地僧：分类界限无须预测，看市场当下的选择，根据市场的选择去反应。见图 321。

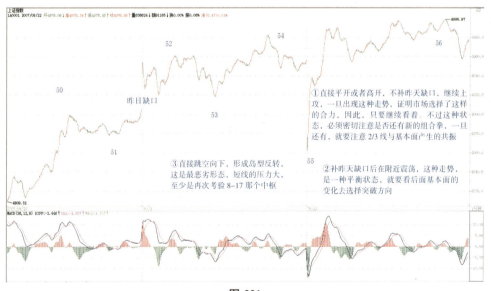

图 321

缠中说禅　2007-08-22　16：10：16

昨天说热点的蔓延如果能持续几天，就会"燎原"。而晚上公布的加息产生的新分力，使得大盘最后选择了今早所说的第二种中等力度的走势，这都是自然的选择，无须预测。任何有预测癖好的人，去当火星股评去吧，地球很危险的。

今天的走势，从纯技术的角度，连一个线段都不一定 100% 确认完成了，为

什么？因为都没 100% 满足线段完成的条件。该线段完成的判断，显然属于第一种情况，本来第一种情况是属于相对简单的。但由于特征序列的分型一直没有最终完成，每一次上冲都新高，而下来都是一笔，形成所谓的向上倾斜三角形走势，该走势的特点是 99% 回跌到三角形启动的位置，尾盘的跳水满足这一跌幅，但只是一笔，所以如果明早一下高开在 5000 点之上猛烈上攻，不再回跌到 5000 点下，那这线段还真一时完成不了。当然，一般情况下，这线段已经在今天的最高点处完成，所以在上面标记上 56，但这是否最终确认，还要求上面说的这种情况不发生。

扫地僧：一个实战经验：向上倾斜的三角形走势，其特点是 99% 要回跌到三角形的启动位置。见图 322。

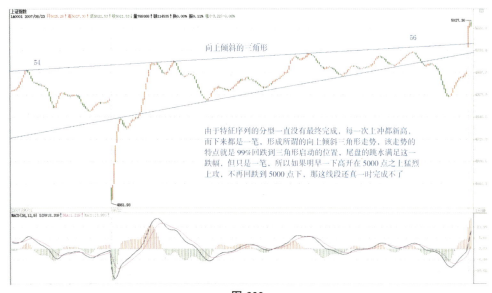

图 322

一般来说，1 分钟线段不会延续这么长时间，能延续这么长时间，反而是一个技术上的重要提示，证明多方上 5000 点的冲动比较大，反复"闹"，而上面有人不断压制，所以才会走出向上倾斜三角形的走势。而到尾盘，差点见 5000 点了，多方一股真气突然泻去，回到倾斜三角形起点位置。主要是如 530 般在亢奋状态突然被惊吓留下了后遗症，因此往往在关键时刻都来这么一下，尾盘收回去一半，只是表明多头上攻的欲望依然没得到满足，如此而已。

扫地僧：又一个经验，一般来说，1 分钟线段不会延续一整天，能延续这么长时间，是一个技术上的重要提示，说明攻击冲动比较大。尾盘有跳水，但还能收回去一半，表明上攻的欲望依然较强。

今晚的消息面很重要，连续两天有消息了，如果今晚还来什么调控，则走势变数就大了。由于选择了第二种走势，短线政策面的变化起着重要分力的作用。如果今明两天没什么特别消息，使得关于政策面组合拳的猜想暂被搁置，那么，上 5000 点去满足一下多头的欲望，也是理所当然的。

本 ID 早说了，5000 点根本什么都不是，关键是 5089 点的 2/3 线，这线就如同下面 4100 多点的 1/2，该线反复磨了 3 个月，上下跳来跳去，2/3 线是否历史重演，这才是技术上需要注意的地方。

个股上，加息并没有延缓热点的蔓延速度，反而是加快了。银行股被压制，反而有利于其他股票的表现，本 ID 反复强调的二三线股的逐步活跃已经成为现实，看看这几天涨停的都以什么股票为主就知道了。而且，这种蔓延已经逐步偏向三线股，特别是低价股，这是游资重新活跃的迹象。

扫地僧：2/3 线计算如下：$1429 + 183 \times 30 \times 2/3 = 5089$ 点。见图 323。

图 323

2007 年 8 月 23 日

缠中说禅　2007-08-23　16：08：01

有人问，怎么还不说今天突破 5000 点的历史时刻？5000 点算个什么？本 ID

不是一大早就把股市的 20 年走势的剧本都告诉各位了？5000 点在那剧本中，连一句台词都够不上，有什么可说的？

站在纯技术上，突破 1/2 线，就看 2/3 线，然后就是 3/4 线。但现在，还是先看 2/3 线。从大盘对前几条线的突破看，都不是刚好触及就回头，而是围绕着其震荡。由于 2/3 线与 3/4 线之间距离不大，所以在这两线的震荡级别不大会一样，一般来说，2/3 线小级别，那么 3/4 线级别就大点了。所以，行情在 2/3 线附近如何发展，对今后行情的发展有一定的意义。2/3 线如何计算？1429+183×30×2/3=5089。3/4 线，只要把里面的 2/3 改为 3/4 就可以。当然，下月计算时，183 要变成 184，以此类推。

短线技术上，昨天的 56，不能百分百的那种情况，今天发生了。这说明什么？本 ID 的理论是几何，没有一种精确的数学态度，是弄不好的。任何有预测癖好的，都离技术之门远着呢。今天图里，昨天 56 的位置就要根据这种情况变了。注意，并不是本 ID 的划分可以随意变，而是因为昨天的走势没有百分百满足本 ID 的划分标准，只是暂时标记。例如，今天 59，同样有这个问题，那里标记上 59 并不是说 59 在那里已经完成了，因为目前没有满足 59 段被百分百破坏的标准。而 58 以及以前的所有标准都是唯一的，不可更改的，为什么？因为，符合标准了，就这么简单。这个问题，一就是一，二就是二，没有任何可含糊的地方。

扫地僧：见图 324。

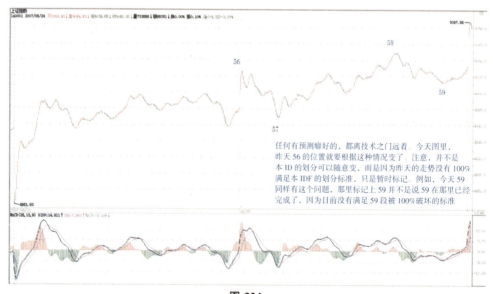

图 324

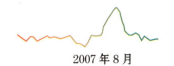
2007 年 8 月 24 日

缠中说禅　2007-08-24　15：24：47

今天，一开盘，首先冲到 5088 点，在 5089 点的 2/3 线面前整理了 30 分钟，然后就突破该位置，后面基本是一个震荡，毕竟下面缺口的压力在。突破站稳 1/2 线就到 2/3 线，这今天实现了。下面要继续完成的任务是站稳 2/3 线，这是继续上攻 3/4 线的前提。

周末消息面很重要，如果没什么特别的东西，那么下周有一个好开头，但下周决定月线收盘，因此，下周的任务是，不能拉太大的阴线，其余的任何情况，都是可以接受的。下周，比较理性的做法，是在目前位置稳固 5089 点的 2/3 线，一般来说，这种线的突破，都至少需要周线上的确认，各位可以看看 3000 点与 4000 点对 1/4 线与 1/2 线的突破就知道了。当然，如果大家一定要很冲动，要下周马上就去挑战 3/4 线，周末可以先听听那首极端口水的《冲动的惩罚》。

扫地僧：大盘是一路上涨，连 5 分钟级别的中枢都不能形成，依然是 1 分钟走势的延续。见图 325。

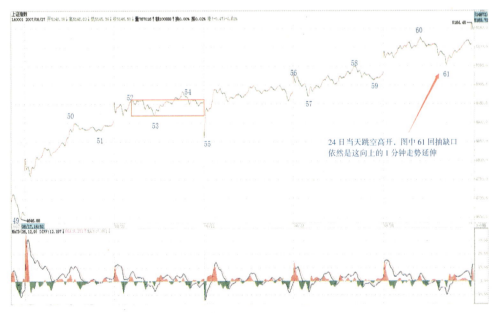

24 日当天跳空高开，图中 61 回抽缺口依然是这向上的 1 分钟走势延伸

图 325

2007 年 8 月 27 日

缠中说禅　2007-08-27　16：15：38

技术上，今天没什么可说的。回抽 5089 点，如此而已。当然，5089 点是否一天回抽就能确认，这显然不大可能。但行情完全可以先上攻，再以周线等形式进行回抽确认。当然，行情具体怎么走，没必要预测，看图作业就可以。

图形上，49 开始的走势简直是教科书。52~55 的 1 分钟中枢，55~58 的线段离开，58~59 的回抽不跌回形成 1 分钟的第三类买点。然后，后面唯一的两种可能，更大级别中枢，或继续中枢上移直到出现新的 1 分钟中枢。显然，走势选择了后者，目前，可以暂时把这新的 1 分钟中枢看成是 60~63。因此，从短线看，从 49 开始的 1 分钟上涨走势什么时候结束，就是短线唯一的主题。这相当简单，学过本 ID 课程的都应该怎么处理，应等待什么，那什么一出现，就该如何（什么是什么？权当一个作业，这都不会，请复读）。

扫地僧：由于 57 低于 52，所以 56~57 是中枢震荡，那么 55~58 就是离开段，59 是三买。见图 326。

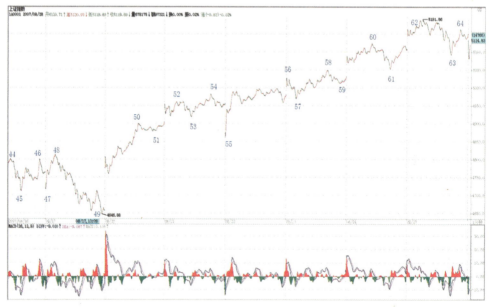

图 326

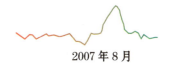
2007 年 8 月 28 日

缠中说禅 2007-08-28 16：10：20

今天的市场，在技术上十分简单，就是本 ID 昨天所说的那 1 分钟中枢的震荡，而要形成新的上攻，就要看是否形成该 1 分钟中枢的第三类买点，然后，最关键的，因为从 49 开始的走势已经是标准的 1 分钟上涨，所以该上涨结束的信号，就是背驰。因此，背驰段能否被精确定位最终形成背驰，就是今后几天走势的关键。而且，这 1 分钟的背驰后是否引发更大级别背驰段的精确定位，则是今后几周最关键的问题。

扫地僧：49 开始是 1 分钟的上涨趋势，52~55 是第一个中枢，60~63 是第二个中枢，之后是进入背驰段，那么这背驰段能不能被精确定位最终形成背驰，就是这几天的关键。其实可以看到 65~68 离开第二个中枢，但其内部并不能精确定位最终形成背驰，因此只是围绕第二个中枢的中枢震荡。见图 327。

图 327

2007 年 8 月 29 日

缠中说禅 2007-08-29 15：54：01

昨天说了，如果美国股市还能搞一次，可能是化解死局的好选择，昨天美国的

大跌来得够及时。本 ID 说了，任何和 2/3 线相关的活动，本 ID 都是乐于见到的。

有时候，当乖孩子并不是丢人的事儿。今天，那漂亮 50，集体奋拉，这是好现象。该休息还是要休息，整天瞎搞，小心精尽人亡。

其他个股，借着漂亮 50 休息而风起云涌一把，这也是天经地义的事情。

技术上，一个新的、从 62 开始的 5 分钟中枢已经基本成形，因此，该中枢的后续走势，决定了短线行情的发展。

扫地僧：昨天提到，65~68 不是标准背驰段，只是中枢震荡，到 71 时，就可以扩展出 5 分钟级别的中枢了。见图 328。

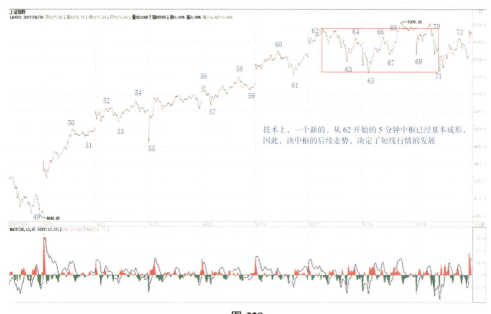

图 328

说实在话，除了快速突破 3/4 线直接上攻 6000 点形成多头陷阱这样一种走势本 ID 不能接受外，其他任何的走势，本 ID 都能接受。

说实在的，这两年的行情根本不火爆，比起 1996 年，简直没法比。那次，一年半就从 1000 点冲到 6000 点上，那次表现的是深证成指。这次，走了两年多了才到这个位置，乌龟都不如。但现在市场大了，影响大了，婆婆也多了，所以只能这样。

扫地僧：因为股票多了，市场规模大了，影响就大，各个部门都有利益在其中。见图 329。

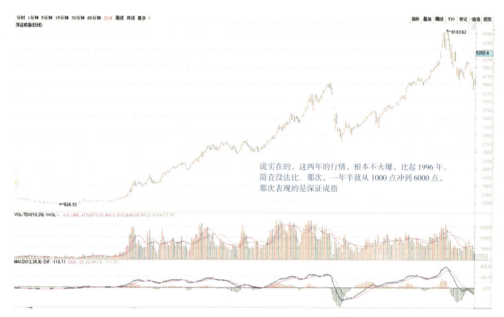

说实在的，这两年的行情，根本不火爆。比起 1996 年，简直没法比。那次，一年半就从 1000 点冲到 6000 点，那次表现的是深证成指

图 329

6000 点会有的，10000 点会有的，30000 点也会有的，但不是一天去完成的。欲速则不达，有时候当当乖孩子，作乖乖状，又有什么大不了的，何必一定要去挑起不必要的麻烦？

可以很明确地说，如果不是某些努力，昨天早就已经尸横遍野了。有些事情没必要说，只要知道，一切都是合力而成。但有时候，太过分了，那就只有对立面了，把自己逼到墙角，又何必呢？

但目前的市场，成分已经越来越复杂，本 ID 更相信一件事情，就是任何良好的愿望，在一个市场里，最终都要被践踏的。在现实中，死缓总变有期，在市场里，死缓往往就是绞刑变凌迟，人的贪婪总有最大的疯癫基因。

最后说句闲话，发现很多人对分段的第二种情况还是没搞清楚，例如下图中的 62~63，就是一个典型的第二种情况，各位请好好研究一下。

扫地僧：62~63 这段，就是线段划分的第二种情况，相应的笔标注在下图中，可以看到 4 高于 0，所以是有缺口的情况，10 直接跌破 6，使得 6~9 这段不成立。见图 330。

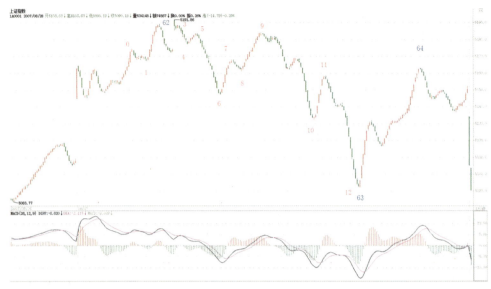

图 330

2007 年 8 月 30 日

缠中说禅　2007-08-30　16：05：43

大环境，本 ID 已经说得很清楚，就是警报声声，而且还一度几乎擦枪走火，这时候该干什么，所有对市场长期珍惜的人，都应该明白。市场的做多能力没地方宣泄，就找地方让他们宣泄，而不能影响整个大局，这就是目前市场参与者应该有的共识。

当然，市场是所有人的，有些人，拿着别人的钱乱搞，最终搞死市场，这种人一定要受到市场的严重声讨。现在，这伙人好像新钱有点少了，气焰大概也消停一些了，那么就反省去吧。

短线技术上，没什么可说的，就是还是昨天说的 5 分钟震荡，这就很好。明天周末，又是月线收盘，任何温和的走势，都是本 ID 可以接受的。周末，究竟会有什么？还是先看看现在都有什么了，最近这温柔的一刀包括：①风险提示；②停发基金；③直通车；④6000 亿元；等等。

那么，不温柔的一刀呢？

本 ID 可以明确地说，那市场的做多冲动引到二三线股，只是一种最好的选择，但不是一个绝对安全的选择。与其让市场在漂亮 50 上继续冲动，还不如玩一把还你漂漂拳之风再起时。

请注意，没有任何股票值得追高，而且目前政策面上依然风云多变，更没有追高的必要。

扫地僧：证监会对市场提出风险提示，当时还停发了公募基金，直通车指的是提出要港股直通车，6000 亿元则是当时有 6000 亿元特殊国债到期，这些都是利空的消息。当时市场太疯狂，缠师自然希望这些温柔的利空能起到作用，而不是最终逼出大利空。

技术上，当天是个震荡市，走了一个收敛三角形的 1 分钟中枢。见图 331。

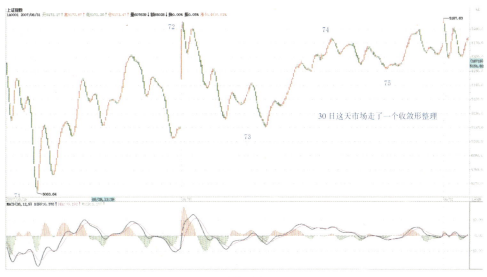

图 331

2007 年 8 月 31 日

缠中说禅 2007-08-31 16：04：19

目前的状况，已经反复说得很清楚。目前已经给出比较严重泡沫的定性，这可不是本 ID 说的，至于谁说的，当然也不可能在这里说。在这样一个明确定性的大背景下，任何的行走，都如同在刀锋上的游戏。

指数牛拉、二三雄起，这是目前现实状况下最可行的走法，这剧本显然已经达成足够多的共识。这样，至少能延缓指数上涨的速度，而且能使得受益面尽可能的广。为什么？因为目前的强劲做多欲望必须被消耗掉，这欲望，来自人的贪嗔痴疑慢共业，如此之强大，必须在疯狂中最终燃烧尽，才有回头的可能。当然，还有一种最干脆的做法，就是再 530 一番，这一把刀一直悬在头上，铺在脚

下。但贪嗔痴疑慢共业如此强大，能否不触及那把刀，又能让贪嗔痴疑慢共业尽情疯狂，这就是目前剧本中最激动人心的篇章。

今天周末的行情，在下午，明显受到对周末消息面的担心而产生震荡，但最终的震荡都在前几天最高位上受到支持，这就充分显示目前做多能量需要消耗的急迫性。如果周末没有任何足够分量的消息，那么下周，这能量将有一个大的爆发。

再一次用一个最直白的话把这 N 天反复说的话再说一次：打击快男，使得疯狂中的可获利面极大扩大，一句最狠的话就是，就算疯狂过后是无限的地狱，但多数人的疯狂总比单纯漂亮 50 的疯狂来得更公平、更有趣一些。

下周，绝不排除出现群魔乱舞的状况，如果能尽量减少指数涨幅而带动更大面积的疯狂，这就是最好的状态了。3/4 线还有足够大的空间，而且加上突破后的顺势，有足够的空间去完成这种疯狂。但必须明确注意，这疯狂的代价，与刀锋相关。

既然选择了在刀锋上行走，无论市场还是个人，都要明确知道这行走的代价。其实，没有什么是不可以的，但必须知道代价以及能够去承受这代价。那些又要玩刀又怕被刀杀着的，回家玩豆腐吧。

扫地僧：当天虽然是震荡上行，走得不连贯，但每一波下跌都没能形成一个下跌线段。见图 332。

图 332

2007 年 9 月

2007 年 9 月 3 日

缠中说禅 2007-09-03 15：38：43

今天的大盘，如上周五所论，周末没有任何足够分量的消息，因此做多能量如期爆发。但今天有一个有趣的现象，就是大盘在 5330 点下徘徊许久，就是不敢上去，为什么？因为 4330 点上曾留下的记忆太过深刻。

扫地僧：指的就是 530，当时市场过于亢奋，为了降温，推出了提高印花税的举措，使得 530 当天暴跌，4 月 29 日大盘的点位就是在 4330 点附近。

现在，每天都等于一个对赌，就是赌当晚没有特别的消息。最重要的问题是，现在消息决策的保密程度，已经超过一般人的想象，否则，529 怎么可能是最高收盘？因此，市场能量依然强劲与对消息面突发性的担忧，构成目前走势的最大一对矛盾。

在这种情况下，就要发扬"吃得咸鱼抵得渴"的精神，要干就狠干，干到消息出为止，出真家伙时，砸起来，看谁狠了。就算是 530，早上大把个股还有红盘的时候，关键是该砸的时候决不手软，这样就有继续疯狂的资格，否则，就退出观望吧。

疯狂是需要资格的，没有这素质，没有这技术，就别疯狂。地球很危险，回火星去吧。而目前的疯狂，已经完全按照剧本来，就是二三线狂舞。有人叫嚣宁愿蓝筹泡沫，也不让二三动弹，是典型的脑子有水的表现，现实已经足够严厉地教训这些人了。

纯技术的角度，今天的缺口是引发短线震荡的技术隐患，因此，这缺口的技术意义必须被短线所重视。

扫地僧：当天又有一个缺口，缺口的回补是短线上重点要考虑的事情。见图333。

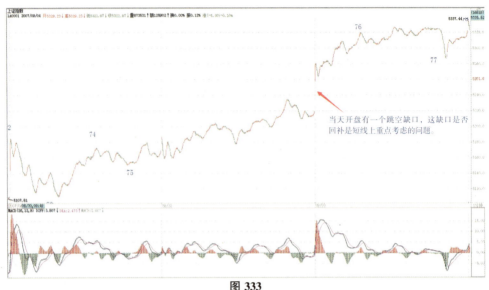

当天开盘有一个跳空缺口，这缺口是否回补是短线上重点考虑的问题。

图 333

个股方面，可以充分关注技术走势的意义。用本 ID 有的个股为例子说明：

第一类，如 600636，属于最弱的股票，还没有重新站在半年线，这种股票的任务就是先站住半年线，然后再展开。具体到该个股，基本面上不存在任何问题，只是里面的人太复杂。

第二类，如 600737，前几天刚突破 530 点后的第一个反弹高位，然后回调，这对于其他股票有同样的意义，这类股票的任务就是通过震荡站稳该位置，然后才会去挑战 530 的高位。

第三类，如 000938，突破 530 高位后出现震荡，这都是最正常的。这类股票，短线能否继续展开行情，关键就是这 530 高位能否在震荡后站稳。

扫地僧：按照股票形态的强弱分了三类，见图 334、图 335、图 336。

对于补涨的二三线股票，无非就是这三类，因此可以根据具体的情况，进行相应的短线处理，如果看不明白或没时间短线的，就看 5 日或 5 周线进出，这是中短线操作的最懒惰方法了。一般出现相应阻力的震荡，可以在冲高时先退出，下来再回补，用中枢震荡的方法，如果没这判断与技术，就算了。

另外，除非你技术特别过关，否则不建议目前频繁买卖，因为谁都不能保证你今天买的，不会在晚上就碰到一个恶劣的消息，对于心态、技术特别好的，当然无所谓，真出消息，一刀下去一了百了，但一般人可没这心态。

一定要注意，长线介入，一定是在长线买点，如果在一个短线买点介入要持

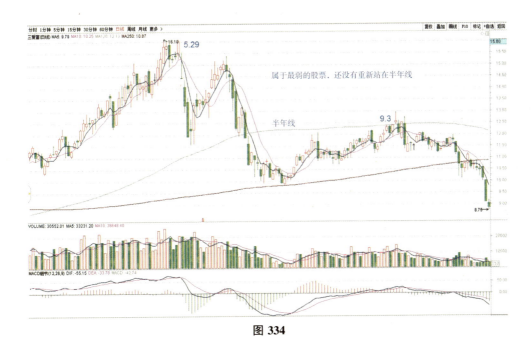

图 334

图 335

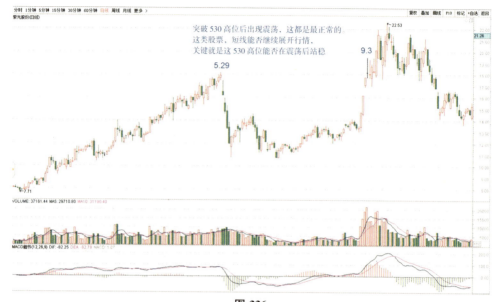

突破530高位后出现震荡，这都是最正常的，
这类股票，短线能否继续展开行情，
关键就是这530高位能否在震荡后站稳

图 336

有长线，是绝对地违反本 ID 的理论的。短线买点的介入就只意味着短线的操作，除非你有最坚强的意志，任何牢底都可以坐穿，否则，就别玩这游戏了。

本 ID 说的话就是话，例如，现在大盘的走势，是本 ID 可以接受的，但如果大盘快速突破 3/4 线后继续快速上涨去构造多头陷阱，那么就算没有政策，本 ID 也绝对不客气。这几天的中铝只是一个演习，中铝这次的演习，目的完全达到，使得二三线的切换全面成功，从明天开始，爱谁谁去。

2007 年 9 月 4 日

缠中说禅 2007-09-04 15：12：24

今天的震荡，在技术上，就是昨天的缺口，这已经说过；心理上，最近天天报上有提示风险的文章，你说心理上能没压力？

这个震荡明天是否加大，其实都不重要，从纯技术上说，这缺口如果补了后没有有力的回拉，那短线问题就严重了。所以，缺口越不补越不存在技术压力，这叫强者恒强。一旦强者不能恒强，那较大级别的调整就是不可避免的。所以从技术上，走得越强越不用担心，一旦有走弱迹象，反而是短线必须小心的。

扫地僧：实战经验：缺口越不回补，越不存在技术压力，这叫强者恒强，一旦强者不能恒强，那较大级别的调整不可避免。见图 337。

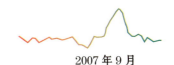
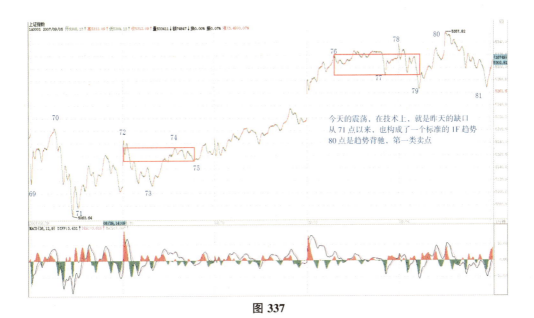

今天的震荡，在技术上，就是昨天的缺口
从 71 点以来，也构成了一个标准的 1F 趋势
80 点是趋势背驰，第一类卖点

图 337

2007 年 9 月 5 日

缠中说禅　2007-09-05　16：10：28

今天的走势真没什么可说的，周一留下缺口，技术上需要 3 天时间去考验，今天一个过于程式化的补缺口震荡如期上演，让人误以为在长安大剧院看一场京剧表演。

程式化震荡后，才是问题的关键。从纯技术的角度，下图中，62~71 的 5 分钟中枢突破后，71~80 是一个标准的 1 分钟上涨，也就是次级别的离开，而 80~83 是一个标准的 1 分钟盘整回拉，也就是说 83 是教科书式的 62~71 的 5 分钟第三类买点，其后的走势无非两种：形成更大级别震荡，或者是 5 分钟中枢上移的延续。

现在，最坏的情况就是形成一个 30 分钟的中枢，最好是继续 5 分钟的上涨，直到形成新的 5 分钟中枢。技术上的形态，就这两种情况，没什么可说的，根据走势当下就可以判断。说得仔细点，就是明天不能新高，或新高后出现 1 分钟的不构成第三类买点的盘整背驰，那么必须要在目前位置形成新的 5 分钟中枢了，后面就很简单，就看中枢震荡后是出现第三类买点还是卖点了。至于明天能形成 1 分钟的第三类买点，那么大盘就是将上涨去延续寻找新的 5 分钟中枢的过程。

扫地僧：这个走势是非常教科书的，1分钟趋势离开加上1分钟盘整返回，构成5分钟三买。见图338。

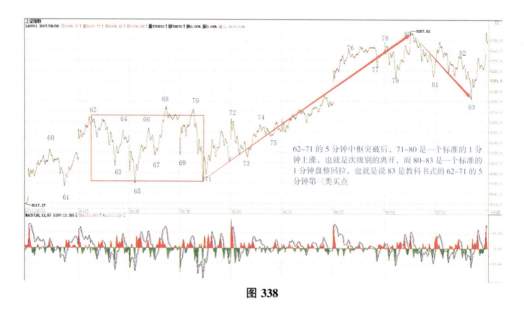

> 62~71的5分钟中枢突破后，71~80是一个标准的1分钟上涨，也就是次级别的离开，而80~83是一个标准的1分钟盘整回拉，也就是说83是教科书式的62~71的5分钟第三类买点

图 338

但是后面的走势选择了缠师给的分类里最坏的一种情况，就是形成30分钟级别的中枢，见图339。

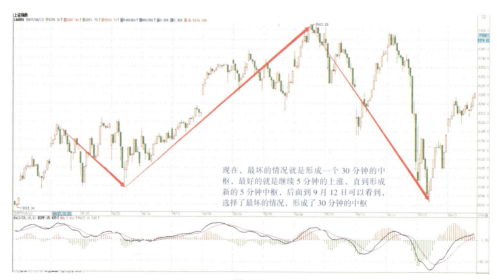

> 现在，最坏的情况就是形成一个30分钟的中枢，最好的就是继续5分钟的上涨，直到形成新的5分钟中枢，后面到9月12日可以看到，选择了最坏的情况，形成了30分钟的中枢

图 339

骄阳 10000　　2007-09-05　16：18：53

禅师，能讲一下 81、82 这个分段为什么中间那个高点不是一个段呢？

缠中说禅　　2007-09-05　16：24：14

因为那只是一笔，笔破坏不等于线段破坏。

扫地僧：如下图，81~1 是一笔反弹，1~8 是一段，8~82 是一笔，下跌段的特征序列是向上笔，经过包含处理后，81~7，8~82 是中间和右边的特征序列，与 81 之前最后一个向上笔构成了特征序列的底分型，下跌段在 81 结束。见图 340。

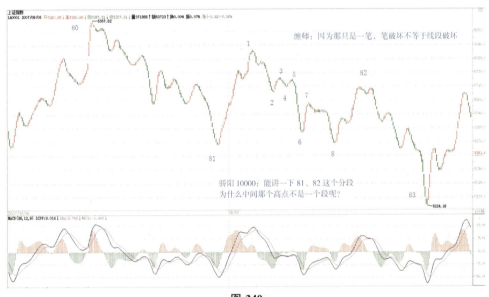

图 340

石猴　　2007-09-05　16：35：10

在 74~75 上面，08311055 那下来一笔，封闭了缺口，后面也先跌破这一笔的结束点，为什么不是线段呢？

缠中说禅　　2007-09-05　16：52：47

这只是笔破坏，没有线段破坏。

扫地僧：这位网友认为下图中所指的地方有一个向上笔，但其实那里不成笔。见图 341。

［匿名］新浪网友　　2007-09-05　16：59：41

缠主昨天说补了缺口行情会走弱，今天补后大盘反而放下包袱，重新站在 5300 点上，不知缠主有什么看法？谢谢。

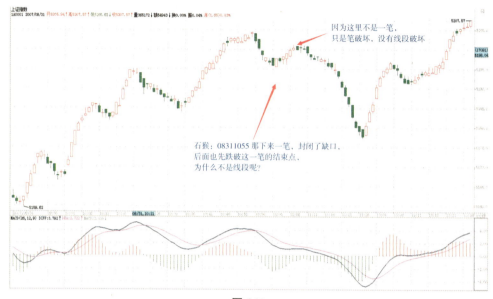

图 341

缠中说禅　2007-09-05　17：03：36

本 ID 没什么想法。

不补缺口是最强的，补了缺口能强力拉回并继续新高那是次强的。如果补了缺口拉回无力，不能新高，那就是最弱的。

现在大盘不能选择最强的，而后面两种，选择什么，让大盘自己来，本 ID 没预测的兴趣。

扫地僧：实战经验：不补缺口是最强，补了缺口能强力拉回并继续新高的是次强，补了缺口拉回无力不能新高是最弱。

2007 年 9 月 6 日

建行引领大盘前行（2007-09-06　15：55：55）

这题目没错，就是建行引领大盘前行，建行发行的意义，在昨天已经说得很清楚了，而建行作为这次大规模回归的首家，其最终的表现，将对后面的回归者有极大的指示意义。因此，像尾盘出现中行等飞速拉起的情形，就一点都不奇怪了。

不过有点必须明确，本 ID 昨天回答问题时说到中国联通的一些题材，并不是正式的东西，就当成梦话吧。本 ID 有联通，这里的人应该很多都知道，在春节前后，这里还连续 N 天直播过联通上 5 元的活动。这是本 ID 要海枯石烂的股票，中国移动在香港 100 元多，如果中国移动的 GSM 业务都给了联通，本 ID 也不知道联通该多少钱，但联通搞 GSM、移动搞大唐、电信搞 CDMA，并不是什么正式公告，只是一种还未被最后正式批准的可能方案，其实本 ID 在以前回答问题的时候也多次说过，但从来没在文章里说过，所以只能当梦话，相信者有毛病。至于整体上市、中国移动回归，都是很明确的，只是迟早的事情，所以对联通的判断，要以此为准。

扫地僧：现在来看，这个方案最终修改了，联通搞 CDMA，电信搞 GSM，移动搞大唐，而且中移动没有回归。

本 ID 其实不愿意回答个股问题，本 ID 告诉的股票都是本 ID 正买着的，当然，本 ID 建仓的过程可能很长，但本 ID 在这里第一次说的时间，肯定和本 ID 第一笔建仓的时间是同一日，甚至更早，这点是没问题的。例如潍柴，5 月 15 日写诗，也是本 ID 买的第一天，本 ID 把自己买的股票说出来，不存在推荐的问题，这就如同告诉各位，本 ID 中午吃了点什么一样。今天中午，本 ID 只喝了点果汁，就这样了。

大盘没什么可说的，补完缺口后创新高，也就是说周一的缺口依然只是中继性质的，那游戏继续。

下面再次用明确的语言给出目前的操作守则：

（1）一旦有致命的消息，手起刀落，让股票见鬼去。

（2）没消息就是最好的消息，用尽一切手段疯狂去。

（3）最懒的办法，看 5 日、5 周线。

（4）针对那三种技术形态的股票，分类操作（以前用 600636、600737、000938 为例子说过）。

（5）目前位置，就不要抱什么长线打算了，长线打算是在长线买点打算的。现在只是疯狂的游戏阶段，成功的唯一标准只有一个：把钱赚到袋子里又不被刀子伤着。

（6）对于中长线投资者，只战略性持有等待中线卖点的出现，然后用部分仓位进行降低成本或赚取筹码的操作。

这六点里，对于短线来说，第一条是最重要的，第二条是最实际的。

扫地僧：缠师此时是时刻准备清仓了，一旦有比较致命的利空消息就手起刀落。三种技术形态的分类是在 9 月 3 日的解盘里提到的。见图 342。

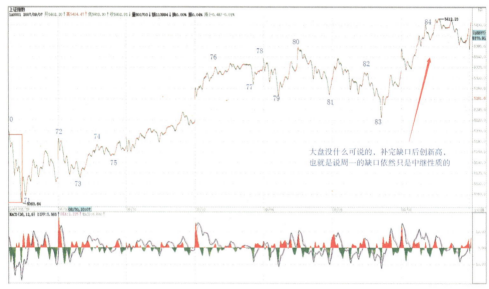

图 342

2007 年 9 月 7 日

缠中说禅　2007-09-07　15：29：09

今天的准备金本不是大事，但尚老先生的风险提示，可不能说是小事。最近天天报上风险提示，但尚老先生是力主市场调节的，如果没这老先生，530 大概早已不再被提起，因为已经有了更新的被各位口水一番了。

因此，做人要厚道，有人担着，就不能太给脸不是脸的，否则，好人难做，市场调节失效，那就政策调节吧，但对于一些不厚道的垃圾来说，到时候一样会喷粪的。

市场主动调节，那调整就是有限的，是系统可控制的。而市场不主动调节，要人工降雨，那要发生什么，就只有天知道了。

有时候，市场配合一下，那么力主市场调节的分力就更能发挥作用，这点如此显然，但在利益面前，很多人就昏头了，所以，有些事情是人算不如天算，进而不如不算。

技术上，这里出现一个大一点级别的震荡，那就按中枢震荡来处理，而不会看的，中线可以关注 5 周均线，从 3600 点上，该线从来没有被触及，这是本段行情是否结束进入较大调整的一个最简单的 pH 试纸。

扫地僧：市场一直保持疯狂状态，就会倒逼着调控政策出台。见图 343。

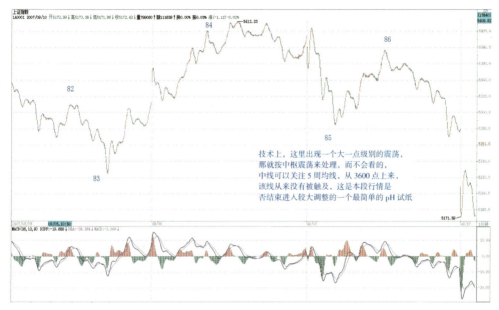

技术上，这里出现一个大一点级别的震荡，那就按中枢震荡来处理，而不会看的，中线可以关注 5 周均线，从 3600 点上来，该线从来没有被触及，这是本段行情是否结束进入较大调整的一个最简单的 pH 试纸

图 343

缠中说禅　2007-09-07　18：34：12

破例说两句股票，因为周五有事太匆忙，有些事情可能会有误解。

（1）目前的状况，说了 N 遍，就是泡沫的延续阶段，本 ID 干的所有事情只有一个目的，让泡沫延续更长时间。任何有碍于这个目的的，本 ID 都要尽所能去清除。

（2）主动调整，并不会引破泡沫，而是让泡沫更长久甚至有效缩小的最好良方。泡沫延续的双轮，就是中字头和二三题材，这在 3600 点时已经反复说了。注意，中字头只是大型国企的统称，虽然他们多数都带中字。

（3）目前的环境，没那水平、没那技术的，本 ID 早就提醒要先把仓位减少，等市场风险降低后再根据自己的条件继续游戏。留下来的，就要"吃得咸鱼抵得渴"，充分利用好各级别的中枢震荡赚取利润。

（4）短线技术，5 日均线的有效跌破是否确认，以及 5 周均线的支持，都是最关键的。就算从纯分型的角度，周 K 线上，下周有极大可能形成 3600 点以来第一个顶分型结构，一旦这结构形成，在有效破坏该结构之前，走势都最多只能在较大级别的中枢震荡中进行。

扫地僧：这周是 3600 点以来周线上第一个顶分型。见图 344。

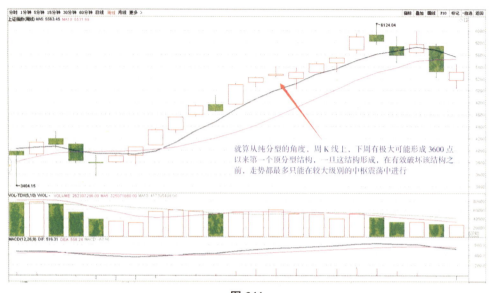

图 344

2007 年 9 月 10 日

市场继续进入 530 前的怪圈（2007-09-10　15：58：37）

现在关于风险的提示，级别越来越高，而现在市场里最大的信念是，政策不会制造大幅下跌，因此我们可以继续上涨，无论我们上涨到什么位置，政策都不敢出狠招。市场继续进入 530 前的怪圈：一方面，由于大盘的做多能量没被耗尽，很多个股还在 530 高位下徘徊，所以继续上涨的冲动无法消停；另一方面，关于目前市场的判断以及风险的担心，已经在越来越高级别的层次上被明确表达。

由此，明确无误地证明本 ID 理论中一个最基本的原理，就是走势必然是市场所有当下分力的一个合力呈现。现在的这种情况，就是两种同样强大的分力在互相碰撞。

扫地僧：由于指数已经突破 530 高点很多了，但很多个股还在 530 时的高点之下，所以这些个股就会显得低估，有向指数看齐的做多冲动。

资金在赌政策不会发飙，这就是目前最大的问题所在。挑战政策底线的后果是什么，18 年的中国股市已经一次次呈现过。每一次都有人认为有例外，结果这些人都不存在了，那么，这次如何，就走着瞧。

对于资金面充裕的分力，必然要利用政策面的缝隙去制造行情，无论是整体还是局部的。而游戏政策的结果，往往是被政策所游戏，在这个游戏与反游戏的游戏中，只能用震荡去触及行情塌陷的临界点。而这种行情塌陷，往往呈现非系统性，因此对操作的要求特别高。

现在的行情，具体的操作已经多次证明：

（1）水平特差的，就把仓位降低，拿着一些长线品种就算了。

（2）水平还可以但看不懂中枢震荡的，就看 5 日线或 5 周线，一般来说，只要 5 周线不破，调整的级别就是有限的。

（3）懂得中枢震荡操作节奏的，就按中枢震荡的要求去操作，一般来说，原则是先卖后买，在这些位置，如果你的水平有点问题，卖错了就卖错了，权当把仓位降低。

注意，现在一定是不怕卖错，就怕买错。宁愿卖错，绝不买错。

图形上，76 开始的 5 分钟中枢异常明确了，在该中枢的第三买卖点出现前，中枢震荡将一直延续。

个股方面，前面没怎么动的板块都开始补涨，这是一个明确的信号，就是如果这轮补涨后，前面调整时间比较长的板块没有再次启动，那么大盘的调整不可避免地加大级别，其时间与力度都大为增加。

本周，一定要注意上周高位能否被突破，如果能，那周 K 线上分型结构不能形成，否则，就是周线上在 3600 点后第一次出现明确的警示信号。

扫地僧：上周高位就是图中 84，这是周线顶分型的高点。见图 345。

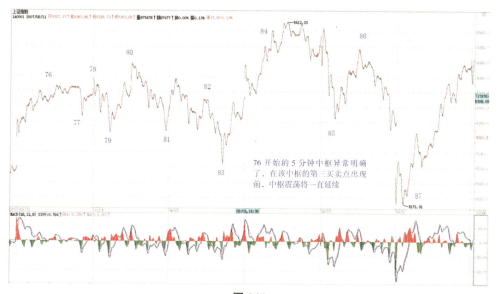

图 345

2007 年 9 月 11 日

该来的总要来——为下跌热烈鼓掌 （2007-09-11　15：59：25）

最近反复强调，企图和政策对着干的人，最终的结局就是消失，这已被中国资本市场 18 年的历史所反复证明。不管任何理由，今天的下跌值得热烈鼓掌。

技术上，本 ID 已经很明确地说过，本周将有绝大可能构成周 K 线上的顶分型，这是 3600 点以来的第一次，而在小级别上，目前依然可以归为 5 分钟的中枢震荡，操作上先卖后买的原则，足以让你避开今天的下跌。

好了，下跌已经是事实，就不用多说了，问题是后面如何去操作。昨天图上的 79 在 5265 点，只要后面的 1 分钟反抽走势不能重新站上该位置，则第三类卖点成立，后面至少要扩张成 30 分钟的中枢，最恶劣的就是 5 分钟的中枢下移。

扫地僧：5 分钟中枢是 76~85，85 之后是该中枢的延伸，79 是这 5 分钟中枢低点。见图 346。

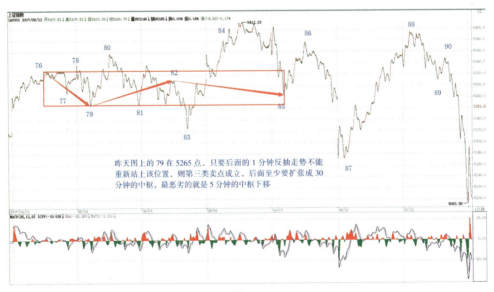

图 346

短线上，日线的 9 月 7 日，顶分型形成，显然，现在一定要形成至少笔的调整，因此，在形成有效的日线底分型之前，大盘的调整不会有效结束。但短线的震荡反弹机会还是很多的，有没有必要参与，就要根据各人的情况了。

扫地僧：当时日线上顶分型已经形成，日线向下笔几乎形成，所以当时缠师的判断也是认为这调整还要继续。见图 347。

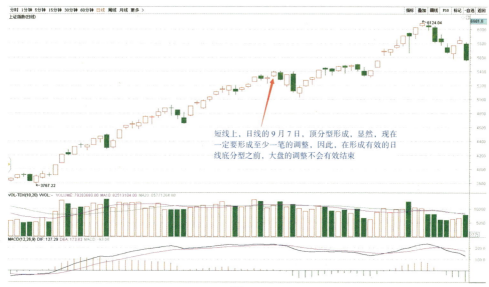

短线上，日线的 9 月 7 日，顶分型形成，显然，现在一定要形成至少一笔的调整，因此，在形成有效的日线底分型之前，大盘的调整不会有效结束

图 347

目前 5 周线在 5074 点，一般来说，第一次触及和跌破 5 周线后，都有一次强烈的反抽，因此配合上面的分析，该反抽是否能成为 5 分钟中枢的第三类卖点，将决定整个调整的力度。

另外，由于周线的顶分型除非有特别的意外，已经成立，所以关键要看这顶分型后的调整是两种类型中的哪种，也就是是否有效跌破 5 周线，一旦有效跌破，那调整就级别大了，至少要形成一周的底分型才能结束；如果不有效跌破 5 周线，那么调整的幅度就有限。

本 ID 在 8 月下旬就明确说过，任何与 2/3 线相关的活动，本 ID 都是支持的，现在又见 2/3 线，调整将以该线为基准，上下震荡构成，只要最终能站住该线，大盘依然会再次展开中长线的行情。而在站稳该线之前，反复难免，看看 3000 点下的 1/4 线、4300 点下的 1/2 线当时是怎么走的就明白了。

市场操作中，最多见、最无聊的，就是上涨的时候忘了还有调整的事情，一调整就认为世界要末日，这种心态，还是回家买豆腐吧。

所有下跌后就怨这怨那的，都请离开市场。政策面的变化难道是今天的？昨天还不是很牛说要顶着政策上？现在怎么蔫了？这市场的操作，都是自己的，要

怨的只有自己的贪婪与恐惧。

扫地僧：当天还发表了《教你炒股票 80——市场没有同情、不信眼泪》，详细解读请参考《缠论 108 课详解》中对应的章节。

2007 年 9 月 12 日

本 ID 理论的现场教科书演示 （2007-09-12　15：42：13）

今天的走势太技术，简单说，就是昨天说的，跌破 5 周线后必然有反弹，问题的关键是这个反弹能延续到什么位置，如果不能抽回 5265 点之上，那么后面的走势依然充满凶险。

但如果了解了本 ID 理论的一些最简单结论，那么今天的走势，简直就是一个现场教科书演示。你可以清楚地看到，走势是如何从线段扩张成一个 1 分钟中枢的，而其中利用背驰等关系，又如何能在火海刀山中逍遥游的。

显示，第一个绿箭头的那一笔，没有发生笔破坏，那则必然要回落去完成线段的走势，这是理论上百分百保证的。

而 92 这一处，出现线段破坏，但该线段不能拉回 85 处，那么这就构成了 85~88 这 1 分钟中枢的第三类卖点，后面的继续下跌也是理论上百分百保证的。

93 处，标准的线段类背驰，这就意味着 92 这 1 分钟第三类卖点，将出现中枢扩展，至少形成一个 1 分钟中枢，这也是理论上百分百保证的。

也就是说，88~93 的下跌已经完成，后面必然有一个针对这下跌的反弹。后面的演化，都如教科书般标准，学过本 ID 理论的，都知道这一切都可以当下判断，无须事后分析。

那么，现在后面的走势如何，很简单，84~93 这个 1 分钟的走势类型离开 76~85 这个 5 分钟中枢后，就要看一个 1 分钟的走势类型的反抽能否出现回到 79 这一点，也就是 5265 点之上。不行，就构成这 5 分钟中枢的第三类卖点，后面至少要扩展成为 30 分钟中枢，最恶劣的，就是一个 5 分钟级别的下跌。

今天在 93 处按理论要求进去的，以及昨天没按理论要求走的，都要关注这第三类买卖点是否成立，如果不成立，则大盘就继续中枢震荡，那简直是本 ID 理论的天堂。

本 ID 的理论可不单单是短线的，各种级别都适合，关键是你能真掌握了。

扫地僧：92 是 85~88 这 1 分钟中枢的三卖，84~93 是 76~85 这 5 分钟中枢的离开，这里是借用了 5 分钟中枢里的一段，也可以不借用，那就是把 86~93 看作是离开。见图 348。

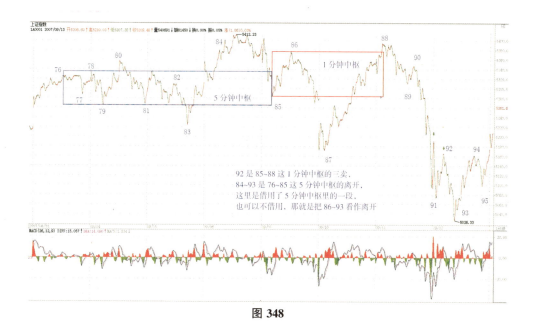

图 348

2007 年 9 月 13 日

缠中说禅   2007-09-13   16：00：16

看完下面文章，请务必看！

首先表扬一下某网友，请看：

[匿名] 新浪网友   2007-09-13   11：25：01

呵呵，被我说中了，目前就看破不破 5166 点。不破 5166 点就是 1F 三买，那就还有机会冲击 5265 点。

这就如同下棋，只看一步，肯定明白不了，能知道上午的跳水，其实是去形成 92~95 的第三类买点，这就不错，为什么？因为一般都关注 5265 点了，5265 点按理论，如期成为大盘的阻力，由此产生的回落，当然可以短差一把，但由于在 96 时，95~96 与 93~94 的力度对比并没有明显的类背驰，而且一旦回落形成下面 1 分钟的第三类买点，反而成为反弹继续的动力，能看出这一点，就比光看 5265 点要更进一步了。

后来，96~99 形成一个新的 1 分钟中枢，那么这个对 76~85 这 5 分钟中枢，86~93 的 1 分钟走势类型离开，93 开始的 1 分钟走势类型的反抽就一目了然了，这意味着，后来，突破该中枢继续上行，突破 5265 点，第三类卖点不成立，76~85 开始的中枢震荡依旧。

显然，目前这个 93 开始的 1 分钟走势并没有结束，96~99 是第一个中枢，如果是盘整走势，那么 99 开始的向上就要和 93~96 形成盘整背驰，如果不形成，这走势就强了，理论上大盘完全可以再创新高。但探讨这个问题没意义，关键是看这盘整背驰是否形成。

不过，对于 96~99 这 1 分钟中枢，其第三类买点还没有形成，因此，比上面的盘整背驰还要急迫的，就是要确认这第三类买点，否则，最多只能是这 1 分钟中枢的震荡，然后由此产生 96~99 的第三类卖点，转而下跌也是符合理论要求的。

所以，明天的技术走势极为简单，最强的，就是开盘后能形成 96~99 的 1 分钟中枢的第三类买点，然后继续上攻，这时候必须关注其盘整背驰问题，一旦出现，该怎样操作，就不用说了。

弱的，就是不能形成第三类买点，然后继续中枢震荡，最弱的当然就是形成第三类卖点，然后再次大幅下跌。

因此，明天的走势，只要看好这几点，一切都在当下把握中。

注意，正确的操作，就是 93 背驰进入后，现在一直持有着，或者你有技术条件，96~97 的震荡可以对冲一把的，回补或换股后，现在应该是持有状态。

最坏的情况，就是今晚突然有巨大消息，这样明天一开，确定 96~99 的第三类卖点成立，就手起刀落。当然，这种情况，100 天也碰不到一次，所以一般情况就可以耐心等待真正卖点的出现。卖点出现干什么，就不用说了。

上面说的都是短线，这对技术要求高，没这理解力与技术的，就算了，把仓位调节好，有些钱不是适合每个人赚的。

当然，只要你对本 ID 的理论有一定认识，那没有什么钱是不可以赚的，因为所有的盈利机会，本质上都被本 ID 的理论所把握，唯一的问题是你的理论把握程度与交易通道，反应速度等。理论保证所有机会，那你的精力与资金不可能参与所有的，所以就只能有所选择了。

扫地僧：下图是缠师发这篇文章时附的图，有争议的就是 98~99 这段，当天晚上立刻又发了一篇文章来更正，指出 98~99 不成段。见图 349。

各位注意　严重更正（2007—09—13　20∶55∶15）

今天收盘后事情不断、电话不断，后来又要赶去看一公司。司机按时到，本 ID 是在赶着把文章写好，连复查一遍都没有，导致今天的划分出现严重错误。以后尽量把写帖子的时间安排充裕点，但有时候实在太忙，出现点错误，也请各位原谅。

图 349

　　错误的划分还在今天的收盘分析中，本 ID 也不更改，把错误的放在那里，好当一个比较，对学习划分有大的帮助。错误就在于错把绿箭头的那一下当成一段了，这是错误的，中间那一折仔细看一下就知道不构成一笔，而一段至少是三笔的。

　　因此，按照正确的划分，大盘的走势比错误划分中显示出更强的趋势，也就是 93 开始的回抽，是一个标准的线段类上涨，连 1 分钟中枢还没构成。当然，明天开盘一跌破 96，1 分钟中枢就形成，而如果不破，97 开始的线段依旧延伸，后面的线段回抽不破 96，那这线段类上涨就延伸出 3 个类中枢了，那当然是超强的表现。

　　至于其他的分析，依然有效，就是 76 开始的 5 分钟中枢震荡没形成第三类卖点，线段类上涨都已经穿越 5265 点，当然比 1 分钟走势类型穿越 5265 点还要强悍。

　　明天，就要注意这线段类上涨的结束位置，然后下来的线段调整，必然形成 1 分钟中枢，其后走势，都与该 1 分钟中枢的演化相关，这太简单，就不要详细说了。

　　等等，找找有没有发现本 ID 错误的，都给戴上大红花。见图 350。

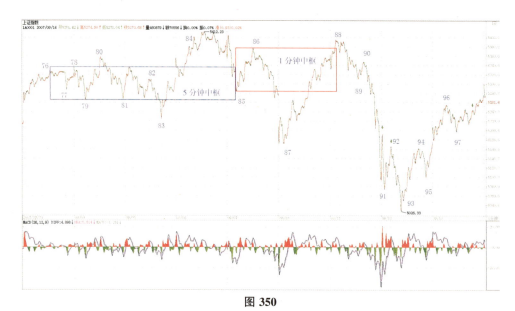

图 350

注：图中去掉 98-99 段

扫地僧：只要定了线段划分的规则，就要严格按照规则来划分，前后统一。

2007 年 9 月 14 日

下周焦点：能否破坏周 K 线顶分型 （2007-09-14　15：33：01）

显然，本周如期出现周 K 线顶分型，而且制造了一次绝妙的短线机会，那么，下周就在于，能否破坏这周 K 线顶分型。看过本 ID 课程的都知道，周 K 线顶分型出现后，如果在 5 周均线处得到支持不有效跌破，那么，该顶分型只制造一个小级别调整，不会出现周 K 线上的笔调整那样的大级别调整。因此，下周的走势十分明确，下面就看 5 周均线的支持度能否制造该顶分型的破坏。

小级别图上，今天的走势在昨天已经明确说过，就是形成 1 分钟中枢，然后根据该中枢的震荡情况决定行情的发展。今天的走势，其实就干了这样一件事情。下周一的走势最简单，就是 98~101 这 1 分钟中枢究竟是先有第三类买点还是先有第三类卖点，如果是前者，那么这个 1 分钟的向上走势将延续，顶分型的破坏的可能性极大。如果出现后者，那么二次探底就不可避免，5 周均线将继续受到考验。

这两天的图形，完美地演绎着本 ID 的理论，从中可以看出，一个线段上涨如何演化出一个 1 分钟走势类型，后面，继续看这走势类型如何生长，到最终的完成。如果你真明白本 ID 的理论，看行情的走势，就如同听一朵花的开放，见一朵花的芬芳，嗅一朵花的美丽，一切都在当下中灿烂。见图 351。

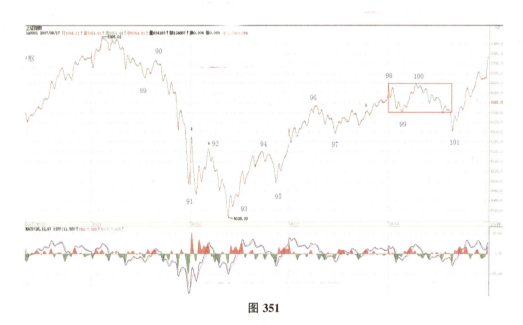

图 351

　　扫地僧：有一个技术点，按道理，96~99 最先形成 1 分钟中枢，但缠师这里却将 98~101 看作 1 分钟中枢，而不是 96~99，原因在于 93~98 是一个五段的趋势，根据《教你炒股票 29——转折的力度与级别》里可以知道，93~98 是趋势，98~101 是趋势背驰后的更大级别盘整，这样划分走势更清晰。

2007 年 9 月 17 日

2007 年末，资金与政策博弈下的走势分析（2007-09-17　00：41：48）

　　这轮从 2005 年中开始的行情，一直受到 1992 年 1429 点开始的系列比例线的严格控制。例如，在 3000 点下，震荡确认的是 1/4 线，也留下了 227 暴跌印记；而在 4000 点上，震荡确认的是 1/2 线，恰好在 5 月的 180 个月大周期中，以 530 暴跌来继续印证这些比例线对大盘走势控制的有效性。而目前大盘的走势，同样没有离开这系列比例线的控制。

　　9 月，2/3 线的位置在 1429+184×30×2/3=5109；3/4 线的位置在 1429+184×30×3/4=5569。显然，911 的大跌行情，是对 2/3 线突破后的回抽，但该线最终是否被有效站稳，一般来说，都需要 3 个月以上的确认周期，这在 1/4 线与 1/2 线的

确认中都得到完美的验证。

由于 2/3 线与 3/4 线相差太近，所以今后行情的走势，将受到这两条线同时的控制与确认。由于本月是第三季度 K 线的收盘月，因此，只要本月收盘不能收到 3/4 线之上，那么可以肯定地说，2007 年的最终收盘，将受制于 3/4 线，也就是说，即使年收盘位置最终能向上脱离 3/4 线，但其中必然会出现至少一次类似 227、530、911 的走势。

可以相当肯定地说，根据交替原则，227 是小调整、530 是大调整，如果针对 2/3 线的调整是小调整，那么，针对 3/4 线的调整，将有极大的机会至少是一次如 530 走势般的剧烈调整。根据 9 月收盘相对 2/3 线的位置，可以将大盘走势进行分类：如果收盘在该线之上，那么大盘是强势，反之是弱势。其强弱程度的绝对值正比于收盘相对 2/3 线的距离。

扫地僧：这个交替原则，其实就是中枢的交替原则。见图 352。

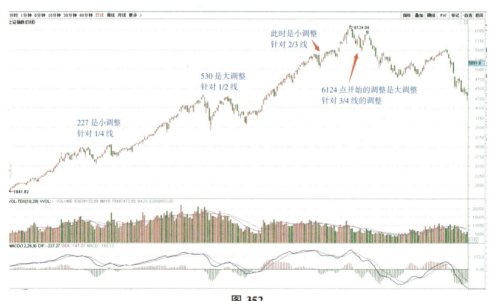

图 352

最简单的经常是最便利且最有力的，在对行情的分析与操作中，情况同样如此。在技术分析中，没有比均线系统更简单的，但在中长周期的分析中，一条 5 月或 5 周均线，就比绝大多数的复杂系统都有效了。从 2005 年中行情发动以来，大盘从未有效跌破过 5 月均线，甚至在 530 大跌中，也没有发生过，任何在 5 月均线下的走势，最终都被证明是空头陷阱。

但这样一个模式，最终必定会被打破，而打破之时，就是行情进入大级别调整的确立之日。请注意，该调整的级别一定大于 530，也就是说一定是 2005 年中行情发动后最大一次级别的调整。反之，在 5 月均线被有效跌破之前，大盘的行情依然延续。

由于七八月的连续月长阳，使得 5 月均线严重偏离，目前仍在 4600 点不到的位置，因此，9 月的震荡，在技术上，是等待 5 月均线的上移。因此，第四季度的走势，归根结底只是一条，就是一旦 5 月均线上移后，能否继续站稳该线。也就是说，行情是否继续被 5 月均线的上移惯性所带动？

而从中短线的角度，5 周均线极为重要，一旦有效跌破，就意味着类 530 级别的调整不可避免。根据交替性原则，由于 530 是以空间换时间，那么，下一次类似级别的调整，有绝大的可能是以时间换空间。当然，这判断成立的前提是，行情没有受到特别的非系统性因素的影响。

由于去年大盘涨幅是 130.43%，收盘在 2675.47 点，按相应比例，6165 点成为今年一个标杆式的点位。还有，深证成份指数在 1996 年的行情中，也如本次上证指数一样略微跌破 1000 点后展开，而前者最终在 6100 点上见大顶，因此 6100 点附近是后者行情一个特别值得留意的位置。

扫地僧：这段就是缠师预测 6100 点附近是这波行情高点的缘由。

站在对市场发展有利的角度，大盘年内最理性也是最理想的走势是：①9 月收在 2/3 线之上；②第四季度以第三季度的长阳为基础进行震荡整理，震荡区间，以绕 2/3 线至 3/4 线区间为中枢展开，最终以十字星或者小阴小阳收盘。

但一旦政策面的压力超乎合理的范围，大盘将演化为一种具有压力的走势，即 9 月收盘在 2/3 线下，而第四季度最终以中阴线甚至大阴收盘。这种走势，必然使得年 K 线留下长上影，对明年行情发展的空间产生较大压制。反之，一旦资金面的肆虐超乎合理范围，那么大盘将演化为一种疯狂走势，即在今年内强行突破上面所说的 6100 点区域，这样，一次超 530 级别的调整将难以避免。

目前，资金面与政策面逐步走向平衡，一旦这种平衡被其中一面非理性打破，那么将对中国的资本市场中长期的发展制造不必要的困难。资金与政策的博弈，不仅是中国，也是世界资本市场历史发展中永恒的主题。如果这种博弈能在尽可能的理性与系统性范围内展开，那么对中国资本市场的发展将是最大的福音。

缠中说禅　2007-09-17　15：46：13

今天的走势十分正常，无非就是延续了加息突破的老路子。周五的分析中已

经很明确了，只要形成 1 分钟的第三类买点，那么新高就会绝大可能出现。今天
11 点多的那个第三类买点，极为教科书，后面的走势，就是本 ID 理论所百分之
百保证的活动，没什么可说的。

扫地僧：当天的走势见图 353，最高点已经突破了周线顶分型的高点。

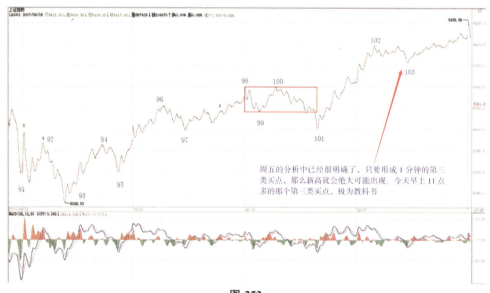

图 353

大盘年末的走势分析，已经在今早所贴的"2007 年末，资金与政策博弈下的
走势分析"里，文章为了照顾大多数人，没有用本 ID 的理论分析，只是用了些
通常的分析方法。因为这种预测性的文章，没多大意思，只是给各位一个大致的
方向性。

真能有效战胜市场的，还是要学会用本 ID 的理论去进行当下的操作。上周
一个绝妙的短差，然后又一个绝妙的回补点，从那 5025 点的 93 开始，一个 1 分
钟中枢类型都没完成，但你明白本 ID 理论的，就可以看着它按照理论的规范一
步步地生长出来，这其中的从容与逍遥，又岂是那些用无数概率化的无聊玩意去
争论大盘是新高还是不新高，真突破还是假突破能明白的？

股票是用来操作而不是用来预测的，必须明白本 ID 理论知行合一的特点。
现在十分简单，就是等待这 1 分钟走势类型的凋谢，具体的理论与操作，在课程
里都反复说了，就不一一重复了。另外，今天的划分太简单，为了节约那可怜的
200 兆图空间，今天就不上传图形了。

由于在 5000 点反复震荡还跳过水，所以本 ID 对大盘所给予的空间也打开一点，在早上的文章中已经分析过，请过去看。总的来说，只要围绕 2/3 线到 3/4 线为中枢的震荡，都是可接受的。

今天，大盘的资金面向政策面发起新一轮挑衅，能否得逞，就看这几天政策面受刺激后的反应了，一般来说，本周没反应，下周反应的机会就小，毕竟有一个长假期，稳定第一，没人会用这来开玩笑的。

扫地僧：市场大涨之后，政策面如果这周不出相应的消息，那么在国庆长假前一般就不会出了，因为稳定第一。

今天踩着刀锋，醉生梦死把上周完成的顶分型给破了，那也不妨醉生梦死一把，回答各位问题到 5 点。

[匿名] 春日　2007-09-17　15：51：54

缠 MM 好！有一问题一直无解，100~101 对 98~99 没有出现盘整背驰，其内部也没有线段内类背驰，怎么能当下在 101 处判断回补呢。

缠中说禅　2007-09-17　16：06：45

比较力度，用盘整背驰一招也不是光比较最近这一段的。以前有课程专门说过中枢震荡中的力度比较问题。你必须从 96 开始看，101 没出来前，只能先看 96~99 这个中枢的震荡。这震荡没破 97 这点，就意味着震荡的力度有限，所以一定只是中枢震荡。而且 100 的内部，一个典型的黄线下跌后双回拉后再下跌，而再下跌这段明显比不上第一段黄线。另外，柱子面积也比不上。

还有，线段下没有中枢，所以不能照套中枢概念，这必须清楚。一般来说，最好不要用线段操作。连中枢都没有，没什么意义，除非你概念特别清楚，对中枢震荡研究得特别明白。

扫地僧：这里提到了几个技术点：

（1）盘整背驰，不光是比较最近这一段，也可以看围绕中枢的前后两段，即使方向不同也可以，这在《教你炒股票33——走势的多义性》一课中有详细讲述。

（2）围绕中枢的震荡不破中枢低点，说明震荡的力度有限。

（3）线段下没有中枢，不能照套中枢概念，最好不要用线段操作。

（4）再下跌这段明显比不上第一段黄线，指的是比不上第一段黄线对应的走势下跌力度，而并不是黄线的高度。见图354。

[匿名] 与你同行　2007-09-17　15：55：58

楼主，对于个股来说顶分型出现后，立刻出现底分型，而大盘的走势并不确定，可以买入此类股票吗？

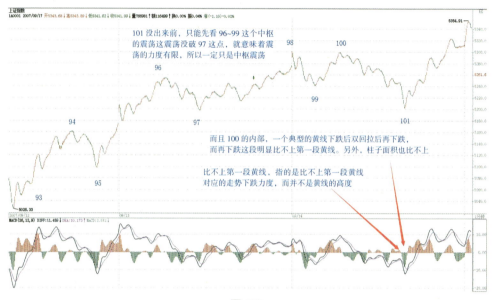

图 354

缠中说禅　2007-09-17　16：09：49

这情况说得很清楚了，日、周顶分型后关键看 5 日、周线，大盘这次周顶分型后继续破顶，就是因为 5 周线没有效跌破，构成一个完美回补点。参照原来说的 000938 可以明白。至于大盘和个股的关系，是另一个问题，一般来说，水平不高的，最好还是买和大盘相关度高的。水平高的，就无所谓了。

扫地僧：实战经验：日线顶分型后关键看 5 日均线是否有效跌破，如跌破则大概率走向下笔，否则这顶分型是中继。同理，周线顶分型后关键看 5 周线是否有效跌破，这也决定了是否是中继顶分型。

2007 年 9 月 18 日

缠中说禅　2007-09-18　15：53：21

现在的走势，极端简单，就是真突破还是假突破的问题，一般来说，如果是假的，就是三四天内见分晓，先来两三个十字星之类的玩意，然后虚晃一枪向下跳水。如果按这个把戏，周四前后就是田亮一把的日子。而且，现在，每周一跳，跳了，都爽了，就该干嘛干嘛了。

当然，用本 ID 的理论，就没有这么多麻烦事，而且绝对不用去宣称什么这是世纪大顶之类的无聊事情。如果你是按 30 分钟操作的，什么顶呀底呀，只要

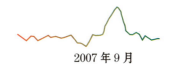

按照节奏来，绝对不参与 30 分钟级别的下跌，那么这世界在你眼里，就只有三种活动，30 分钟级别的上涨、盘整、下跌，世纪大顶、火里刀上也一样可以逍遥游，其他级别的操作也是一样的。

现在的情况十分简单，对于短线来说，就是现在依然是原来 76~85 那个 5 分钟中枢的中枢震荡，现在的问题只不过是，该 5 分钟的中枢的第三类买点是否出现。如果不出现，那就继续中枢震荡，当然，那时候，这 5 分钟就扩展成 30 分钟的中枢震荡了，那就更好玩了。

至于超短线来说，昨天问题的答案在图里就有了，分不清楚的，请好好研究一下。目前，就是 102~105 的一个中枢震荡。注意，目前这个离开原来 5 分钟中枢的走势并没有完成，所以还谈不上回抽，那今天震荡的低点，刚好在 78 之上。也就可以看出，这中枢震荡并不是乱说的，这么远的距离，依然起着作用。见图 355。

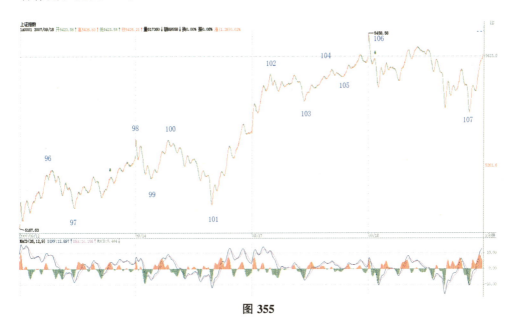

图 355

扫地僧：上图是原图，这图里 106~107 实际上应该分三段，这一点缠师在当天晚上的文章中也修改过来了，修改后如图 356 所示。

但图中 104~105 这段有争议，主要是由于 104 开始的第一个下跌笔的低点是 5395.27 点，而 104 点最后一个下跌笔的高点是 5395.17 点，相差 0.1，按道理这应该是特征序列有缺口的情况，105 后的一个上涨笔直接突破了 104，因此

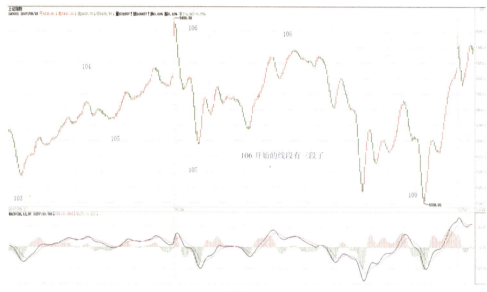

图 356

104~105这段应该不成立，但由于缠师的标准并没有精确到小数点后，因此104~105这个线段破坏并不是特征序列有缺口的情况，所以才分为一段。见图357。

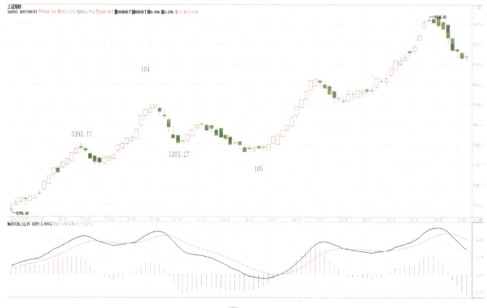

图 357

缠中说禅　2007-09-18　22：53：57

今天，急着外出，把 107 写成 108，后来是在谈完一轮，去吃饭的路上车里改的。

现在发现各位对那些古怪的分段还是有点乱，那些古怪的分段，经常是因为第一次笔破坏时，延伸不出线段来。例如，今天图里绿箭头所指的地方，顶和底分型经过包含处理后中间没有 K 线了，这就不能算一笔。

本 ID 想了想，计算了一下能量力度，觉得以后可以把笔的成立条件略微放松一下，就是一笔必须满足以下两个条件：①顶分型与底分型经过包含处理后，不允许共用 K 线，也就是不能有一 K 线分别属于顶分型与底分型，这条件和原来是一样的，这一点绝对不能放松，因为这样，才能保证足够的能量力度；②在满足①的前提下，顶分型中最高 K 线和底分型的最低 K 线之间（不包括这两 K 线），不考虑包含关系，至少有 3 根（包括 3 根）以上 K 线。显然，第二个条件比原来分型间必须有独立 K 线的一条，要稍微放松了一点，这样，像今天绿箭头所指的地方，就是一笔了，相应那三笔下来就构成一段了，整个划分就不会出现比较古怪的线段。

对线段一直比较晕的人，这个新的条件大概容易处理一点，至少可以避开处理如 106~107 这样复杂的线段，而这，本 ID 刚计算过，也不会影响整个线段的动力学能量。但 103~104 这样的线段，是无法更改的，这类线段必须能够处理。

扫地僧：这里给出了新笔的定义，与老笔的区别可以用一个案例来说明：

满足新笔，但不满足老笔
图 358

按照新笔的定义，第 1、2、3 根 K 线构成底分型，第 5、6、7 根 K 线构成顶分型，顶底分型之间第 4 根 K 线既不属于顶分型又不属于底分型，满足第一个条件，第 2 根 K 线是底，第 5 根 K 线是顶，它们之间不考虑包含关系至少有 3 根 K 线，因此满足第二个条件，故这是一笔。

老笔和新笔的区别是第二条，在老笔的概念里，这三根 K 线需要考虑包含关系，所以第二根被第三根包含，包含处理后只有两根 K 线，故不满足老笔的定义。

2007 年 9 月 19 日

缠中说禅　2007-09-19　15：42：03

今天算不算田亮一把，估计要看了明后两天才知道了。因为，好像田亮参加的项目，有 1 米板，还有 10 米台，这玩意，要对比着才知道的。本来，美国降息，全世界喝了一把水井坊，但中国就是中国，不和全世界玩，咱自己玩。

年末行情的判断，在"2007 年末，资金与政策博弈下的走势分析"说得很清楚，最理智的走势是怎么样的，也写得很清楚了，如果一方挑衅，肯定会被反击，今天三大报让各位学习，各位也就学习一把，水井坊给英国佬搞去全世界，到时候用英镑卖的，咱就喝王老吉，降降火。

技术上，昨天已经说得最清楚不过了，基本看法一样，首先小的 1 分钟震荡，今天没震出什么结果，而操作上，当然是冲高震荡时卖，卖了回来看，如果向下破位出第三卖点，咱就不管他，看他跌成王老吉还是水井坊再说，如果不出第三卖点，咱就继续陪他游戏。

不过，从短线政策的压力看，如果资金面上还继续麻辣火锅，火气旺旺的，那么，政策上大概就不是学习学习那么简单了，让你喝王老吉，那是给你面子，哪天让你吃点巴豆、喝点减肥茶，又有什么不可以的？

缠中说禅　2007-09-19　21：22：55

对下午分析补充一句，今天日 K 线顶分型成立，因此下面的问题，就是该顶分型是否延伸为"笔"的问题了，关于该问题，有了上两周周 K 线顶分型的经验，如何去处理两种情况，应该不难了。

扫地僧：当天还是一直围绕在 102~105 这个 1 分钟中枢在震荡，110 和 106 类似，都是冲高形成的中枢震荡卖点，109 和 113 类似，是向下离开中枢时出现的背驰买点，并最终扩展出了 5 分钟中枢。见图 359。

2007 年 9 月 20 日

空头完败：必须让预测者出丑（2007-09-20　15：40：19）

预测是什么，本 ID 已经很明确说过，不过就是一个概率游戏。那些宣称什么地方是什么大顶的，和街边算命的没什么不同。股票是用来操作的，不是用来预测的，这是所有市场参与者的第一信条。

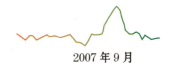
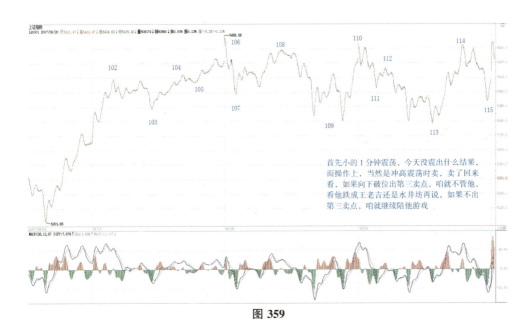

首先小的 1 分钟震荡，今天没震出什么结果，而操作上，当然是冲高震荡时卖，卖了回来看，如果向下破位出第三卖点，咱就不管他，看他跌成王老吉还是水井坊再说，如果不出第三卖点，咱就继续陪他游戏

图 359

　　昨天的顶分型，有两种演化，一种是破 5 日线延伸出笔，另一种就是不破 5 日线，反而上破顶分型。今天大盘一开盘，市场就明确给了选择。注意，没有人比市场本身聪明，因为市场是合力的结果，如果你觉得比市场聪明，那么你就是把自己当上帝，上帝就得死。

　　市场每天都有预测者，根据概率，总有人碰到那最后唯一的馅饼，但这并不能证明市场是可以预测的，反而证明，预测市场只是一个无聊游戏。对了，不过证明那馅饼刚好砸到你了。

　　扫地僧：这两段话只说了一个道理：永不预测！

　　本 ID 昨天说了，短期大盘，就看那 1 分钟中枢有没有第三类卖点，而我们的眼睛告诉我们，我们没看到，这就足够了。没有第三类卖点，那就让市场继续发展去告诉你下一步的操作，这就是本 ID 理论的核心问题。

　　扫地僧：当天不但没有 1 分钟中枢的三卖，反而还出现了三买。见图 360。

　　从资金、心理，本 ID 也可以给各位分析一下。现在，长假前只有最后一周了，中间还有一个中秋，市场做多资金最害怕的政策强力打压，可能出现的概率有多少？过了"十一"，那最重要的会议期间，还有谁有心思去搞什么政策强力打压？这样一个空档，就给了做多资金一个好时机，这个时机里，如果能顺利完成诱多，那就有回跌的空间，否则，哪里来的空间？请问，如果没有 1000 点的

335

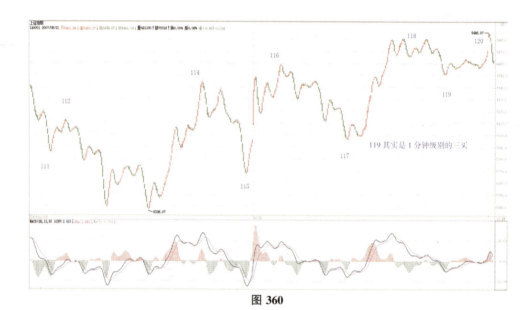

图 360

回跌空间，对于大资金来说，有做空的吸引力吗？

说句狠话，现在很多做多资金，都是对政策面调控力度失望而再次做多的。现在，越来越多人接受本 ID 所说的刀锋上的游戏的观念。确实，现在很危险，但最危险的时候反而可能最安全。没有技术、没有胆略的，应该离开或降低仓位；有技术、有胆略的，真是最可疯狂的时机。真有什么硬东西来，就看谁刀下够狠，只要有手起刀落的勇气，谁又怕谁？

再次强调，现在的游戏很危险，一般人，没有那心理与技术，就半仓等待，或者就看本 ID 反复说的 5 日或 5 周线，有效跌破就一刀下去。否则，就继续玩。有人可能问本 ID 是什么头？本 ID 什么头都不干，多头抬不动，本 ID 比空头还砸得狠；空头砸不动，本 ID 比多头还回补得凶。本 ID 在刀锋上的操作原则一早就向所有公布，就是不再战略性买入，但战略性持有，并在来回震荡中降低成本、增加筹码。

有人说，今晚就有大利空怎么办？这种问题没意义，你应该问自己，你的刀快吗？

有人又问，你不是政策和资金博弈？是，但本 ID 不站在任何一方，本 ID 只会利用这种博弈制造的机会去增加自己的资产，这才是最明智的策略。

所以，各位就应该明白，本 ID "2007 年末，资金与政策博弈下的走势分析"里并不是对大盘进行预测，而是进行了一个完全分类。虽然，本 ID 愿意看到市场走成平衡的格局，这样对以后市场的发展有利，但这绝对不会影响本 ID 的操作。因为一旦资金对政策大面积胜利，大盘完全有可能在年末大面积突破 6100 点，但这样走势的后果，你必须清楚，因为在中国，政策一定是最后的胜利者，资金的疯狂，最终的结局只能是最大的扼杀。

扫地僧：在中国，政策一定是最后的胜利者！

但结局与利润无关，利润总是在过程中产生。结局很悲惨，但如果在悲惨到来的时候，你能全身而退，悲惨又和你有什么关系？说得更狠一点，任何的悲惨，只是去制造下一次的大机会。

没有失败者的悲惨，哪里有胜利者的辉煌。这就是市场的道理，接受不了就请离开。留下来的，就必须接受。

今天的划分太简单，就省下来不帖了，再次说一下，那 200 兆图的上传空间也太小了。现在那 1 分钟已经延伸出 5 分钟中枢来了，现在就看这 1 分钟的离开后回抽是否形成 5 分钟的第三类买点，不是，就再次震荡，那又有什么不可以的？

本 ID 欢迎市场的任何走势，包括今天晚上就有巨大利空。在市场，就要等待接受一切，关键是你面对一切时，有没有应对一切的技术与策略。

2007 年 9 月 21 日

缠中说禅   2007-09-21   16：07：38

在一般人眼里，主力杀人，似乎就如同无聊股评所说的所谓多空之争。但可以明确告诉各位，真正牛的主力，是多空齐杀，让所有人左右挨巴掌。不明白这个道理，股票是白干了。

别人的迷踪步正好成就本 ID 理论的凌波微步，今天的图形，如教科书般经典，看不明白，真要补课了。

但是，必须明确，目前的形势十分严峻，对于技术不好又迷恋短线的，现在的走势就是典型的绞肉行情。

请记住本 ID 一句话：在中国，最后的胜利者一定是政策。因为有技术，所以我们可以在刀锋上凌波微步，但是刀锋依然是刀锋。现在的政策信号已经足够频繁，如果如此大力的密集新股发行都不能平息资金的冲动，那么，更严厉的政策一定会出来。

现在，有人说，公募基金牛，有最大的做多冲动，没人管得了。真是典型的幼稚想法，一个基金黑幕就可以打垮他们，难道他们的头不受党纪国法管吗？难道不可以派调查组下去调查调查吗？现在为业绩以及自己的老鼠仓疯狂的所谓公

募们，你们连孙悟空都不是，还想逃出掌心？可笑！

所以，刀锋就是刀锋，虽然这个游戏，我们无所畏惧，但一定要有一根弦紧绷着，对政策的动向，百分之一千地密切关注。而对于一般的投资者，必须要适当控制好仓位，没那技术的，就把均线看好。

扫地僧：近一个月，缠师一直在表达一个观点，现在走势越疯狂，越不利于长期发展。市场已经无视管理层的风险提示，无视政策，持续疯狂，那么最后那屠刀的落下也会随时到来。再次强调，在中国，最后胜利的一定是政策。尤其是市场疯狂上涨时，2015年的那波牛市也是如此，从管理层提示风险，查处配资开始，到市场顶出现，也就一两个月的时间，最后胜利的一定是政策。这也同样适用于历史大底。

下周的关键是，能否破本周的顶，如果不行，大盘就会走出小的头肩顶，后面的震荡就会很大。而且，中秋前后，人心浮动，震荡少不了，现在的问题，不是多空的问题，而是不要左右挨巴掌的问题。记住：不多空通杀的，没资格当主力。

扫地僧：这个小的头肩顶见图 361。

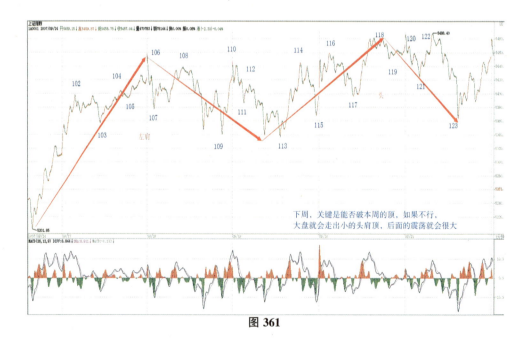

图 361

2007 年 9 月 24 日

缠中说禅　2007-09-24　15：26：30

大盘现在没什么可说的，106 开始的 5 分钟中枢的 1 分钟离开已经出现，如果能回抽形成第三类买点，那就继续折腾下去，实在不行，就搞出一个 30 分钟中枢，那就更好玩了。

今天有点事，不能多说了。月亮圆了，注意短线震荡的加大。

请注意，下面第一个绿箭头处不是笔，为什么？因为顶分型都在底分型下面了，怎么可能？而第二箭头处就是按最新标准的笔了。

扫地僧：第一个绿箭头是 123~124，第二个是 126~127，126~127 的这笔是新笔的标准。见图 362。

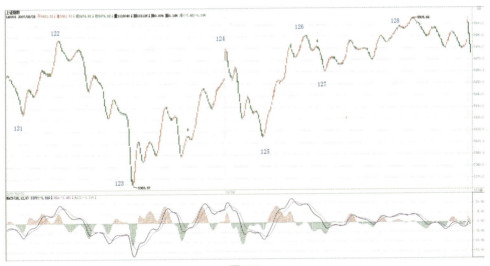

图 362

而从 123 点开始的向上的 1 分钟走势，是 106 开始的 5 分钟中枢的离开段。见图 363。

2007 年 9 月 25 日

缠中说禅　2007-09-25　15：49：49

从上周就开始告诉各位，月儿圆，有震荡，昨天最后一句还特别强调"月亮圆了，注意短线震荡的加大"，因此，对今天的震荡，如果还把握不住，那只能证

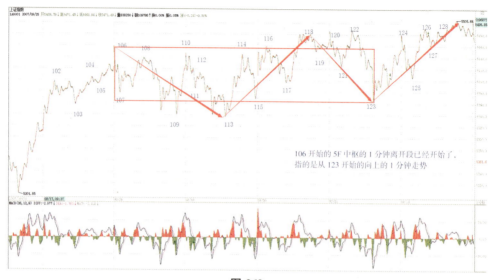

106 开始的 5F 中枢的 1 分钟离开段已经开始了，
指的是从 123 开始的向上的 1 分钟走势

图 363

明，你确实不适宜短线操作，那就中线点，无所谓的。中线上，大盘的压力越来越大，如果不是有人为了新股护盘，今天可不止跌这么点。

至于本 ID 的理论有没有用，这个问题根本无须讨论，如果你连今天划分中 132（13：46）的第三类卖点都没看出来，那就更没资格讨论这个问题。看看 132 与 129（9：47）之间不到半点的差距，就知道这理论的力量有多大。

扫地僧：这个短线震荡，技术上依然是围绕 106 开始的 5 分钟中枢的震荡。见图 364。

应该是软件的数据不同步的原因，飞狐的历史数据里 132 是微微高于 129。见图 365。

2007 年 9 月 26 日

缠中说禅　2007-09-26　15：56：37

月亮的力量有多大，各位这两天也见识了。可以不相信月饼，但一定要相信月亮。为什么？连地球上的潮汐都要抄袭月亮，那破股票难道比潮汐还要潮汐？昨天已经明确告诉"如果不是有人为了新股护盘，今天可不止跌这么点"，昨天没跌够，今天继续，就这么简单。

今天早上的上攻，一是没有突破昨天的第三类卖点，二是反形成标准的顶分型第三根 K 线的上冲，不管你相不相信本 ID 的理论，反正后面的走势如教科书般。

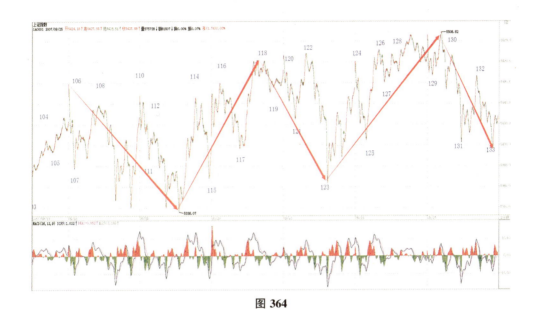

图 364

图 365

这里应该是不同软件的数据差异，在目前用的飞狐历史数据里，132略微比 129 还高半个点

现在的走势十分简单，一个 1 分钟的走势正离开前面那 5 分钟中枢，这 1 分钟走势什么时候能完成，就看后面的走势了，而完成以后的回拉才是最重要的，是否能形成第三类卖点，这才是最近走势的关键，如果形成，那这两天，最多只能算田亮的 1 米板，后面是表演 3 米还是 10 米，这对于观众，其实反而已经不重要了。

扫地僧：一是没有突破第三类卖点。见图 366。

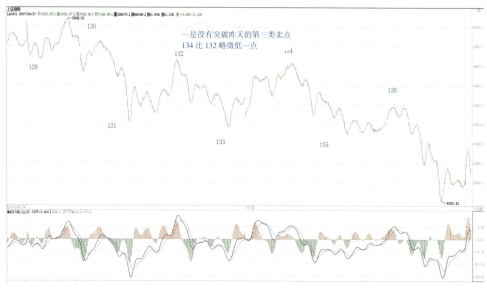

图 366

二是反而形成标准的顶分型第三根 K 线的上冲。见图 367。

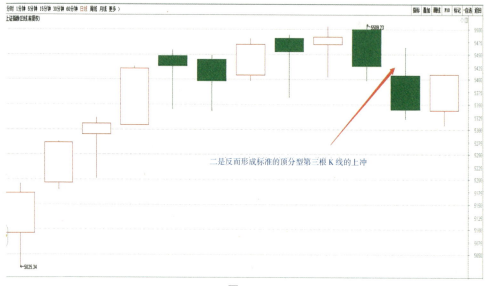

图 367

缠师认为这里正在走离开 5F 中枢的 1 分钟离开，而且这个 5 分钟的三卖是接下来要重点关注的地方。见图 368。

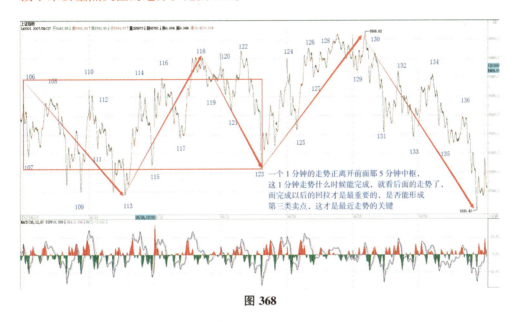

图上文字：一个 1 分钟的走势正离开前面那 5 分钟中枢，这 1 分钟走势什么时候能完成，就看后面的走势了，而完成以后的回拉才是最重要的，是否能形成第三类卖点，这才是最近走势的关键

图 368

2007 年 9 月 27 日

缠中说禅　2007-09-27　15：31：37

今天的走势，出于对明天大量放出资金的憧憬，走出了应有的回升行情。技术上，昨天特别强调的 1 分钟结束后的回拉，并没有出现第三类卖点，短线依然继续保持中枢震荡。从中线图上看，大盘目前对于多方最大的危险，就是圆顶，因此，多方如果不希望进入温水煮青蛙的境地，就必须至少在节后迅速突破站稳 5500 点，否则，这圆顶成立的可能性将极大增加。

从资金与政策的对赌看，资金面取得了决定性的胜利。今天，建行成为多头利器，宣布以增加所谓蓝筹进行调控的思路彻底失败。目前资金的宣言就是：你来多少，就提供多少拉抬的武器，只要你还是市场调控，有钱就敢顶风搞。

本 ID 在前面已经明确说过，这资金和政策的对赌，最终的结局，一定是政策举起大棒，而资金这种行为，也无可厚非，资金就是这样的，连权证的末日轮都可以搞得热火朝天，这样的形势下，资金又有什么不可赌的？

中字头、题材股，两只蝴蝶忽悠着飞，能飞多远是多远，管他明天是仙还是灰。

明天最后一天，就看解冻的资金能忽悠进来多少了，这个越来越向 30 分钟

靠的震荡什么时候结束，看图就知道，第三买卖点。

希望这个游戏能延长的时间越长越好，钱是靠折腾出来的，要折腾，哪会没风险？只要看好你附近的刀和那一直在头上的大棒。

扫地僧：30 分钟图上，看这个圆弧顶比较清晰。见图 369。

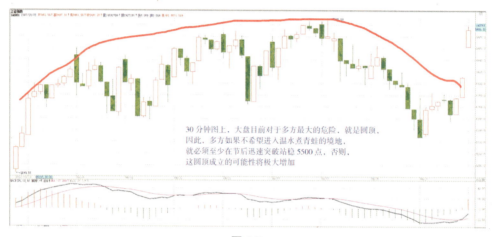

30 分钟图上，大盘目前对于多方最大的危险，就是圆顶，
因此，多方如果不希望进入温水煮青蛙的境地，
就必须至少在节后迅速突破站稳 5500 点，否则，
这圆顶成立的可能性将极大增加

图 369

5 分钟三卖的关键点是 123 点，在当天第一波反弹时基本就确认不会出现了。见图 370。

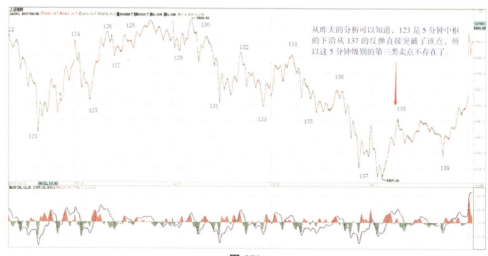

从昨天的分析可以知道，123 是 5 分钟中枢
的下沿从 137 的反弹直接突破了该点，所
以这 5 分钟级别的第三类卖点不存在了。

图 370

2007 年 9 月 28 日

缠中说禅　2007-09-28　15：51：59

昨天已经明确说了，资金取得决定性胜利，而资金最大的技术危险是圆顶，最迟在节后必须破掉。而今天关于房地产的利空，反而成了股市资金面的大利好，资金这时不发力，那是脑子有水了。因此就上演了一场乘胜追击，破圆顶兵临 3/4 线的好戏。

注意，本 ID 已经说过了，在刀锋上舞蹈阶段，是多空皆杀。那些一根筋思维的人，注定要被杀，目前不被杀只是迟早的问题，某种模式反复后，就是相信这种模式的人的死期。

本 ID 什么都不相信，市场让本 ID 看到什么就干什么，这就是本 ID 理论的唯一中心与基本点。例如下图中，132 的第三类卖点后，到 137 的 1 分钟完成，走势极端标准完美。有兴趣的可以量一下 130~131 与 136~137，长度基本相等，而力度上，加一下下面对应的柱子面积就知道该干什么。而到了 138，就知道这5 分钟的第三类卖点肯定没戏了，就算 137 没反应，139 就提供了一个反应的机会。

扫地僧：130~131 与 136~137 的力度比较，在 5 分钟图上更清晰一些。见图 371。

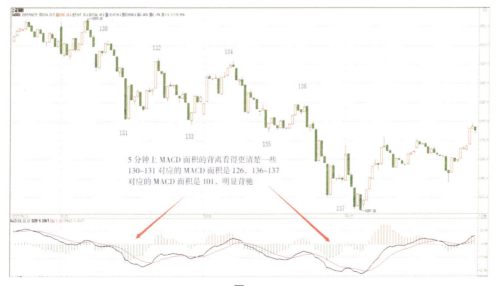

图 371

实战中，个人认为 137 这点并不是一个最佳买点，因为 137 只是一个 1 分钟级别的盘背点，一段回抽后就可以继续下跌，138 是 1 分钟的三卖，三卖后要么走趋势要么扩展出更大级别中枢，139 的出现说明市场选择了后者，所以，139 才是一个实战中性价比比较好的买点。见图 372。

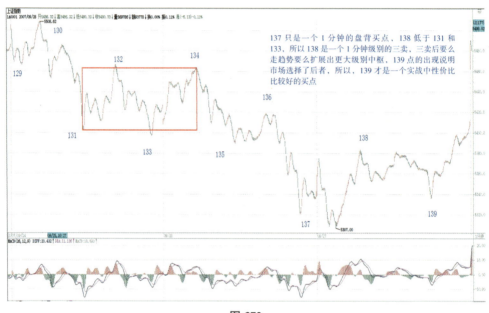

137 只是一个 1 分钟的盘背买点，138 低于 131 和 133，所以 138 是一个 1 分钟级别的三卖，三卖后要么走趋势要么扩展出更大级别中枢，139 点的出现说明市场选择了后者，所以，139 才是一个实战中性价比比较好的买点

图 372

当然，站在中枢震荡的角度，并不需要预测后面能走多高，让市场告诉你。而今天的走势，强悍到连一个线段都没破坏过，那该干什么还不是很清楚的事情？

节后的走势，十分清楚，首先要完成这个 1 分钟的离开，从目前的情况看，这 1 分钟的离开走势，首先是线段的类上涨的可能性太大了，除非有特别的大消息，当线段类上涨结束后，必然形成 1 分钟中枢，该中枢后，1 分钟的走势无论是盘整还是上涨，等 1 分钟走势完成后，关键是看反抽能否形成前面 5 分钟中枢的第三类买点了，如果形成，大盘将继续攻击上行，否则就继续向 30 分钟中枢的震荡陷进去。

扫地僧：由于 28 日当天大幅上涨，这 5F 中枢震荡又演变为离开中枢的 1 分钟走势，接下来要看三买的形成了。见图 373。

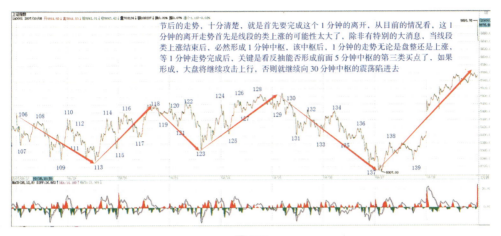

节后的走势，十分清楚，就是首先要完成这个 1 分钟的离开，从目前的情况看，这 1 分钟的离开走势首先是线段的类上涨的可能性太大了，除非有特别的大消息，当线段类上涨结束后，必然形成 1 分钟中枢，该中枢后，1 分钟的走势无论是盘整还是上涨，等 1 分钟走势完成后，关键是看反抽能否形成前面 5 分钟中枢的第三类买点了，如果形成，大盘将继续攻击上行，否则就继续向 30 分钟中枢的震荡陷进去

图 373

好了，上面的分析已经十分明确，对本 ID 理论有点了解的，都应该明白了。至于不了解的，本 ID 已经反复说过，中线点的就看 5 周线，你看，昨天的低点，就刚好在上面，和上次 5000 点那次一样。

基本面上，很明确地告诉各位，节后最可能出来的消息，就是关于国有股部分划转社保的问题。关于这个消息，本 ID 和周围的人都有点分歧，这消息意味着，以后卖国有股，就不需要什么通知了，想什么时候卖都可以。但，目前资金充沛，完全有可能出现如此尴尬的事情，就是见一只买一只，全给买光了。毕竟那些国有股都是中字头的，都是中国最好的企业。所以，对这政策的杀伤力，本 ID 依然表示怀疑。不过，最终要看市场的反应，本 ID 自己不会有什么太多想法，只关心市场合力本身。

要打垮资金，政策上可能有效的招数有：①查基金黑幕；②规定 A 股流通量不到 10% 的必须到 10%；等等。

政策必胜，这是无疑的。但本 ID 对资金与政策都没兴趣，本 ID 唯一感兴趣的，就是利用他们两者斗法所制造的市场机会去多空皆杀。

扫地僧：这也说明最后这波疯狂的走势，很大一部分原因是由基金的疯狂引发的。

2007 年 10 月

2007 年 10 月 8 日

与大棒争分夺秒（2007-10-08　15：35：47）

今天的走势，完全在理所当然之中，节前，从纯技术的角度已经对节后走势进行明确的分析，就是先完成 139 开始这一线段，然后再完成 137 开始的线段的类上涨，然后就是 1 分钟中枢的形成，走势如此正常地按本 ID 理论所框定的节奏走，所以也没什么可说的了（今天图就不要贴了，没有任何新的标记）。

唯一可说的就是，大盘的走势特别强，所以当今天收盘，139 开始的线段依然没有完全确认已经走完，当然，按正常的情况，明天只有一开盘跌破 5685 点，这 140 的线段标记就可以标上去了。一般情况下，接着的 1 分钟中枢，基本就在目前这个范围上下形成，所以，今后几天，大盘走势如果出现大的震荡情况，是没有任何可值得大惊小怪的。

扫地僧：如果按照线段的严格划分，图中的 0~1，2~3 都不能成段，都是因为特征序列的第一第二元素之间有缺口。见图 374。

政策面上，重要的会议后，调控力度必然加大，这是毫无疑问的。因此，周末开始，就进入政策面的危险时间，至于这个时间如何被触发，就看今后几天资金的表现了。对于资金来说，现在是争分夺秒。

至于下面的几个缺口，只是为后面的下跌留下动力。本 ID 前面已经明确说了，没有 1000 点的回跌空间，大盘就没有跌的价值。把回跌的空间拉回来，这就是目前走势的关键。

站在中线角度，只要大盘的回跌不破 4335 点，那么中枢的中线上移就依然保持。所以，目前大盘的上拉，中线的角度就在于，尽量让后面的回跌在最恶劣的情况下也不碰 4335 点。站在这个角度，目前的上涨确实还不够，但政策是否留下足够的时间让这空间给拉出来，这就不是任何人能打包票的了。

站在中长线的角度，12 月是 2005 年 6 月以来的 30 个月。所以，从 10 月开

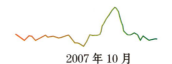
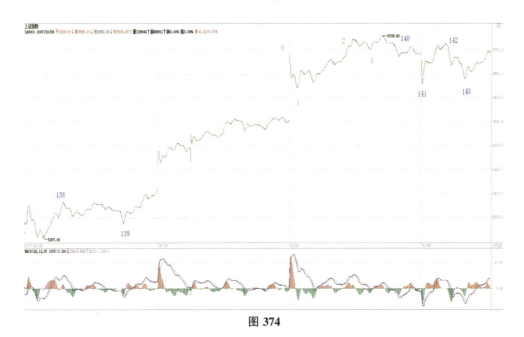

图 374

始，就进入一个标准的时间压力区域，这时候一旦出现政策性共振，其杀伤力不容忽视。

总之一句话，耐心等待较大级别卖点出现。在本周末之前，如果担心政策压力的，应该把仓位进行调整。目前走势下的中期顶部，不可能是市场自身走出来的，一定会有政策的背影。

现在唯一不太配合的，就是上冲力度还太小，回跌的空间还没有完全打开，和政策争分夺秒把空间拉抬出来，是目前资金最大的任务。

扫地僧：这次的顶部，缠师认为是个中期顶部，但由于遇到 2008 年世界金融危机，这个顶部成为了 10 年大顶。

缠师还提到了一个实战经验，在最后疯狂期，管理层认为有风险时，一定会有政策的影响，因此，最后的顶部不可能是市场自身走出来的，一定会有政策的背影，同理，在底部也是一样的。

3600 点满江红后首次宣布中期做空（2007-10-08　21：46：52）

7 月初，在 3600 点下，本 ID 严正宣布要做多，不允许行情按汉奸的方式运行到 2000 点去，为什么？因为任何跌破 3100 点的走势都将导致 2 年多以来的中枢上移趋势被破坏。

今天，本 ID 开始宣布，从 3600 点开始的做多以及持有程序将开始终结，本

（缠论解盘详解之一（2006.11—2007.10））

ID 将开始选择性地展开中期做空程序。这里，说明其中的理由。

（1）长期牛市的大格局没有改变，但长期牛市并不排除期间的中期调整，以前，所有关于调整的时机都没有完全配合，而现在，这个时机已经逐步成熟。

（2）本 ID 在博客里明确提示政策风险的是"冲动的惩罚，基金将成为毁掉市场的那只手 2007-08-27 20：45：41"，原因很简单，因为当时有些可能的突发事发生，那时刚好在 5200 点上下，在电光火石中，一场大动荡被化解，当时的微妙，后来应该也有不少人有所耳闻了。

（3）但当时，做空的条件不成熟，关键是政策面上有不协调的地方，而技术与资金上，一时还转不过来，特别是，没有足够的下跌空间，因此，后面的一个月的震荡，实际上都没超过 6% 的空间，这就是一个稳定与转换的过程，这样，不至于让资金如 530 一样措手不及。

（4）目前，政策面上已经不是一方面或一个人的事情了，可以断言，不光针对股市本身，针对经济本身，也将出台更加严厉的政策，原来适度的口径，极有可能继续收紧。而针对股市的，本 ID 一度希望股市自身调节而不至于被迫出来的政策，也有可能不可逆转了，因此，政策面的压力已经逐步成熟，如果说 8 月 28 日只是一叶知秋，那么，在可预见的将来，秋天就不需要去知道了，就在眼前。

（5）技术上、资金上的松动已经开始发生，这时候，一些适当的引导，就可能发生一些有效的反应。市场是合力的，但合力是由分力开始的，如果 3600 点的分力曾经起作用，那么，一个新的剧本，也需要开始排演了。

（6）现在唯一不配合的，就是回跌的空间还不足够，如果现在已经突破 6100点，那更好。因为这次回跌，本 ID 并不希望破坏 2005 年上来的中枢上移格局，因此，这次的中期顶部狙击，会采取一种反复折腾、诱敌深入的模式，而不是如 3600 点那样，一下搞定。

（7）本 ID 曾经说过，如果快速突破 3/4 线，将开始狙击。后来因为大盘回跌5000 点后一直盘整，所以曾说只要 6100 点不被快速突破都可以忍受。但现在看来，政策留给的空间已经越来越少，而今天又第一天突破 3/4 线，已经开始达到本 ID 对 3600 点开始行情的最低目标，任何的回跌，本 ID 都没有任何遗憾了。而能否到 6100 点，本 ID 已经没有这个顾虑了。

（8）本 ID 只把自己的操作说出来，没有任何指导性意义。就像 3600 点的做多，然后一路的持有。现在，本 ID 只是准备改变中线的操作策略，没什么大事。本 ID 有可能错了，但本 ID 说了，就要干。

（9）长线行情，本 ID 依然坚定看好，只是这政策、资金、技术所制造的中线调整，本 ID 也希望再无 3600 点玩上一把，如此而已。

（10）做空的风险比 3600 点做多小多了，头部和 3600 点的底部一样，是合力的，但也是由一分力开始干出来的，本 ID 就再做一次分力吧。

（11）别以为做空就是砸，那是最笨的手段，做空的本质，就是让多头自相残杀，因此，做空开始的时候，经常要比多头还要多头。

（12）底部不是一天构成的，顶部也是，一切的构造，都是在逼近资金、技术、政策的共振点。然后，一切在无声中败落，如那一片片的黄叶。

扫地僧：开始中期做空的几个主要因素包括：

（1）政策面：政策面上不协调基本没有了，已经趋于共识，当前股市和经济都过热，对股市和经济降温的政策即将出台。

（2）资金面：资金上的松动已经开始发生，大家对这过快的上涨也抱有警惕，一旦这种情绪蔓延开，那么合力就会逐步掉头向下。

（3）技术面：由于目前是在周线的背驰段，距离中枢位置 4200 点附近已经有 1000 点的空间了，这对于大资金来说具备了做空的空间。

综上，政策、资金、技术三大方面都具备了做空条件。

2017 年 10 月 9 日

给散户的中期建议（2007-10-09　08：03：06）

注意，昨晚，本 ID 只是表明自己的中期态度与操作。但就算本 ID，也要遵循本 ID 的理论。本 ID 只是分力之一，分力如何最终引导出合力，这就是本 ID 要干的事情。但并不是说一定就一天就能干成。

请回忆一下 3600 点，一长阴一长阳的空头陷阱，然后在 3900 点下坚守出底部突破来。那么这次，并不一定就是上次的倒影，手法当然不可能一样的。如何用一个分力引导出合力，这本来就是本 ID 理论中一个比较高级的课程。

扫地僧：现在缠师考虑的是，反过来如何制造顶部。见图 375。

这个课程能完成的关键，在于技术、资金、政策的共振点的制造，这里学问不少，但实际中能否成功，关键还是看这几方面的调配点上的把握。这就如同三个不同方向不同速度的网球，在空中与一点相会。例如，政策这个网球，就不是任何人能控制的，唯一能调节的就是技术、资金等的结构关系，这里就需要有一个分力出来折腾。底部、顶部都是折腾出来的，折腾需要时间，最终走出相应的形态，然后坚持，最后突破。当然，做空的时候，就是跌破了。

扫地僧：用缠论的语言来说，就是通过折腾制造出某级别的中枢，利用该中

请回忆一下 3600 点，一长阴一长阳的空头陷阱，
然后在 3900 点下坚守出底部突破来

图 375

枢制造陷阱，底部的就搞空头陷阱，搞 W 形底、圆弧底等形态，顶部的就搞多头陷阱、搞头肩顶、圆弧顶等形态，并且守住这底部或顶部形态，最终出现突破以及突破确认。

所以，这是一个大的过程，并不是一天就要完成的。但如果政策配合，这个过程可以相当简洁。这次，本 ID 之所以主动反空，就是不希望再如 530 那次一样，让技术、资金去配合政策，而是玩一次这样的游戏，让政策去配合技术、资金。这如同先把两个网球的交点先给制造出来，然后让那政策的网球刚好碰到该点，这里的难度有多大，可想而知。

但这种游戏，才有玩的趣味。

站在本 ID 理论的角度，本 ID 只是分力，而散户只需要知道最终的合力如何，然后根据该合力去决定自己的进出，其实根本不需要太关心本 ID 的态度。

一般的散户要进要出，1 秒钟就可以搞定，还是耐心等待大卖点的出现吧。当然，如果你觉得自己没那本事、没那心态，那就逐步分批退出，或者把仓位降到发生任何情况都可以睡着的程度。

如果本 ID 的行动能最终制造出大级别卖点，那么，本 ID 就游戏成功，否则本 ID 就被继续的多头夹空了。当然，如果那时候政策出现新的多头走向，那也不存在夹空的问题，本 ID 完全可以进入新的板块，或者反手做多。当然，目前

没有任何迹象表明政策有转多的可能，上面这只是理论中完全分类的情况，基本没可能出现。

说白了，本 ID 之所以高调告诉各位，更重要的原因，是希望各位如 3600 点那样，去体会合力与分力的关系，以及在更高层次上，如何实际分力去合理地引导。不管这次本 ID 成功与否，都是一个最好的现场教材。

这用 N 多资金、筹码画出来的教材都不看，那就去看股评吧，没必要学任何东西了。

扫地僧：接下来几天的走势，就是缠师这做空的分力如何引导合力最终构筑 6124 点这大顶。

板块如期轮动（2007-10-09　15：26：41）

今天，如期出现昨天说的板块轮动，现在，无论多头空头，都需要这个轮动出现。对于空头来说，板块烽烟四起，正是消耗多头能量的一种手段。如果一旦出现所有板块都轮动，但没有任何板块能连续上涨的情况，那对多头信心就是一个有力的打击。

扫地僧：实战经验：板块轮动是消耗多头能量的一种手段，一旦出现所有板块都轮动，但没有任何一个板块能持续上涨，那对多头信心就是一个有力的打击。这一点在熊市的反弹时更明显。

昨晚已经说了"做空开始的时候，经常要比多头还要多头"，四处点火，那多头那点柴给烧没了，这就是做空程序的第一步。但多头不会一下死的，必须反复折腾。今天，在技术上，并不必然今天出现的 1 分钟中枢今天出现了，这对于空头的游戏，有了一个可依靠的平台。

目前，决定多空最后胜负的，还是政策面。因为，纯资金上说，一点都不存在任何一定要在这里或这段时间内见顶的可能，但市场是合力的结果，不是单纯资金分力的结果，所以，单看资金面，没有太大意义。

个股方面，该水井坊的都会水井坊的，当然，有些个股起来，纯粹是为了耗费多方能量，这里有很多微妙的地方。

从纯感情方面，本 ID 很希望大盘能过 6100 点，因为本 ID 有这方面的情结。1996 年的大牛市，就是在 6100 点结束的。显然，6100 点对于这轮牛市不算什么，但能否在这次、政策面有足够的时间让大盘见一次 6100 点，本 ID 没有任何的情结。

大资金做空，其实没有任何风险，本 ID 可以把底牌都告诉各位。如果政策上没有出现预期中的东西，在 11 月前后的时间压力区中没有预期中的共振，大

不了就再玩一次今年初的游戏，低价革命一次，如此而已。

扫地僧：如果政策上没有出现预期中的利空政策，那么在 11 月前后如果没有共振，那就再次做多，目标是低价股。见图 376。

图 376

2007 年 10 月 10 日

空头，熊刀小试（2007-10-10 15：27：14）

今天没什么大不了的，一切尽在空头主控中。本 ID 已经说了，在做空开始时，一定是比多头还要多头，为什么？这叫吸精大法，就是要用不断的点火来消耗多头的能量，吸其精气，然后用大幅度的震荡夺其心神，最后将多头变成一具僵尸，在那最后的三面共振中，如风中黄叶般片片飘落。

今天的回落，刚好触及 140~143 的 1 分钟中枢的震荡区域，但没有触及中枢区域，因此，如果下来的线段明天不继续延续，将构成一个类第三类买点，然后上去，再继续。这里有一个微妙的地方，今天留下这个线段不走完，就给明天的运作留下回旋的空间。一旦明天没有特别的东西，那么就继续上攻，继续吸精大法，毕竟多头的能量还在，让多头更快更强更高地套住，以后的杀跌动力才足够，这就叫举得越高，跌得越惨；如果明天就有足够的政策配合，那么这线段就直接杀下去，让那 1 分钟中枢扩展开来。

扫地僧：见图 377。

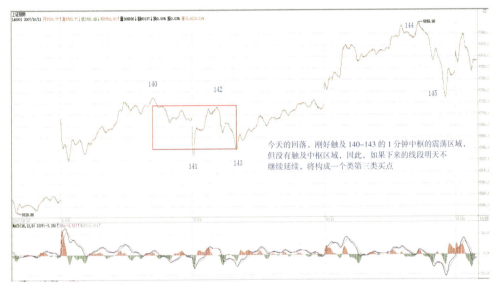

在图中标注：

140　142

141　143

144　5959.96

145

今天的回落，刚好触及 140~143 的 1 分钟中枢的震荡区域，
但没有触及中枢区域，因此，如果下来的线段明天不
继续延续，将构成一个类第三类买点

图 377

板块上，中字头全面开花，连潜伏许久的中铝都启动了，这火确实有点燎原。而所有的低价股都一路潜伏，为什么？空头明人不做暗事，昨天已经把底牌说了，一旦 11 月前后没有政策面配合，就算做空失败，大不了重新开始低价革命，这叫两头准备，永不落空。这就是中字头、题材股两个翅膀的妙用。当然，如果时间延续太长，政策都不出来，题材股也要动一下，不可能一直压着。

扫地僧：大盘股和题材股有跷跷板的现象，其本质就在于主流资金的流向，发动一个压一个，留有后手，永不落空。

好，现在技术与资金的大战已经开始，就等待政策的那一轮圆月了，听说，月圆的日子，会鬼哭狼嚎的。

为了不让不学无术的多头太容易看到图形分段，本 ID 的图就不贴了，这里的人，个个冰雪聪明，有人昨天连中铝要动都能猜到，分段肯定没问题的。

多头不会一下被打死的，最后射死多头的，一定是政策。耐心等待三面一点的时间撞击吧。有技术的，可以按照图形上下折腾，机会多多。没技术的，就把仓位逢高调到任何情况都能睡着的程度，拿好小板凳就看戏吧。

2007 年 10 月 11 日

为让多头更高更快更强地替股票站岗而继续努力（2007-10-11　15：32：44）

今天，即使不为中石化的精彩而鼓掌，到尾盘，连李军人都奋力而起，至此，如果都没有一点感动，那本 ID 也没什么可和各位说的了。现在，空头正为让多头更高更快更强地替股票站岗而大大地努力着，这一点难道不值得各位眼泪一番吗？

扫地僧：中石化当天涨停，中国国航尾盘冲高，上涨近 7%。见图 378、图 379。

图 378

图 379

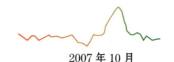

昨天已经超明确地说了："一旦明天没有特别的东西，那么就继续上攻，继续吸精大法，毕竟多头的能量还在，让多头更快更强更高地套住，以后的杀跌动力才足够，这就举得越高，跌得越惨"，现在的方针，已经十分明确地说过，只要没政策，就沿着目前的速率，一直震荡攻击，把中字头搞得比八九点钟的太阳还要太阳，指数比打了鸡血还要鸡血，但一般人，肯定赚不了一分钱，这就是分化的力量。

扫地僧：代表中字头的大盘当天是大阳线，而代表非中字头的深证综指反而是从顶部开始下跌，这就是分化的力量。见图 380、图 381。

图 380

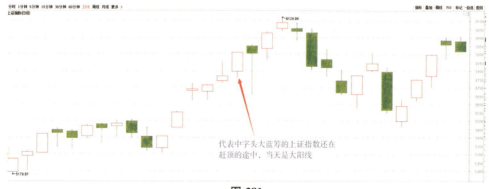

图 381

没有什么比看着指数涨、绝大多数人都亏钱更能打击多头情绪的了，把所有拉指数的都给掀起来，这些东西，都是双刃的玩意，拉的时候快，跌的时候速率就更快了，把多头的能量转化为势能，最后势能转化为下跌的动能，这从来都是做空的不二法则。

扫地僧：只涨指数不涨个股最能打击多头情绪，把指标股都拉起来，就是把多头的能量转化为势能，势能变为下跌的动能，这是在牛市末期一定要注意的现象。

明天，将是一个坎儿，周末的消息面是仅仅加个 0.54 的息，还是来一个继续增加印花税或者其他"硬玩意"，还是什么都没有继续消息真空，就决定了后面游戏的线路。明天走势，消息面的动向决定一切，所以明天消息满天飞是必然的。

技术上，144~147 的 1 分钟中枢也形成了，148 的线段没有结束，而今天 14：00 的跳水肯定没有杀伤力。为什么？交替原则，昨天才来过一次，今天就要交替了。

个股方面，没有参与中字头游戏的，肯定受苦了。中字头、题材股，一拉一压，才能保证做空的绝对安全，一旦政策不兑现，那么反手做多才有好的题材与空间。这是大资金运作的必然选择，没有什么残忍不残忍的。市场就是这样的，又不是吃大锅饭，一定要人人有份。

但如果政策没有立刻兑现，题材股会在超跌后有反弹，也给中字头一个休息的机会。

扫地僧：这提到了一个操盘经验，中字头、题材股，一拉一压，才能保证做空的绝对安全，一旦需要反手做多，那么被打压的题材股就是做多的品种，既安全又打下了空间。见图 382。

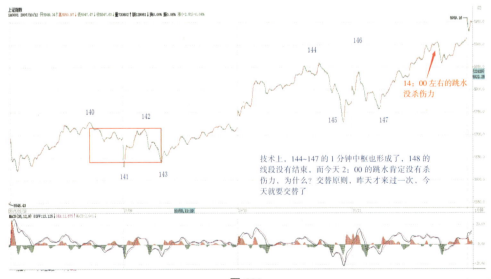

图 382

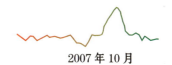
2007 年 10 月 12 日

刚忙完回酒店，就说上两句（2007-10-12　21：07：14）

经过一天半的冷静，如果还不能用脑子思考，那就去买国债吧，证明你完全没有自己操作股票的天分。剧本在周初就说过了，实际的走势，一直都是空头主控。今天的震荡，完成一个完美的板块切换，更重要的是，多头的心上，又挨上一刀。

周五的走势证明，所谓的新高是多么的虚弱，本 ID 已经说了，那些中字头，拉他们很快，砸的时候速率更快，今天可有体会？这个摧残多头心灵的游戏，将一直玩到政策的共振为止，然后就是黄叶飘飘的日子。

不多说了，该说的都说了，自己考虑去吧。最后，再多嘴重复一次，如果有本事的，这场对多头的蹂躏，里面的机会多多；如果没那本事，逢高把仓位调到任何情况都能睡着的地步吧。还记得本 ID 曾用红字把逢高打得大大的吗？

杀人刀，活人剑，自己决定去吧。

扫地僧：当天盘中的这波跳水，半个小时跳了 300 多点，这一定是权重股才有的威力。见图 383。

图 383

2007 年 10 月 15 日

没有消息，继续把多头哨位架高（2007-10-15　15：15：15）

显然，周末的准备金不会是空头所等待的那政策共振，周五大震荡配合的板块转换，其实已把空头的计划提前透露。上周，本 ID 已明确说过，没消息，题材股会借机反弹走强，给中字头休息机会。这两天走势，不过是这剧本的现场演绎。看着这两天 000777、600343、000600、000807、002149、000822 等的走势，以及这两天的涨幅榜中二三线个股的大面积增多，这板块的反弹转换一目了然。但注意，除了个别最近有实质题材的，题材股大多目前不具备大幅度启动的时机，只是一种换挡式的过渡。

扫地僧：题材股大多不具备大幅启动的时机，主要原因有两个：一是政策面还未落地，始终是悬在头上的一把刀；二是大部分资金还没有从中字头里撤退出来，资金面不配合。

当然，最有味道的，还是中石油和中国联通，今天，两者为大盘贡献了近 160 点，没有这两个本 ID 的支柱股票，今天的大盘是绿色的。两者的意义，本 ID 已经无数次说过，有中石油、中国移动在后面，你说本 ID 又有什么可担心的？有什么不可以放手大干的？现在，对于空头来说，唯一重要的，就是把多头的动能转化为空头的势能；现在，一切都如空头所设计的步骤，势能在不断积聚；现在，泄洪的那一刻，需要的只是政策面那一轮圆月。

扫地僧：当天中国联通和中国石化都涨停了。中石油和中国移动当时都要回归 A 股，为了能顺利回归，能卖个好价钱，相同板块的股票一般都不会大跌，否则会对它们上市时的发行价产生不利的影响。

政策方面，有一点必须要纠正的，很多人还以为上次的印花税是某个部的意思。可笑，一个部能定那么大的事吗？别用脚趾思维可以不？可以明确地说，以后关于股市的任何政策，都必然是一个整体的、总的决策下的结果。

个股方面，该反弹的都要陆续反弹，中字头停留休息一下后，如果政策的窗口还没打开，那么就继续上冲，把势能继续提高，如此而已。前面本 ID 已经说过，本 ID 有一个情结，就是 6100 点，至于政策面上是否给这个机会，本 ID 并没有情结。

今天的报告，没任何意外的地方，里面本不可能有任何直接评论股市的地方。今天最引人注目的，反而是某一直以当学者为荣的老先生，一改在 3000 点下抨击投机的观点，在 6000 点竟然称颂起投机的功德来，这也算中国资本市场历史上一大趣闻了。

扫地僧：指的是经济学家成思危，搜索了下当时的新闻，如下图，这里就不做点评了。见图 384。

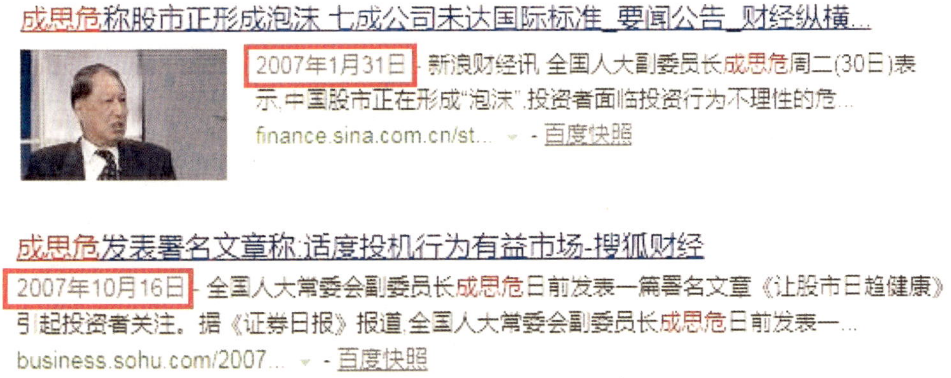

成思危称股市正形成泡沫 七成公司未达国际标准_要闻公告_财经纵横...

2007年1月31日·新浪财经讯 全国人大副委员长**成思危**周二(30日)表示,中国股市正在形成"泡沫",投资者面临投资行为不理性的危...
finance.sina.com.cn/st... ▾ - 百度快照

成思危发表署名文章称:适度投机行为有益市场-搜狐财经

2007年10月16日·全国人大常委会副委员长**成思危**日前发表一篇署名文章《让股市日趋健康》引起投资者关注,据《证券日报》报道,全国人大常委会副委员长**成思危**日前发表一...
business.sohu.com/2007... ▾ - 百度快照

图 384

本 ID 的观点，可从来不会与时俱进，从来不会改变：

（1）中国股市的大牛市 20 年 3 万点以上。

（2）目前依然是牛市的第一阶段。

（3）目前需要中级调整，而经济也主要治理整顿。

（4）中期调整，发生在资金、技术、政策的共振中，目前，是资金、技术在为政策作铺垫。

（5）让分力成为合力，这是一个复杂的过程，动能转化为势能，一切按部就班。

（6）如果政策也被热度化，那就意味着第一轮的走势有走到尾声的风险，那么就低价革命，比投机还要投机一把。

（7）本 ID 只能是分力之一，不是合力，最终，一切决定于合力。而本 ID 成功与否，就是能否按自己的节奏，把合力引导出来。

（8）对于散户，操作上，技术不好的，逢高逐步把仓位减下来；技术好的，就在震荡中游戏，机会多多，但必须要注意节奏。那些追涨杀跌的，没资格玩震荡游戏。

一切都按照这八点所界定的逻辑为起点，在纯盈利的角度，本 ID 愿意出现第 6 种情况，但从国家经济战略与安全的角度，本 ID 绝对不希望看到第 6 种情况。

扫地僧：20 年到 3 万点以上，也就意味着未来 10 年，光指数就有 10 倍空间，不知道如果缠师在世，是否还维持这个大牛市的观点。

由于 12 日的跳水，扩展出了 5 分钟级别的中枢，所以从 149 点开始在走离开 5 分钟中枢的 1 分钟级别走势。见图 385。

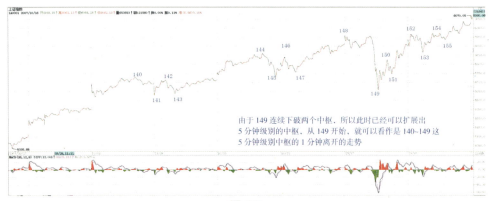

由于 149 连续下破两个中枢，所以此时已经可以扩展出 5 分钟级别的中枢，从 149 开始，就可以看作是 140~149 这 5 分钟级别中枢的 1 分钟离开的走势

图 385

2007 年 10 月 16 日

6100 点终破，无憾矣！（2007-10-16　15：29：29）

今天站上 6100 点，终于没什么可遗憾的了。6100 点，曾经是 1996 年大牛市的深证成指的最高点，当时也是刚破 1000 点后启动的。相比，这轮牛市并不太猛，走了 2 年多才达到上次 1 年多完成的幅度，正因为这个速率比较温和，所以才不会是最终真正的顶部，但中期调整是需要的，只是等待共振点。

扫地僧：这天就是历史大顶，最高摸到了 6124 点，这个历史大顶是由一个 5 分钟级别的盘整背驰加上 1 分钟级别的盘整背驰区间套构成的。先看这个 5 分钟级别的盘整背驰。见图 386。

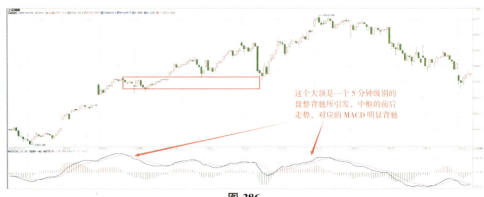

这个大顶是一个 5 分钟级别的盘整背驰所引发，中枢的前后走势，对应的 MACD 明显背驰

图 386

5 分钟上这个背驰段的内部，是一个 1 分钟级别的盘整背驰，15 日的解盘里提到从 149 开始，走的是离开 5 分钟中枢的 1 分钟走势，152~155 是 1 分钟级别中枢，155~156 的力度明显背驰。见图 387。

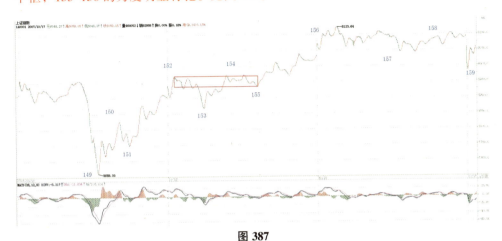

图 387

更经典的是，155~156 的内部也可以区间套，是一个标准的趋势背驰。见图 388。

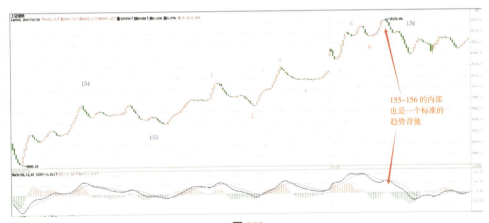

155~156 的内部
也是一个标准的
趋势背驰

图 388

从图中可以看到，1~2、3~4、5~6 都是反向的一笔，而且 4 高于 1，这是一个标准的趋势，最后在 6124 点的 MACD 刚顶出红色就背驰了，这个历史大顶就是这样被构造出来的。

今天的大盘，延续上周说的大震荡后的中字头休息、题材股启动。今天糖业大启动，600737 不大动，主要是现在，中国最大的糖产还没装进来，今天跟着启

363

动，似乎有点名不正。不过，该股最牛的题材，还不是将有最大的糖，而是其他，这类中长线的股票，短线的走势并不重要。就像000777，从去年12月的7元多到现在的47元多，真正的题材还没出来，这就是中长线股票的走法。

但是，现在个股并不重要，重要的是这个赶顶游戏的节奏，可以把下面的剧本先说一下：题材股轮动一次后，如果还没有特别的消息，那么中字头还要冲一次的。现在，中字头的同伙回归题材，就主要剩下中石油和中国移动了，神华也没上100，空间都有，关键是政策所给的时间。短线上，一次震荡是逃不掉的，震荡后，如果没什么消息，那中字头又会切换重启。

中字头把同伙回归行情玩烂后，就是指数期货了。但，这里有变数，当然也会有一种努力在行情外进行着，就是让指数期货延后。位置并不总是那位置的，很多位置都可以重新位置的，没有什么事是一定不可以改变的，事在人为。当然，如果努力后还改变不了，那也没什么遗憾，投机，那还是最简单的游戏，谁怕谁？

当然，这都是小问题，关键是总的政策的风向问题，本 ID 说得很清楚，11月前后，就是这个时间的共振窗，一旦转向，这个赶顶游戏就宣告结束，顶的左边做完，当然就是右边了。

本 ID 可以很明确地说，最终顶部形成后，最多只有 20% 的人，能把今天的市值保持下来。不是不报，时候未到。

扫地僧：由于这个顶只是一个 5 分钟级别的盘整背驰，在 30 分钟级别上，并没有背驰，所以缠师并没能在当下就认为这里是最后的顶部，况且在政策面上还没出现预期中的配合。见图389。

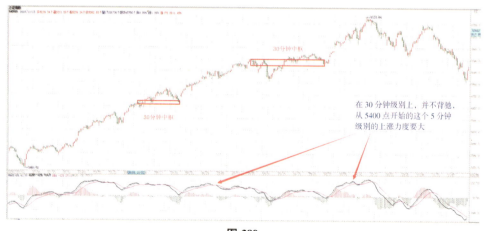

图 389

2007 年 10 月 17 日

缠中说禅　2007-10-17　22：36：22

对不起，刚回家。今天大盘，继续 6124 点下来的中枢震荡，技术上，能否震荡出 5 分钟中枢，明天就见分晓，然后就是该中枢的第三类买卖点问题。现在，无论怎么走，都没太大意义，关键是会议结束后基本面的进展速度，这决定该冲顶游戏的结束时间。

个股方面，题材股继续活跃。中字头，由于今天被点名批评，所以休息时间延长点，需要诸如中石油等回归题材的再度明确。这一次的中字头启动，就留给多头吧，本 ID 就没兴趣了，这就是一个节奏问题，只抬第一波，决不搞第二波，这就是操作的微妙之处。

好了，今天就把两个帖子合一了。飞机上想了想，写了两首五律，就当一个北京旅游的指南。

累了，在外面快一周时间，本来一天的出差延长，不过这个成果大大的，值得。以后，本 ID 将大大地制造股票，PE 一把给市场，也让市场 300 元买买本 ID1 元的股票。

扫地僧：从 6124 点下来，已经震荡出了 7 段，所以是否震荡出 5 分钟中枢第二天就会见分晓。这里提到的会议是 2007 年 10 月 15 日召开的中国共产党第十七次全国代表大会。见图 390。

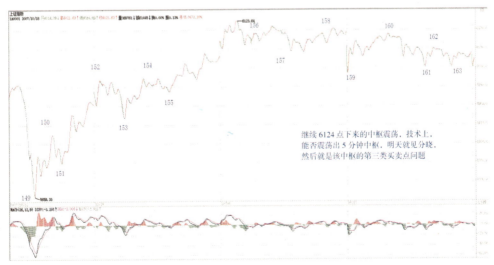

继续 6124 点下来的中枢震荡，技术上，能否震荡出 5 分钟中枢，明天见分晓，然后就是该中枢的第三类买卖点问题

图 390

2007 年 10 月 18 日

缠中说禅　2007-10-18　15：39：47

技术上，上面连一个 5 分钟中枢都没形成就趴下来，所以，现在就看 5800 点附近的 1 分钟中枢能否站稳，不行就继续下台阶，一旦有效跌破 5600 点，就意味着多头彻底完蛋。所以，今后几天，就等着多头反击，希望多头能组织起有效的反击，否则，空头就这样赢了，也太没挑战性了。空头的仓库里，还有 N 的 N 次方的阶乘再叠加 N 的 N 次方的阶乘次的武器，别采用一种，多头就招架不住了。

空头现在的策略可以大公开：在震荡中先买后卖，逢反弹必抢，然后抛出，制造出无穷的抛压，把多杀多的惨剧导演出来。

注意，散户千万别抢小级别的反弹，没那技术，继续看戏，没你们什么事。

扫地僧：这两个参考的点，一个是 165 开始的 1 分钟中枢位置左右。见图 391。

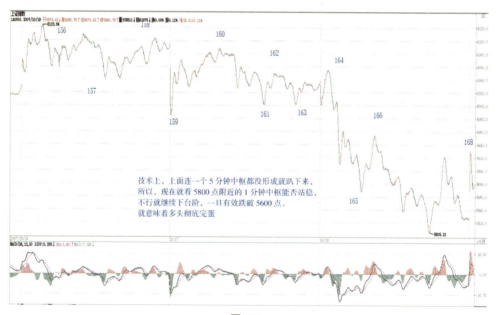

图 391

另一个是最后这个 5 分钟中枢的下沿附近，同时也是最后一个缺口的位置。见图 392。

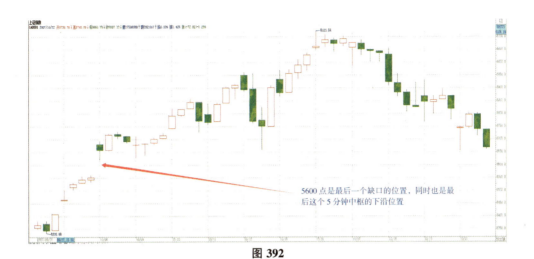

5600 点是最后一个缺口的位置，同时也是最后这个 5 分钟中枢的下沿位置

图 392

2007 年 10 月 19 日

缠中说禅　2007-10-19　15：33：22

技术上，昨天说得很清楚，就是 5800 点的 1 分钟震荡，这震荡形成后，就看其第三买卖点的问题了。

扫地僧：这已经是 6124 点下来的第二个 1 分钟中枢，一般来说，两个中枢的趋势占了大部分情况，那么此时应该提示未来可能出现的背驰，但缠师并没有提示，反而提醒第三类买卖点。主要原因是这第二个中枢距离上方第一个中枢比较近，两个中枢距离比较近，要么扩张成高级别中枢，要么继续走出第三个中枢，这里事后看是选择了后者。见图 393。

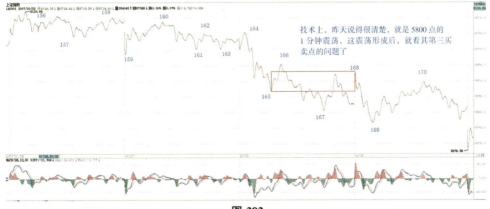

技术上，昨天说得很清楚，就是 5800 点的 1 分钟震荡，这震荡形成后，就看其第三买卖点的问题了

图 393

2007 年 10 月 22 日

让今天要拉大阳的多头见鬼去（2007-10-22　15：25：35）

首先，以最热烈的掌声祝贺从此股市北大了。

听说，多头要今天拉大阳，就如同上次有空头说要 9 月 20 日时间之窗，就要这些人丢脸，世界很北大，后果北大了，本 ID 高兴。

但，本 ID 没什么可说了，一切尽在把握中的感觉总是没什么可说的。对于空头来说，现在最美妙的掌声，就是多头的谩骂，这一定是世界上最动听的音乐。

从 6124.04 点这样一个绝妙的点位开始的 1 分钟下跌走势，在中枢的不断下移中延续着，现在刚好收在 3600 点上来的上升通道下轨上，而那 5600 点的缺口，就在眼前，一旦这个地方有效跌破，这针对从 3600 点开始上升行情的调整就得以确认。

扫地僧：5600 点既是缺口的位置，又是通道下轨，有效跌破就是对从 3600 点以来的这个 30 分钟上涨走势结束的确认。见图 394。

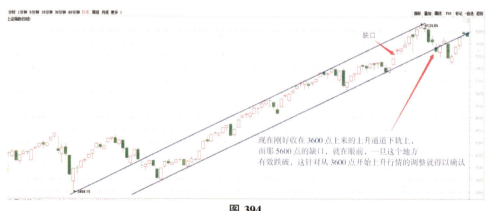

图 394

技术好的，可以密切留意 6124.04 点下来的 1 分钟下跌走势的底背驰出现，然后有一个反弹将可以操作；技术不好的，就算了，没那本事，就继续在小板凳上看戏。

当空头，就是要下跌中还要赚钱，这才是真正的空头，底背驰抄进去，然后上去砸，这是一种令人感觉比较爽的游戏，问题的关键是，你有爽的潜质吗？如果今天市值比 6124.04 点那天少了的，就要好好反省自己的潜力了。

至于没技术的，今天市值比 6124.04 点那天少了的，就等机会走吧，虽然有点晚，但这就是没有正确认识自己的结果，如果有机会重新回来 6124.04 点那天的市值，先出来点吧，这样还可以有机会成为那 20% 不到的人。

注意，现在政策进入敏感期，虽然有利于空头的可能性较大，但新官上任，其风格暂时没人能把握得准，本 ID 现在对市场没兴趣，就像本 ID 在国航跌破发行价时买并到处号召买，实质上对国航一点兴趣都没有，只对李军人有兴趣。

1 分钟下跌结束后，极大可能进入一个箱形，一个适合上下吸血的图形，然后等待政策去完成突破，现在本 ID 也很想知道，究竟在某位先生心里，5000 点算不算高，是不是有泡沫。有谁知道的，请告诉本 ID。

扫地僧：172 是 165~168 这个中枢的三卖，171 已经接近 5600 点，那么如果在 5600 点附近获得支撑，那么将会有一个 1 分钟级别的背驰出现，加上这即将是个三中枢的趋势，所以离反弹不远了。见图 395。

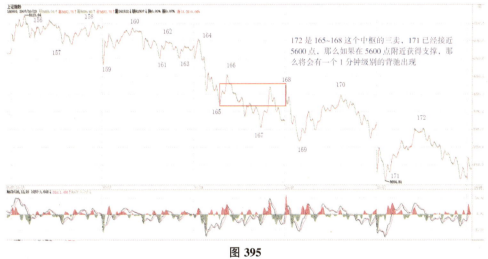

图 395

2007 年 10 月 23 日

上升通道下轨支持如期反弹（2007-10-23 15：40：39）

昨天说得很清楚，1 分钟下跌底背驰后，一轮反弹将展开。今天的技术走势十分标准，更重要的是，这里是 3600 点上来的上升通道下轨位置，又是缺口位置，因此技术上必须要有这次反弹。

扫地僧：这是一个三中枢的趋势背驰，非常标准，最后背驰段 174~175 的内部也是一个趋势。见图 397。

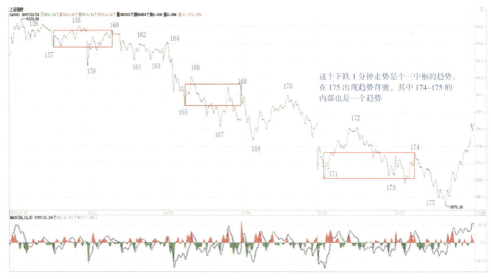

图 396

在前面已经明确说了，空头现在的策略，就是逢反弹必抢的，抢了以后，等不死心的涌上去没力时，才有筹码喂饱人。注意，这里本 ID 又有金针度人，不是任何反弹都可以抢的，只是做顶行情中的反弹可以抢，一旦顶部完全形成，破位后，那么反弹就没必要抢了，让别人去多杀多就可以，除非有特别大级别的买点。这是一个十分微妙的关系，但一般脑子进水的都不大明白，因为在那些人眼里，反弹都是一样，而实际上，在做顶行情中搞反弹，只是为了促进顶部的形成，而且也为一旦顶部形成不了而准备好后手。

扫地僧：一个非常有用的实战经验：只有在做顶时可以抢反弹，一旦顶部完成破位后，反弹没必要抢了，除非有大级别买点。

做盘就如同下棋，必须有大的想法，而不是看一步走一步。招招有后手，这样才能稳胜不败。

以上的话，都是给现在技术还行的人看的，这里的标准就是，空仓或者目前的市值比 6124.04 点那天高的人。其他人，根本没资格抄什么反弹，先借反弹把市值恢复上去再说。

这如同跳舞，节奏已经错了，就不能错上加错，先把节奏调整对再说。

反弹的压力，首先是 5 日线，然后是 10 日线，如果这两条线都不能突破，那么这个反弹就将构成第二类卖点，后来是什么就不用说了。

注意，中石油上市，会给市场又一个兴奋的借口。但关键是政策面的趋向能给多少时间，中字头会借此兴奋一下，今天这已经有点表现。另外，二线蓝筹在反弹中也会表现的，例如科技股以及其他题材股之类，因为前面根本没动，所以有所轮动也很应该，但这些股，大面积表现的可能性不大。

本 ID 已经反复强调，顶不是一天搞成，这里有一个微妙的潜在语：最后破位之前，最终套住谁，现在还没有定呢，所以，6124.04 点逃掉的，也不要高兴太早，一旦反弹做错，最后来个站岗大换班，那是常有的事情。

所以，现在的反弹操作，一定要谨慎，请量力而行。

扫地僧：后来来看，这个反弹刚好到 10 日均线结束。见图 397。

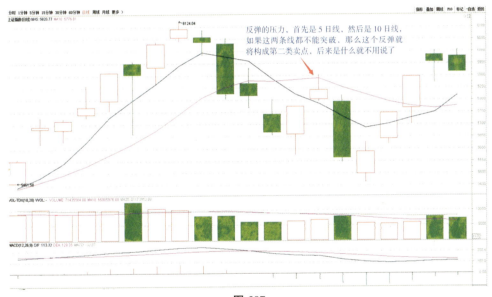

图 397

2007 年 10 月 24 日

10 日线如期阻截（2007–10–24　15：14：14）

昨天明确说了，看 5 日、10 日线，今天，10 日线的阻截明显。不过，由于今天在该线下形成一个 1 分钟中枢，因此短线走势，就看这 1 分钟中枢的第三类买卖点情况。如果能有第三类买点，那么将再次冲击 6000 点。

如果短期没有特别消息，这个反弹应该继续延续，只是以横盘还是以继续上冲的类型选择。由于那资金解冻在后面，这么多资金，不骗点进来太对不起大家了，所以，只要没有突发性消息，反弹至少能延续下去把解冻资金骗点进来站岗。

个股没什么可说，都告诉各位中字头了。当然，这种形式是最消磨多头意志的，指数涨，却没有赚钱效应，这是空头最爱干的事情。

如果特别的消息一直不出来，那么在没什么事干的情况下，空头不排除会再次上演拉指数的好戏，把消息给拉出来。

短线技术，明天就看今天这1分钟中枢的震荡情况，如果出现第三类卖点，那就有二次探底的需要。

就算是反弹，也可以是二次探底后再展开的，所以现在对于反弹类型的选择，是可以有很多种的，判断标准就是这1分钟中枢的震荡情况。

注意，再次强调，最后指数的破位，必须有消息配合，没有的话，最多只能箱体，除非这箱体延长时间太长，把所有搞怕了才可能破位。

扫地僧：这里也有一点值得借鉴，一买之后，如果反弹走势结束很快，也有二次探底的需要，那这个一买后的弱反弹就是将级别变大，那时二次探底而产生背驰的级别也变大了，二次探底的反弹会更有力！见图398。

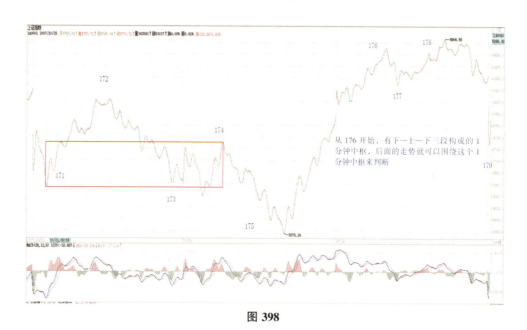

图 398

2007 年 10 月 25 日

终于再次强调宏观调控，中国希望大大的 (2007-10-25　15：43：22)

请问，今晚的月亮圆吗？

今天最大的消息，就是关于强调宏观调控的，这是本 ID 最希望看到了。这点，本 ID 在"中国经济，已需治理整顿。2007-10-15 08：32：52"中已经强调，很高兴今天看到回应。

经济大局，最终决定市场大局，今天的消息，对所有心里有所希望的人，都是一个很好的提醒。

技术上，昨天已经把可能的情况进行最严密的分析，就是看那 1 分钟中枢的第三类买卖点情况，今天早上受消息影响低开后，第一小时的反抽刚好构成第三类卖点，这就是本 ID 理论规范下，短线最后的逃命线。

但必须注意，这个二次探底的过程并不意味着顶部就已经完全成立，等大批资金解冻后，以及周末消息明朗后，一个有力度的反弹过程将可预期。

注意，这个反弹，在最恶劣的情况下，就是对跌破颈线后的反抽，目前颈线在 5555 点一带。这种最恶劣的走势，就是先跌到诸如 5300 点甚至 5000 点，然后一个反抽上不了 5555 点，然后确认顶部，然后继续大幅度下跌，这种走势，最终的调整目标，将在 4000 点，甚至更低。

当然，最好的走势，就是对颈线假跌破，然后反抽上来，这样，甚至有再冲 6000 点的可能，当然，这是最好的走势，能否出现，多头答应，空头不一定答应，即使空头答应，政策面可能也不一定答应。

本 ID 已经说过，反弹的操作，风险极大，如果你连第三类买卖点都分不清楚，那还是继续小板凳吧，这些反弹操作，你没资格参与。

虽然，本 ID 这一方已经全面大胜，但就像 3600 点大胜后，本 ID 要把后面的情况先说明一下。这次下来，为后面的低价股积聚了潜力，年底、明年的，又有不少好股票有好价位了，这才是这轮走势最大的用处。

节奏，有大节奏，也有小节奏。当然，首先必须有大思维、大节奏。这里的道道，自己慢慢体会吧。

扫地僧：缠师给了两个剧本，第一个是最弱的。见图 399。

后来的走势没选择最弱的，而是选择第二种最好的情况，就是对颈线 5555 点附近假突破，然后反抽上来，甚至冲击 6000 点，后来的实际走势完全按照这个剧本来表演的。见图 400。

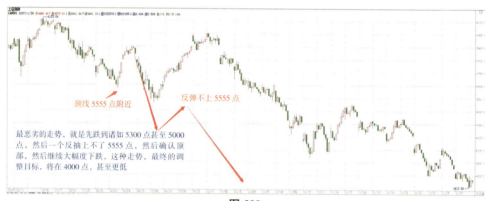

图 399

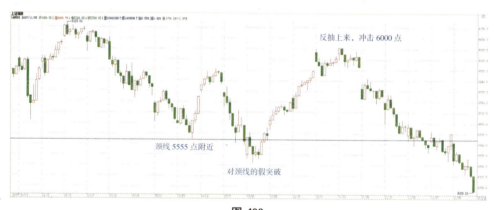

图 400

2007 年 10 月 26 日

缠中说禅 2007-10-26 15：13：40

本 ID 已经把 5555 点这个位置告诉各位了，这是颈线位置，守住，那么还有机会来一波有力度的反弹，否则，形势就更恶劣了。

由于股指期货、中石油等的预期，所以中字头依然在反弹中继续扮演最重要的角色，而一些跌到重要均线位置的题材股，也会有一定的表现，但将趋于个股，板块效应不大。

当然，反弹是否能在 5555 点颈线酝酿成功，还要看周末消息面的情况，如果没有特别的消息，在资金解冻前后，这个反弹将出现并延续，而中石油的上市表现，将决定这个反弹的最终命运。

后面的游戏，关键是考技术，以及一看反弹不行就跑的灵活性，如果技术和灵活上都达不到要求，那就算了。这种活，一旦失手，痛但一定不会快乐着，除非你有受虐倾向。

　　扫地僧：当天刚突破 5500 点后就出现了一个五段趋势背驰，但这个趋势背驰的级别不大，而且还在 5555 点下方，因此当时不能确认就一定能在这里止跌。见图 401。

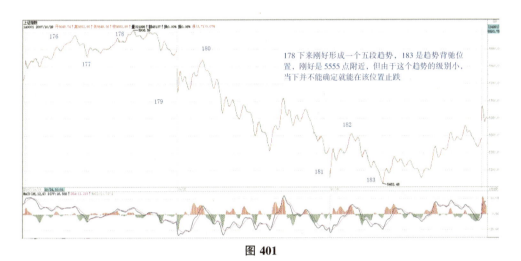

178 下来刚好形成一个五段趋势，183 是趋势背驰位置，刚好是 5555 点附近，但由于这个趋势的级别小，当下并不能确定就能在该位置止跌。

图 401

2007 年 10 月 29 日

明天面临下降通道上轨压力（2007-10-29　15：25：18）

　　5555 点站稳后反弹，这都在预计之中早说了，明天面临下降通道上轨压力，这是技术活儿，基本面上，如果指数期货出来，点位根本没意义，特别在形成多空对赌的局面时，那时候，只需要关于如何把对方打爆了，什么点位不点位的，如果夹到 100000 点才能把空头夹死，那当然也是可以这样操作的。

　　期货，从来都是你死我活的斗争，没有什么仁慈可说的。拥有相应的筹码，就是拥有市场的发言权，有发言权比什么都重要。

　　明天一旦冲破上轨压力，反弹的空间将被彻底打开。当然，这个位置出现反复也是很自然的。由于大面积资金被冻，所以没什么消息的情况下，这反弹是不会轻易结束的。

　　如果期货在年内推出，那么 6100 点当然不会是什么位置了，这是目前大盘最大的变数。但无论走势到什么位置，其实和大多数人无关，因为真正上涨的股票基本依然是带指数的。其他股票，大多数只能暂时继续反弹然后回跌，最多保持盘整的走势，没什么大戏。

不过短线，超跌股票的反弹还是有一定机会的，但风险同样大。至于中字头，有期货这把保护伞，当然是爱多疯有多疯。

期货出来后，个股分化将继续加剧，散户的生存空间进一步减少，事情就是这样了，天要下雨，自己找伞吧。

扫地僧：从 6124 点开始的下降通道在 5 分钟图里看得更清楚，见图 402。

这是从 6124 点下来的下降通道，第二天成功突破了这个通道上轨

图 402

有两次回踩 5555 点，都站稳了，这就确认了 5555 点这颈线的支撑有效。见图 403。

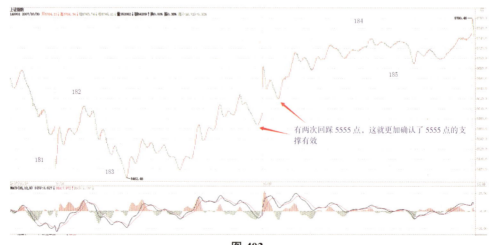

有两次回踩 5555 点，这就更加确认了 5555 点的支撑有效

图 403

2007 年 10 月 30 日

突破上轨，反弹空间如期打开（2007-10-30　15：26：44）

昨天说了，突破下降通道上轨后，反弹空间打开。今天走势极端规范，下午那次跳水，就是对上轨突破后的回抽，这些最基本的技术语言，如果都看不明白，就必须补课了。

站在本 ID 理论的角度，今天早上的绿盘与昨天的尾盘，刚好构成 1 分钟中枢；而下午的跳水，刚好构成该中枢的第三类买点。也就是说，下午的跳水，有两重的技术含义。

现在的走势十分简单，只要不出现回到这 1 分钟中枢，而在上面形成新的中枢，那这反弹的级别就至少不小于 1 分钟的上涨。这样，操作就极为简单，耐心等待背驰出现就可以。

短线总体的节奏，本 ID 在上周五 "5555 点守住，反弹酝酿 ing 2007-10-26 15：13：40" 已经说得很明确了，就是 5555 点颈线站稳后，反弹至少延续到中石油资金解冻前后。就算是最坏的情况，也要先把这些资金骗进来再说，否则太对不住这 3 万亿元资金的热情。

中期走势，本 ID 已经说得很清楚，如果期货出来，那点位就没什么意义了，6100 点也不是什么大不了的位置，那时候只有疯狂，没什么点位不点位的。而如果期货被狙击出不来，那么，6100 点当然还是一个位置，这次的反弹，也就是构成顶部图形的第二个尖。至于这个尖，比前面一个高点还是低点，都问题不大，例如双头，可能就低点；头肩顶，就高点，这都没有太大的影响。

无论什么顶部的最终图形，5555 点都是生命线，只要不有效跌破，这图形就没完，而且有变成中继图形的潜力。否则，就是顶部图形成立，中级调整确立。而目前，唯一的变数就是期货的时间。

关于期货，本 ID 也说得很清楚了，本 ID 不愿意见到出来，特别是现在。因为这样将会耗尽中国资本市场的那点能量，然后的调整就不是小儿科了。现在，这件事的折腾，依然不能说完全定局。有些事，最后一晚还可以改变，没到最后一下，市场外的努力是不会放弃的。

至于现在瞎忽悠的，又不是能拍板的人，本 ID 连看都不爱看他们的废话。

当然，现在舆论在造势，有一群势力在为自己的利益忽悠着，这事情，就看最后一下的智慧了，但本 ID 这里放一句狠话：请别像 327、319 那样，谁拍板、谁负责，这个政治、经济责任，不可能拍拍脑袋就没事。

另外，本 ID 还要说：所有忽悠这事的，请先说明白，出事了，你们负责吗？如果由此把资本市场和经济搞砸了，你们负责吗？不负责，为了名利而忽悠，这不是中国人该干的事情。

现在，站在本 ID 的立场，很简单，就是该反弹就反弹，该疯狂就疯狂，在5555 点跌破之前，进行大幅度的震荡操作去吸血。而在市场之外，该有的努力一定不会少，最终的结果如何，只要心到了、力到了，本 ID 也无怨无悔了。

但相信，管理层对目前点位风险会有足够的认识，一旦市场进入不可自我调节的状态，管理层一定不会袖手旁观。

扫地僧：189 是多个技术共振点，既是 1 分钟的三买又是通道上轨的突破确认，更准确地说，应该是突破这通道上轨的回抽确认是由一个 1 分钟三买完成的。见图 404。

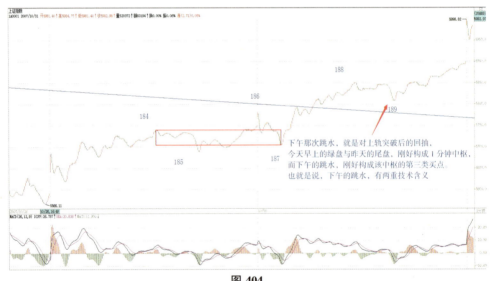

图 404

2007 年 10 月 31 日

1 分钟中枢如期形成 ing （2007-10-31　15：13：50）

昨天说了，关键看新的 1 分钟中枢位置，今天，这中枢依然没形成。当然，只要明天有所回落，这中枢就形成了，一旦中枢形成，后面就是第三类买卖点的问题。一个超简单的问题，就不用多说了。

今天资金的流入出现九一现象，表明资金的进入只是以搏反弹的心态，而中

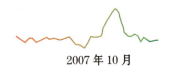

石油出来，指数股还要表现，休息一下并不是太坏的事情。

今天，香港联交所罕见地出现风险提醒，这里有一个更重要的问题，如果香港是一个门面，请问，是不是希望内地的散户出去为 40000 点香港埋单？能量耗尽，谁都举不了杠铃，管理层真要好好想想了。

市场参与者可以继续疯狂，但管理层不可以，现在就是考验管理层智慧的时候了。借着期货出来，内地、香港一起最后疯一把，然后一地鸡毛，请问，这个局面一旦出现，谁负得起这个责？

现在，已经到了该换刀的时候，本 ID 边陪着市场玩这最后游戏，边等待这换刀的时刻。

虽然本 ID 在上周 5555 点下明确告诉了这个反弹，但依然用绿色字，只是希望各位在反弹中依然要保持最大的清醒。至于中短线的分析，昨天已经说得十分明确，就不重复了。

扫地僧：又提到一个实战经验：当资金的流入出现九一现象时，表明只是一个博反弹的心态，因为如果是中线行情，一定是各板块轮动着表现，而不会只有局部行情。见图 405。

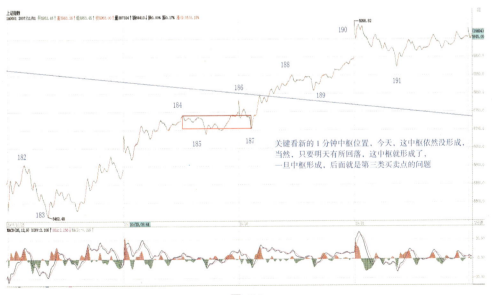

图 405

关注微信公众号"扫地僧读缠札记"，回复"历史数据"可以获得大盘 1 分钟和 5 分钟的历史 K 线数据。